노무현 시대의 좌절

진보의 재구성을 위한 비판적 진단

노무현시대의 좌절
진보의 재구성을 위한 비판적 진단

초판 1쇄 발행/2008년 12월 8일

엮은이/한반도사회경제연구회
펴낸이/고세현
책임편집/김도민
펴낸곳/(주)창비
등록/1986년 8월 5일 제85호
주소/413-756 경기도 파주시 교하읍 문발리 513-11
전화/031-955-3333
팩시밀리/영업 031-955-3399 · 편집 031-955-3400
홈페이지/www.changbi.com
전자우편/human@changbi.com
인쇄/상지사 P&B

ⓒ 한반도사회경제연구회 2008
ISBN 978-89-364-8549-8 03300

* 이 책 내용의 전부 또는 일부를 재사용하려면
  반드시 저작권자와 창비 양측의 동의를 받아야 합니다.
* 책값은 뒤표지에 표시되어 있습니다.

노무현 시대의 좌절

진 보 의 재 구 성 을 위 한 비 판 적 진 단

한반도사회경제연구회 엮음

창비

　지난봄 이후 전개된 촛불집회는 한국 시민사회의 역동성을 극적으로 드러내기도 했지만, 그러한 잠재력을 수용하고 발전시키지 못하는 진보개혁진영의 무능력과 완고함을 다시 확인하는 계기가 되기도 했다. 충만한 대중의 열망을 어떤 방향과 방식으로 조직화·제도화할 것인가 하는 물음에 대한 대답은 여전히 오리무중이다. 돌이켜보면 촛불집회 전후 몇달간의 열정과 탄식은 그전 몇년간에도 계속 반복되었던 바 있다.

　2002년말 '노사모'로 집약되는 시민사회의 열풍을 업고 집권한 노무현정부는 집권기간 내내 뜨거운 논란의 한가운데에 있었다. 노무현정부는 헌정사상 초유의 대통령 탄핵사태를 대중의 뜨거운 성원으로 극복하고 총선에서 되살아났으나, 대연정 제안으로 지지세력을 곤혹스럽게 하더니, 집권 말기에는 한미FTA 타결이라는 '뜨거운 감자'를 한국사회에 던져놓은 채 책임있는 자리에서 내려왔다.

　노무현정부는 개혁과 진보에 대한 대중의 열망을 한국사회에 착근시키는 데 실패했다. 촛불집회의 찬란한 성공과 이후의 우여곡절의 직접적 원인은 노무현정부의 실패, 그로 인한 이명박정부의 등장에 있다. 이러한 노무현정부의 실패는 정권 담당자들만의 책임이 아니라 진보개혁진영 전체의 실패로 받아들여야 할 것이다. 진보개혁진영의 많은 인사들이 노무현정부에 직간접적으로 관여했기 때문에, 누구도 노무현정부의 실패에서 자유로울 수 없는 것이 현실이다. 따라서 진보개혁진영의 새로운 출발을 위해서는 노무현정부의 실패에 대한 좀더 근본적인 성찰이 요구된다.

그럼에도 노무현시대의 사람들은 정책 실패를 부인하고 있고, 이명박정부의 무능은 성찰의 실종을 초래하고 있다. 이명박정부의 실패가 진보개혁진영에게 다시 기회를 줄 것 같지는 않다. 진보개혁진영이 단순한 '이명박 때리기'를 넘어서지 못한다면 다시 국가를 경영할 수 있는 기회를 얻기는 어려울 것이다. 시민들의 간절한 소망과 열정과 헌신을 제도적으로 받아내지 못한 진보개혁진영에 대한 성찰이 절실히 필요한 시점이다.

그동안 노무현정부에 많은 비판들이 제기되었다. 정치·정무에서의 실패 그리고 대통령 자신의 리더십의 문제, 국민과의 소통부재, 진보개혁노선으로부터의 이탈과 지지자들을 배반하는 정책, 이른바 '좌파 신자유주의'라는 정책일관성 부재의 문제, 386세대와 진보개혁진영의 국가경영 능력의 부족 등이 노무현정부의 문제로 자주 거론되었다. 우리 역시 노무현정부가 스스로 패배하게 될 것을 일찍부터 예감하고 있었다. 그러나 또 한편으로 우리는 노무현정부의 과격한 신자유주의 정책 탓에 '열망과 실망의' 싸이클이 재현되었다는 식의 추상적 선언에 그치는 것도 만족스럽지 않다. '노무현 때리기'로 가버리는 것도 진보개혁진영의 무능과 무관하지 않다고 생각했다.

그리하여 '한반도사회경제연구회'는 2007년초 진보개혁진영의 새로운 출발을 위해서는 노무현정부가 제기하고 집행했던 정책의제들에 대한 차분한 평가가 필요하다는 데 의견을 모았다. 연구회 구성원들 상당수가 노무현정부의 정책의제에 관해 직간접적으로 책임감을 가지고 있었기 때문에, "구체적이고 날카롭게 비판하되, 마치 남의 일이었던 것처럼 대하지 말자"는 원칙에도 쉽게 합의할 수 있었다. 그러나 작업은 생각만큼 잘 진행되지 않았다. 분야에 따라, 또 정책 설계와 집행에 접근한 정도에 따라, 인물과 문제에 대한 감정이 다를 수밖에 없었다. 평가의 기준을 정교하게 동조화하는 일이 생각보다 쉽지 않았다. 워낙 큰일들이 자주 벌어지는 역동적인 한국사회인지라 논의의 흐름이 끊어지기 일쑤였다.

그럼에도, 미래를 위한 성찰의 물꼬를 트고, 비전과 대안의 치열한 모색으로 나아갈 수 있는 디딤돌을 놓는다는 마음으로 근 2년의 일을 마무리하고 책을 내놓는다. 당초 목적은 좀더 쉽고 좀더 짧고 경쾌한 글이 되었으면 하는 바람이었는데, 아직은 전문가적 글쓰기 스타일에서 크게 벗어나지 못한 점을 아쉽게 생각한다. 주로 정책문제에 한정되어 글들이 딱딱해졌지만 이는 어찌 생각하면 장점이 될 수 있을 것 같다. 또 시각이나 입장이 꼭 일치하는 것은 아니어서 토론과정에서 여러번 격론이 벌어지기도 했다. 노무현정부가 '실패'했다고 단정적으로 규정해야 할지 말지, 책임의 범위를 '노무현정권'으로 할 것인지 더 넓혀야 할지 고심을 거듭했다. 대체로 의견의 일치를 본 것은, 정권의 책임이 중하되 진보개혁진영 전체의 실력 부족을 감안해야 하며, 중요한 정책의제들이 제기되었지만 새로운 미래의 비전을 구성하기 위해 '실패'라는 평가를 두려워할 필요가 없다는 점이었다.

10년에 대한 정책평가가 필요한 부분도 있었을 것이다. 그러나 노무현정부 시대로 초점을 맞추는 것이 생산적인 측면도 있고, 여러 사람이 함께하는 작업에서 이 정도면 상당한 토론과 공감에 기반하고 있다는 자부심도 없지 않다. 그래서 각각의 글이 독립적이지만 큰 틀에서 보면 '새로운 진보'를 구성하는 각론적 요소들이 될 수 있다고도 생각한다.

이 책이 나오기까지 고마운 분들이 많다. 바쁜 일상에도 불구하고 우리

연구회의 능력이 미치지 못하는 영역을 맡아 원고를 집필해준 박태주 박사, 은수미 박사, 장수명 교수께 절을 올린다. 기획 초기단계에서 일을 조직한 이건범 박사, 김양희 박사의 열성과 책임감을 기억하고 싶다. '따로 또 함께'라는 취지에 공감하면서 함께 토론하고 글을 완성해주신 필자들께도 이 자리에서나마 한번은 인사를 드려야 할 것 같다. 또 여러 사람이 하는 작업을 격려하고 기다려주면서 보기좋게 책을 만들어준 창비 인문사회출판부 분들도 많이 애쓰셨다.

2008년 12월

이일영 · 전병유

제1장

노무현정부 평가

예견된 실패?

1. 들어가는 말

이미 한국 현대사의 일부가 되어버린 노무현정부에 대한 평가작업을 진행하면서 우리는 격세지감을 금할 수 없다. 2002년말 '노사모'로 집약되는 시민사회의 열풍을 업고 집권한 노무현정부는 집권기간 내내 뜨거운 찬반 논란의 한가운데에 있었다. 헌정 사상 초유의 대통령 탄핵사태를 겪은 후 총선에서 되살아난 노무현정부는 대연정 제안으로 지지세력을 곤혹스럽게 만들더니, 집권 말기에는 한미FTA 타결이라는 '뜨거운 감자'를 한국사회에 던져놓은 채 역사의 뒤안으로 사라져버렸다. 항상 논란의 핵심에 위치했던 노무현 전 대통령은 이제 봉하마을로 찾아오는 관광객을 맞아 한담을 나누는 자연인으로 돌아가고 있다.

노무현정부를 어떻게 평가할 것인가? 노무현정부가 이룩한 긍정적 성과가 전혀 없었다고 보기는 어렵다. 노무현정부는 권위주의 타파, 정경유착 근절 등에서 획기적이었다고 볼 수 있다. 정책수립 및 집행과정을 씨스템화하여 투명하게 만들었다는 점을 높게 평가하는 견해도 있다. 또한 경제정책에서 인위적 경기부양을 자제하고 안정적 경제운영을 구현했다는 긍정적인 평가도 있다.

그럼에도 불구하고 전반적으로 볼 때 노무현정부가 실패했다는 데 이견을 제시할 사람은 거의 없는 것처럼 보인다. 노무현정부의 실패는 그 자체에 국한된 것이 아니라 진보개혁진영 전체의 실패로서 받아들일 필요가 있다. 진보개혁진영의 많은 인사들이 노무현정부에 직간접적으로 관여했기 때문에, 우리 누구도 노무현정부의 실패에서 자유로울 수 없는 것이 현실이다. 따라서 진보개혁진영의 새로운 출발을 위해서는 노무현정부의 실패를 좀더 근본적으로 성찰할 필요가 있다.

노무현정부의 실패를 판단하는 객관적 기준은 무엇인가? 노무현정부가 실패했다면 그 원인은 무엇인가? 이러한 질문에 명확히 답변하기 어려운 것 또한 사실이다. 카(E. H. Carr)가 말한 것처럼, "역사란 현재의 시점에서 이루어지는 과거와의 끊임없는 대화"(카 1996)라고 한다면, 이제 우리는 본격적인 평가작업을 통해 노무현정부에 대한 역사적 자리매김을 시작할 때가 왔다고 생각한다. 이 글에서 우리는 한국적 상황에서 노무현정부를 평가하는 객관적 기준을 마련한 후, 그에 입각하여 노무현정부를 평가하고자 한다.

2. 기존의 평가들

노무현정부에 대해 이미 제출된 기존의 평가들은 다양하다. 여기서는 진보개혁진영에서 제출된 것 중에서 몇가지 견해를 검토해보기로 하자. 첫째로, 노무현정부가 진보적 입장을 포기하고 신자유주의 노선을 채택함으로써 실패할 수밖에 없었다고 평가하는 견해가 있다(손호철 2005). 즉, 노무현정부의 보수적 입장으로의 선회가 실패의 원인이 됐다고 보는 것이다. 그러나 이러한 평가는 동일한 구조적 제약을 받으면서도 행위주체의 대응방식에 따라 상이한 결과가 나타날 수 있는 가능성을 부정하는 것으로서, 지나치게 단순한 평가라고 할 수 있다. 이는 마치 노무현정부가 '좌파정부'였기 때문에 실패했다고 보는 보수진영의 평가와 동일한 사고방식에 기인하는 것이다 (김석현 2008).

둘째로, 노무현정부는 일관성없는 정책으로 '정체성 혼란'을 야기하면서 실패하고 말았다는 견해가 있다(정석구·황예랑 2008). 즉, 노무현 대통령 자신이 언급한 '좌파 신자유주의 정부'라는 표현에서도 확인되는 것처럼, 복합적 상황에서 요구되는 다양한 성격의 과제들에 일관성있는 대응을 하지 못했다는 것이다. 이러한 견해는 넓은 의미에서는 타당하다고 볼 수 있지만, 개별 정책의 중요도를 판단하는 종합적 가치체계를 갖지 못한 채, 절충적 평가에 그쳐버리고 마는 문제점을 가지고 있다. 노무현정부의 대응이 구체적으로 어떤 점에서 실패한 것인지를 체계적으로 분석할 필요가 있다.

셋째로, 노무현정부의 정책수행은 전체적으로 성공적이었지만, 보수언론의 왜곡으로 국민들에게 제대로 알려지지 못하면서, 실패한 것처럼 인식되고 말았다는 견해이다(이병완 2007). 달리 말하면, 실패의 원인을 대국민 홍보 부족에서 찾는다. 이러한 견해는 노무현정부 출신의 인사들이 주장하는 것으로서, 노무현정부의 실패를 변명하는 자기정당화의 수준을 크게 벗어나지 못하고 있다. 이는 국민들의 정치적 판단능력을 과소평가하는 것으로서, 별다른 설득력을 갖지 못한다.

3. 노무현정부 평가의 기준

노무현정부를 역사적으로 평가하기 위해 우리가 선택해야 할 타당한 기준은 무엇인가? 평가의 기준은 크게 1) 시대적 과제의 인식 2) 대외정세 파악 3) 주체적 역량 발휘의 세 부분으로 구성된다.

1) 시대적 과제

우리는 "노무현정부는 시대적 과제를 어느만큼 정확하게 인식했으며 그에 부합되는 정책을 성공적으로 수행했는가?"를 기준으로 평가하고자 한다. 우리는 노무현정부에 부여됐던 시대적 과제가 "개방의 조건하에서 성장과 복지를 어떻게 함께 실현하는가"에 있었다고 생각한다. 이는 세계화의 진전에 따른 개방의 조건하에서 지난 수십년간 지속된 한국경제의 고도성장 그리고 그 성과를 고루 나누는 분배와 복지의 과제를 동시적으로 실현해야 한다는 점에서 고도로 복합적인 과제라고 할 수 있다. 노무현정부는 한국사회가 경제성장과 복지의 과제를 충분하게 실현하지 못한 상태에서 개방화가 급속히 진전되는 시대적 배경에서 출현했다. 따라서 '개방적 조건하에 성장과 복지의 동시적 실현'이란 이전의 정부들이 직면했던 '정치적 민주화' 또는 '외환위기 극복' 같은 과제에 비해 극적인 성격은 떨어지면서도, 현실적으로는 더욱 성공시키기 어려운 시대적 과제였다.[1]

노무현정부가 이러한 시대적 과제를 제대로 수행했는지를 구체적으로 평가하기 위해서는 한반도를 둘러싼 대외정세 파악과, 시대적 과제를 수행하는 주체적 역량의 발휘 정도를 고려할 필요가 있다.

2) 대외정세

대외정세로는 한국이 세계체제 내에서 차지하는 위상과 그로 인한 경제

---

1) 『한반도경제론』에서 노무현정부의 이러한 과제를 '개방·혁신·연대'라고 하는 세가지 가치 지향으로 정리한 바 있다(한반도사회경제연구회 2007).

적·외교안보적 제약을 고려할 필요가 있다. 한국은 고도의 경제성장을 지속해왔음에도 불구하고, 그 객관적 위상은 '중견국가'(middle state)에 머물고 있다(구갑우 2008). 따라서 강대국과는 달리 정부의 의지를 세계체제 내에서 관철하는 데 상당한 어려움을 겪을 수밖에 없다. 또한 무역의존도가 높기 때문에 대외정세의 변화에 민감하지 않을 수 없다. 해외파병이나 농산물 수입개방 등의 이슈에서 한국정부의 수동적 자세를 일방적으로 비난할 수 없는 것은 이런 맥락에서이다. 노무현정부가 집권초기에 진보개혁세력과 갈등을 빚었던 문제는 남북관계에 대한 태도, 이라크파병 등 주로 대외정세를 파악하는 입장차에서 비롯된 것이었다.[2] 한국 같은 중견국가는 대외정세를 신중하게 고려하면서 주체적 역량을 발휘해야 하는 위치에 있다.

3) 주체적 역량

여기서는 대외정세하에서 시대적 과제를 수행하는 노무현정부의 주체적 역량 발휘를 평가하는 기준을 구체적으로 논의하기로 하자. 첫째, 집권세력 내의 핵심집단, 즉 대통령 자신과 정치인 참모 그리고 그들을 지원하는 개혁적 지식인 집단의 구성과 결속력, 준비정도 등을 파악할 필요가 있다. 민주사회에서는 정치권력의 속성이 인적 네트워크의 성격을 띠게 되는 것이 사실이다. 그렇다고 하더라도 인적 네트워크를 활용하는 핵심집단의 리더십은 여전히 중요하다. 특히 한국에서는 대통령이 선출직이기 때문에, 대통령을 당선시킨 핵심집단이 어떻게 구성되는지를 파악하는 것이 노무현정부 평가의 가장 중요한 기준이 된다.

둘째, 주체적 역량을 좀더 넓은 범위에서 보면, '정치적 행정부'(political executive)[3]와 집권여당을 중심으로 구성되는 '파워 블럭'(power bloc)의 정

---

2) 대외정세에 대한 구체적 논의는 본서에 수록된 김양희와 구갑우의 글 참조.

책 수립 및 지원 능력과 밀접히 연관된다. 여당은 자신이 대표하는 정치세력의 이해관계를 반영하는 주요 정책의 입법활동을 추진해야 할 뿐 아니라, 그러한 정책을 실현하는 데 필요한 자원을 확보해야 한다. 또한 파워 블럭이 자신의 정책을 실현하기 위해 대의제민주주의만이 아니라, 국민들이 참여하는 직접민주주의의 요소를 어떻게 활용하는지가 정부평가의 중요한 기준이 된다.

셋째, 핵심집단이 마련한 국정목표와 그것을 실현하기 위한 정책패키지(package)의 준비정도를 평가할 필요가 있다. 특히 집권 초기 1년 동안 주요 정책을 어느만큼 준비하여 효율적으로 수행하는지가 특정 정부의 성공 여부를 결정하게 된다. 즉, 상위목표와 하위목표, 목표와 수단 간의 체계성과 정합성, 일관성이 중요한 기준이 된다. 따라서 정부가 집권 초기에 제시한 국정목표와 그에 상응하는 정책패키지의 완성도를 기준으로 노무현정부의 준비정도를 평가할 필요가 있다.

넷째, '정치적 행정부'가 어느만큼 관료조직에 대한 통제력을 행사하는지가 중요하다(양재진 2007). 국정목표와 정책패키지를 실현하기 위해서는 '정치적 행정부'의 관료조직에 대한 통제력, 즉 "정부 부처를 담당하는 관료조직을 어느만큼 효율적으로 장악하고 운영할 수 있는가"가 중요하다. 달리 말하면, 선거를 통해 집권한 '정치적 행정부'가 리더십과 인사관리를 통해 정부내의 방대한 관료조직을 효율적으로 운영하는 능력이 노무현정부의 국정운영능력을 평가할 수 있는 현실적 기준이 된다.

다섯째, 한국사회에 상충하면서 공존하고 있는 다양한 이념적·계층적·지역적 이해관계를 정부가 어느만큼 조정하고 통합하는지가 중요하다. 정부

---

3) 정치적 행정부란 선거를 통해 집권한 정치세력이 대통령과 국무총리, 내각 등 행정부의 요직을 장악하는 것을 의미한다. 정치적 행정부가 어느만큼 효율적으로 관료조직을 장악하는가에 따라 집권세력이 자신의 국정목표를 실현하는 정도가 결정된다. 이를 위해 선진국 중에서는 야당도 집권에 대비한 '예비 내각'을 운영하는 나라가 있다.

는 기본적으로 일정한 계층의 이해를 대표하는 동시에 국민 전체의 이해를 대표하는 보편적 '응집 인자'(cohesive factor)로서 상이한 이해갈등을 조정하고 사회통합을 실현할 임무를 부여받고 있다(Poulanzas 1973). 특히 개방이 진전된 조건에서는 집단적 이해관계의 대립에도 불구하고 서로 협력하여 상생할 필요성이 커진다. 따라서 이해갈등의 조정과 통합이라는 정부 고유의 기능을 어느만큼 성공적으로 수행했는지를 기준으로 노무현정부를 평가해볼 필요가 있다.

여섯째, 정부의 성공 여부는 결국 한국사회의 기득권 집단인 보수신문 등 반대세력의 방해를 무릅쓰고 어느만큼 국민적 합의와 지지를 이끌어내는지에 달려 있다. 그러기 위해서는 반대세력을 효율적으로 통제하여 약화하는 것도 중요하지만, 근본적으로는 소통과 공론화를 통해 반대세력을 최소화하고 국정목표와 정책 전반에 대한 공감대를 넓혀 국민적 합의를 이끌어내는 것이 더욱 중요하다. 이처럼 국정목표와 정책에 대한 국민적 동의를 이끌어내는 데 얼마나 성공했는지가 노무현정부를 평가하는 최종적 기준이 된다.

<표 1>은 지금까지 논의한 노무현정부의 역사적 평가를 위한 분석틀을 정리한 것이다.

표1 노무현정부의 역사적 평가를 위한 분석틀

평가 항목		평가 기준
시대적 과제		정부의 역사성과 그에 기초한 시대적 사명과 역할
대외정세		어떠한 대외정세에 처해 있었는가? 이것이 정부를 제약하는 조건으로 어떻게 작용했는가?
주체적 역량	인적 측면 (핵심집단)	대통령과 핵심참모, 전문가집단의 능력과 자질
	조직적 측면 (파워 블럭)	청와대, 여당, 정치적 행정부 등의 실행능력과 상호 역할분담 및 유기적 연계, 국민 참여

| 정책적 측면
(정책패키지) | 상위목표와 하위목표 간, 목표와 수단 간 체계성 · 정합성 · 일관성 |
| 국내정치적 측면
(실행능력) | 관료조직의 장악력, 이익갈등의 조정과 통합, 반대세력과의 정치, 대국민 합의 도출 |

4. 노무현정부 평가

그럼, 이상의 평가기준에 따라 노무현정부를 평가해보기로 하자. 평가내용은 앞의 평가기준을 그대로 적용하여 1) 시대적 과제 인식 2) 대외정세 파악 3) 주체적 역량 발휘의 세 부분으로 구성된다.

1) 시대적 과제

앞에서 살펴본 바와 같이, 노무현정부에 부여됐던 시대적 과제는 "개방의 조건하에서 성장과 복지를 어떻게 함께 실현하는가"에 있었다고 할 수 있다. 노무현정부 자신은 이러한 시대적 과제를 막연하게나마 인식하고 있었던 것처럼 보인다.[4] 대통령직인수위원회(2003)에서 발간한 『노무현정부 국정비전과 국정과제』에는 '평화와 번영의 동북아시아시대' '국민과 함께하는 민주주의' '더불어 사는 균형발전 사회'가 3대 국정목표로 제시되고 있다. 그러나 이들 국정목표는 나열되고 있을 뿐 이들간의 상호관계는 제대로 정립되어 있지 않다. 또한 국정목표를 실현하는 국정과제 등 정책수단들도 체계적으로 연계됐다고 보기 어렵다.

----

4) 유감스럽게도 노무현정부는 시대적 과제를 집약적으로 구현한 대표적 브랜드를 만들어내지 못했다. 김영삼정부에서는 '문민정부', 김대중정부에서는 '민주주의와 시장경제'가 떠오르는 것과 달리, 노무현정부에서는 대표적으로 떠오르는 브랜드가 없다.

국정목표와 국정과제의 혼란은 노무현정부의 대외정세에 대한 대응 실패와 주체적 역량의 한계로 나타난다. 이제부터는 노무현정부가 시대적 과제를 제대로 수행했는지를 구체적으로 평가하기 위해 한반도를 둘러싼 대외정세 파악과, 시대적 과제를 수행하는 주체적 역량의 발휘 정도를 차례로 검토해보기로 하자.

2) 대외정세

노무현정부는 한국이 세계체제 내에서 차지하는 중견국가로서의 위상을 명확하게 파악하지 못한 나머지 '지나친 의욕'과 '외교적 수모' 사이를 오가는 시행착오를 반복해야 했다. 국방백서에서 자주국방의 기치를 내걸었다가 미국의 요청으로 자국민의 의사와는 무관하게 이라크에 파병하는 수모를 감내해야 했다. 또한 '동북아균형자론'을 제기했다가 강대국들을 자극하기만 한 채 이내 철회하고 말았다. 북핵문제의 발발 후에는 동북아의 불안정성이 고조되는 가운데 미국의 일방적 주도를 견제하고자 노력했으나, 기대한 만큼의 성과를 거두지 못했다. 동북아국가들의 공동번영과 평화를 획기적으로 제안한 동북아시대구상도 집권 후반기에 한미FTA를 일방적으로 추진하면서 퇴색하고 말았다. 요컨대, 노무현정부는 세계체제 내에서 한국의 위상에 걸맞는 외교안보, 통상 전략의 부재로 대외정세 변화에 효율적으로 대응하는 데 실패했다고 할 수 있다.

3) 주체적 역량

여기서는 시대적 과제를 수행하기 위해 노무현정부가 주체적 역량을 어떻게 발휘했는지를 구체적으로 평가해보기로 하자.

첫째, 노무현정부를 제대로 평가하기 위해서는 무엇보다도 노무현 대통령

자신과 청와대 참모, 개혁적 지식인 등 정권 핵심집단의 능력을 평가하지 않을 수 없다. 권력 핵심집단의 준비정도와 추진능력은 노무현정부의 성공 여부를 결정하는 가장 중요한 변수가 되기 때문이다.

그중에서도 대통령은 공식적·비공식적으로 막대한 권력과 재량권을 부여받기 때문에, 특정 정권의 성공여부에서 가장 중요한 변수가 되는 것이 사실이다. 돌이켜보면, 집권과정에서 노사모 등 시민사회의 열광적 지지를 끌어냈던 노무현 대통령의 성격적 특징이 집권 이후에는 국정수행의 단점으로 작용한 것으로 판단된다. 자수성가형 리더십에서 쉽게 발견되는 자기중심성, 과도한 자신감, 조급한 업적주의 등은 대통령에게 부여된 권력을 제대로 활용하지 못하게 만들었다. 그렇다고 청와대 참모와 개혁적 지식인들이 대통령의 단점을 보완하지도 못했다. 선거과정에서 급조된 이들은 대통령의 리더십을 보좌할 만큼의 전문적 역량을 갖추지 못했고 팀워크를 제대로 발휘하지도 못했다.

둘째, 노무현정부의 이같은 실정은 좀더 근본적으로는 '정책정당'이 부재하는 데서 기인하는 것이다. '탄핵 후폭풍'으로 당선된 열린우리당 국회의원들은 개혁을 위해 헌신하겠다는 막연한 의지를 갖고 있었음에도 불구하고, 무엇을 해야 할지를 알지 못했다. 장기 국가전략을 수립하기 위해 의욕적으로 출범했던 대통령자문위원회들은 다양한 보고서를 만들어내기는 했지만, 그것을 법제화하고 적절한 자원을 확보하여 실행하도록 만드는 법적·행정적 권한은 갖고 있지 못했다. 또한 위원회 내부에서도 상당한 편차가 존재했으며 정치력의 유무에 따라 굴곡과 부침이 심했다. 따라서 노무현정부의 위원회들이 만들어낸 화려한 '로드맵'들은 제대로 활용되지도 못한 채 사장될 수밖에 없었다. 노무현정부가 집권하는 데 기여했던 개혁진보진영의 활동가들도 집권 이후의 정책수립과 실행영역에서는 별다른 전문성을 보여주지 못했다.

셋째, 더 심각한 문제는 핵심집단이 추진한 노무현정부의 국정과제와 주요 정책들이 정책패키지로서의 내재적 일관성과 정합성을 결여하고 있었다는 것이다. 노무현정부의 정책들에 대한 전반적 인상은 "여러가지 시도를 의욕적으로 하긴 했으나 혼란스러웠다"로 집약된다. 특정 분야 정책의 내부 정합성을 확보하지 못했고, 상반된 정책들간의 우선순위를 부여하지도 못한 것이 대부분이었기 때문이다. 예컨대, 갑작스런 "2만불 시대"의 주창, 4대 개혁입법의 추진 실패, 지역균형발전과 수도권규제완화 사이의 혼선 등은 준비가 부족한 노무현정부의 모습을 그대로 보여준다.

대표적 사례로 한미FTA의 추진을 들 수 있다. 특정 정부의 국정목표는 하위정책의 정확한 수립과 추진을 통해 실현되는 법이다. 그러나 노무현정부는 국내개혁 프로그램이 잇달아 좌절되자 이를 한미FTA의 추진을 통해 돌파하고자 했다. 한미FTA 추진을 통해 성장과 복지를 함께 실현하고자 했던 것은, 한국경제의 전면개방이라는 충격적 조치를 통해 시대적 과제를 달성하고자 했다는 점에서 무책임한 모험주의라고 할 수밖에 없다. 집권 후반기에 '동반성장론'과 '비전 2030' 등에서 사회정책의 확충을 강조하는 정책이 나왔지만, 노무현정부는 이미 성장에 치중하는 한미FTA를 추진하고 있었기 때문에 이 정책들은 구색맞추기에 불과했다고 평가할 수밖에 없다.

넷째, 이처럼 시대적 과제에 부응하는 정책패키지를 마련하고 실행하지 못한 노무현정부의 '정치적 행정부'의 무능은 자연스럽게 관료조직의 영향력 강화로 귀결되었다. '정치적 행정부'가 리더십을 발휘하지 못하게 되면서 관료조직, 그중에서도 재경부 등 경제부처의 영향력이 강화된 것이다. 노무현정부 출신의 한 고위급 인사는 "금리, 환율 등 거시경제정책을 잘 다룰 수 있는 전문가 집단을 확보하지 못하는 한 정권이 바뀌더라도 경제관료의 지배는 계속될 수밖에 없다"는 비관적 심정을 토로하기도 했다. 노무현정부의 집권 후반기에는 개혁적 지식인 집단이 파워 블럭에서 배제되거나 변질되면서 경제부처뿐 아니라 모든 정부부처에서 관료들의 일방적 독주가 이루어졌다.

다섯째, 노무현정부는 이념, 계층, 지역 등 이해관계를 달리하는 각종 세력간의 이익갈등을 국가적 차원에서 조정하고 통합하기보다는, 무원칙한 대응을 통해 더욱 악화하는 결과를 초래했다. 즉, 정부에 대한 기대수준이 높아진 각계 각층의 이익집단이 자신의 요구를 극대화하는 홉스(T. Hobbes)적 사회 분위기를 조성하는 데 기여한 것이다. 화물연대 파업, 부안 방사선폐기물처리장 입지, 새만금 간척 등을 둘러싼 갈등 해결의 실패가 대표적 사례이다.

여섯째, 이상과 같은 실패가 누적된 데 더해 노무현정부는 보수언론과의 끊임없는 소모전을 벌이면서 기득권 세력인 재벌의 암묵적 저항에 직면했고 자신이 추진하는 개혁정책의 정당성에 대한 국민적 공감대를 상실하고 말았다. 노무현정부는 국민과의 소통과 공론화과정을 거치면서 개혁에 대한 공감대를 넓히려 하기보다, 국정홍보처 등의 관변매체를 동원해 국민을 일방적인 홍보의 대상으로 간주함으로써 절차적 민주주의를 훼손하고 개혁의 동력을 상실하고 만 것이다. 국민적 지지기반이 협소해질 때 개혁을 실현하기 어렵게 된다는 것은 다시 강조할 필요도 없을 것이다.

요컨대, 노무현정부는 집권 초기에 시대적 과제에 부합되는 방향으로 국정을 명확하게 기획하지 못했기 때문에 대외정세의 변화에 제대로 대처하지 못했을 뿐 아니라, 주체적 측면에서도 집권세력(핵심집단, 파워 블럭)의 미약, 정책패키지 준비 부족, 실행능력 취약, 국민적 합의를 도출하는 정치적 능력 부족 등으로 이익 갈등과 관료조직·반대세력의 저항 등을 극복하면서 정책목표를 달성하지 못했고, 국민적 합의를 도출하는 데도 실패했다. <표 2>는 지금까지의 평가내용을 정리한 것이다.

노무현정부의 정책 실패는 대다수 국민들에게 개혁 피로감을 느끼게 만들면서 집권 후기 지지도가 30%대 미만을 기록했을 뿐 아니라, 마침내는 정권 재창출 실패로 귀결되고 말았다. 2007년 대선에서 이명박 후보는 노무현정부의 실패로 인한 반사이익에 힘입어 압도적 승리를 쟁취할 수 있었다.

평가 항목		평가 내용
시대적 과제		개방의 조건하에서 성장과 복지를 함께 실현하는 과제를 명확하게 인식하지 못함
대외정세		미국이 이라크전쟁 장기화에 따라 한국에 파병 요청, 북핵문제 발발 이후 동북아의 불안정성 고조, 신자유주의 확산, 양자간·다자간 무역협정 추세
주체적 역량	인적 측면 (핵심집단)	대통령의 취약한 리더십(피해의식, 업적주의), 핵심참모, 개혁적 지식인 집단의 준비 부족과 전문성, 팀워크 미흡
	조직적 측면 (파워 블럭)	청와대의 독주, 여당의 존재감 부재, 미완의 실험으로 끝난 위원회, 개혁진보 세력의 전문성 부족, 국민참여 실패
	정책적 측면 (정책패키지)	평화와 번영의 동북아시대 구현, 균형사회 실현 등(상위목표)과 상충되는 한미FTA(하위목표), 갑작스런 '2만불시대' 주창, 지역균형발전과 수도권규제완화 사이에서의 혼선
	국내정치적 측면 (실행능력)	'정치적 행정부'의 능력 부족, 재경부를 위시한 전문관료조직 장악 실패, 화물연대, 부안, 새만금 등 갈등 해결 실패, 4대 개혁입법의 추진 실패, 보수언론과의 소모전, 절차적 민주주의의 심대한 훼손, 국민적 합의도출 실패

이는 2002년 대선과 노무현정부 집권 초기 각종 언론의 분석기사에서 진보세력이 향후 한세대를 집권할 것이라고 전망됐던 것과는 정반대의 결과이다 (양재진 2008). 국민들은 노무현정부의 실패로 진보개혁세력 전체에 거부감을 보이고 있다.

5. 다른 가능성은 존재하는가

노무현정부는 실패할 수밖에 없었는가? 노무현정부의 실패는 필연적으로 예견됐던 것인가? 우리의 평가결과는 구조적 조건에 대응하는 핵심집단의 구성, 정책수립 및 집행능력, 정책정당의 준비 등에서 노무현정부의 주체적 역량이 대단히 미약했다는 것을 보여준다. 그러나 주체적 역량이 미약하다고 해서 노무현정부의 실패가 필연적인 것이었다고 받아들이는 운명론에 빠져서는 안된다. 집권기간을 돌이켜볼 때, 노무현정부에는 최악의 실패를 막을 수 있었던 몇번의 기회가 존재했던 것처럼 보인다.

1) **첫번째 기회**: 핵심집단의 준비 부족

집권(2003년) 후 1년 이내에 노무현정부의 핵심집단이 팀워크를 정비하여 인수위원회 초기의 시행착오를 극복하고 정책패키지를 완성해 올바른 개혁정책을 일관성있게 추진했다면 노무현정부는 다른 양상을 보일 수 있었을 것이다. 개혁의 성공여부는 일반적으로 집권 1년 이내에 결정된다고 한다. 이 기간에는 대통령에 대한 지지도가 높을 뿐 아니라 국민들도 집권 초기의 실수는 너그럽게 받아들여주기 때문이다. 그러나 이 기간 동안 노무현정부는 4대 권력기관에 대한 장악을 포기하는 등 지나친 탈권위주의적 행태를 보이면서 시간을 낭비하다가 결국은 보수세력의 총 반격을 받아 대통령 탄핵을 자초하고 말았다.

2) **두번째 기회**: 정부·여당의 실패

탄핵사태에 분노한 국민들이 만들어준 총선 압승(2004년)으로 다수당이 된 열린우리당이 집권 중반기에 제대로 된 개혁정책을 추진해나갈 수 있었다면, 노무현정부의 실패는 막을 수 있었다. 국민들은 보수세력의 총 반격을 직접민주주의를 통해 좌절시키고 노무현정부에 다시 한번 새롭게 시작할 소중한 기회를 제공해주었다. 그러나 열린우리당은 국가보안법 폐지 등 4대 개혁법안을 놓고 한나라당과 힘겨루기를 하면서, 다수당으로서의 이점을 살리지 못했다. 총선에서 열린우리당은 탄핵의 반사효과로 이질적 인사들을 대거 당선시켰고 이는 열린우리당을 정체성이 모호한 정당으로 만들었던 것이 사실이다. 그러나 좀더 중요한 실패의 요인은 리더십 부재에 있다. 이 기간 동안 노무현정부는 시대적 과제에 부응하는 개혁정책을 일관성있게 효과적으로 추진했어야 했다. 그럼에도 불구하고 대부분의 개혁정책들은 별다른 성과를 거두지 못한 채 유보되고 말았다.

3) 세번째 기회: 정치력 발휘의 미흡

노무현정부는 개혁의 교착상태를 엉뚱하게도 한나라당까지 포함하는 대연정 제안(2005년)을 통해서 돌파하려고 함으로써 마지막 기회를 놓치고 말았다. 영남지역에 기반한 한나라당과의 대연정은 지역구도를 타파하기 위한 것이라는 취지에도 불구하고, 그 실현 여부와 상관없이 개혁을 포기하는 보수대연합으로 오해받기 쉬운 제안이었다. 이 시기에 필요한 것은 오히려 민주당, 민노당 등 넓은 의미의 진보개혁세력을 포용하면서, 개혁정책의 추진 동력을 확보하는 것이었다. 그러나 대연정 시도가 실패하면서 노무현정부는 정치적으로 더욱 고립되었고, 마침내 한미FTA의 추진이라는 외적 충격을 통해 개혁을 추진하려다 '돌아올 수 없는 강'을 건너고 만다. 정치적 고립에 빠진 가운데 역사에 남길 업적을 하루 빨리 만들어내야 한다는 강박감에 시달린 결과였다.

결론적으로, 노무현정부의 실패는 필연적으로 예정된 것이었다기보다는 노무현 대통령을 포함한 정권 핵심집단의 주체적 역량 부족에서 기인한 부분이 크다. 이는 직접적으로는 노무현정부에 참여했던 사람들이 책임을 져야 한다. 그러나 조금 넓게 보면, 노무현정부의 실패는 진보개혁세력 전체의 실패에 다름아니다. 개혁진보세력은 당위적 주장을 타성적으로 반복하는 데는 익숙하지만, 복합적 정세 속에서 실현 가능한 대안을 마련하는 데는 치열하지 못했던 것이 사실이다. 향후에 개혁진보적인 정부가 다시 집권했을 때 동일한 실수를 반복하지 않기 위해서라도, 노무현정부의 실패 경험에서 소중한 역사적 교훈을 얻을 필요가 있다.

| 조형제 · 김양희 |

제2장

잘못된 정치전략과 지지기반의 와해

1. 노무현정부의 정치적 실패[1]

노무현정부는 정통 민주야당을 주체로 한 김대중정부의 계승인 동시에 한국정치의 새로운 전환점으로 기대를 받고 출범했다. 정통 민주야당은 반독재민주화 투쟁에 적극 참여하고 한국의 민주주의 진전에 긍정적인 역할을 했다. 그러나 1인 보스체제, 정책과 이념 중심이 아니라 선거에 따라 이합집산하는 선거정당, 지역주의 정당 등 정치발전을 가로막는 많은 문제점도 동시에 가지고 있었다. 노무현정부가 이러한 문제점을 해결할 것이라는 기대감은 무엇보다도 노무현이라는 인물이 한국정치를 왜곡해왔던 기득권구조 (보수언론, 지역주의, 재벌)에 정면도전하며 정치적 자산을 축적

---

1) 일반적으로 노무현정부라면 통치의 기본방향을 제시하고 조율하는 청와대와 구체적인 정책을 결정하고 집행하는 행정부를 포괄하는 의미로 사용되어야 하지만 이 글에서는 정치전략에 초점을 맞추고 있기 때문에 정무적 판단을 하는 노무현 전 대통령과 청와대만을 지칭한다.

표 1 노무현 대통령 지지율의 변화

일시	주요 사건	지지율(%)
2003.3.29	2.25 대통령 취임, 3.22 이라크파병	71.4
5.23~24		57.3
10.18~19	9.29 노대통령 민주당 탈당, 11.11 열린우리당 창당	33.3
12.20~23		26.4
2004.2.21		35.1
4.1	3.12 대통령 탄핵소추안 국회통과	37.4
5.14	4.13 17대 총선 열린우리당 압승(157석)	51.6
7.10	6.5 재보선 패배 6.7 김혁규 총리지명안 철회	34.1
2005. 2.14~16	2004.10.21 행정수도안 위헌결정	37.6
5.13		37.8
7.30	6.13 재보궐 선거 6곳 패배, 원내 과반수 붕괴 7.28 대연정 제안	26.6
11.18~19		24.3
2006. 4월	2.3 한미FTA 협상개시 발표	39.6
8월	5.31 지방선거 패배	26.0
12월	10.25 재보선 참패(40대0) 당해체 논의 시작	19.1
2007.2.24	1.19 4년 연임제개헌 제안, 2.18 노대통령 열린우리당 탈당	19.1
6.16		22.8
10.10	10.3~4 남북정상회담	46.8
10.27		38.9

■출처 한겨레신문. 2008년 1월 22일자(http://www.hani.co.kr/arti/SERIES/170/264796.html)

해왔다는 점에서 비롯되었다. 그리고 노무현정부가 출범한 이후 우여곡절은 있었지만 탄핵정국을 거치며 의회에서 진보개혁진영이 수적 우위를 점하고 대대적인 세대교체가 이루어지면서 그 기대가 현실화되는 듯 보였다.

그러나 그 기대는 철저하게 무너졌다. 2007년과 2008년 국회의원선거의 결과가 이를 웅변하고 있다. 지난 대선결과만을 보면 정동영, 문국현, 권영길, 이인제의 득표율을 전부 합쳐도 총유권자 기준 22.4%(842만표)에 불과했고, 보수를 내세운 이명박과 이회창의 득표율 합은 40.0%(1,505만표)에 달했다. 이러한 선거결과는 〈표 1〉이 보여주는 것처럼 노무현과 집권당에 대한 지속적인 지지율 하락의 결과라는 점에서 더욱 커다란 충격을 주었다. 정책적인 측면에서 노무현정부에 대한 평가가 여러가지로 갈라질 수 있지만 정치적인 면에서 실패했다는 점에는 큰 이견이 없다.

물론 지난 5년간 정치적 실패의 원인들에 대한 평가가 함께 이루어질 필요가 있다.[2] 그러나 이 글에서는 노무현정부의 실패를 규명하기 위해 열린우리당 그리고 진보개혁세력 전체 등 여러 정치주체들에 초점을 맞추어 정치적 실패의 원인을 설명할 것이다. 이는 이번 저서의 주제가 노무현정부의 평가이기 때문만은 아니며, 정치적 영향력이라는 점에서 청와대가 당보다 우위에 서 있고 또한 전체 진보개혁세력 내에서도 이점을 가지고 있었던 정치현실을 고려한 것이다.

노무현정부의 정치적 실패에 많은 사람들이 지난 10년간 진행된 민주주의 프로젝트가 실질적 민주주의로 진전되지 못하고 신자유주의 프로젝트에 포섭되고 신자유주의적 사회경제정책을 추진한 것을 주요 원인으로 지적한다(최장집 2005; 박상훈 2007). 물론 양극화의 심화 등의 사회경제적 문제가 정치지형 변화에 영향을 미친 것은 사실이지만, 이것만을 가지고 노무현정부의 정치적 실패, 특히 선거에서 나타난 전면적 민심이반을 설명하는 데에는 한

---

2) 열린우리당의 지지율이 항상 노무현 대통령에 대한 지지율을 밑돌았다는 점, 진보세력을 대표한다는 정당 역시 군소정당의 처지를 벗어나지 못했고 지지율도 하락했다는 점 등이 정치적 실패의 책임을 노무현정부에게만 돌릴 수 없는 이유이다. 이러한 측면에서 대선결과는 범진보진영의 실패로 규정할 수 있다(김대호 2008).

계가 있다. 우선 참여정부의 정책에 많은 문제를 제기할 수 있지만 참여정부 시기의 성장률, 실업률 등과 여타 정책에서의 성적이 전면적인 민심이반을 초래할 정도의 것인지는 논란의 여지가 있다. 또한 노무현 대통령에 대한 지지율은 집권 초기부터 급락현상을 나타냈고, 2년을 경과한 시점부터는 20%를 전후 수준에 고착되는데 이를 모두 잘못된 정책의 영향이라고 보기 어렵다.

따라서 지지율의 급락에 더욱 직접적인 영향을 주었던 정치적 요인을 찾을 필요가 있다. 정대화(2007)는 지역연합이나 정치사회적 연합의 구속이 없는 상태에서 출현한 '순수권력'이라는 노무현정부의 권력구조상의 특징이 저항세력을 강화시키고 지지기반을 약화시킨 결과를 초래했다고 지적했다. 최장집(2005)은 반(反)정치적 행태가 정당정치와 민주주의를 약화시킨 주요 원인으로 지적했다. 이러한 설명은 부분적인 타당성은 있으나 노무현정부의 정치전략을 지나치게 단순화하는 문제가 있다. 노무현정부도 자신의 정책적 목표를 달성하기 위한 정치연합의 구상이 전혀 없었던 것은 아니고, 또한 어떤 정치연합을 추구하는가는 다시 정책의제의 선택에도 영향을 주었다.

따라서 정책적 목표와 정치전략이 어떻게 상호작용했는지를 분석해야 노무현정부의 정치실패의 원인을 종합적으로 평가할 수 있을 것이다.

2. 노무현정부의 트라이앵귤레이션(triangulation) 전략의 문제점

그렇다면 노무현정부는 어떤 정치전략을 가지고 있었는가? 명확히 구분하기는 어렵지만 노무현정부의 정치전략은 초기 진보개혁세력의 적극적인 동원을 중심으로 하는 것에서 점차 미국 클린턴(B. Clinton) 행정부 시기의 트라이앵귤레이션(triangulation, 삼각측량)과 유사한 것으로 전환됐다고 할 수 있다.

트라앵귤레이션은 클린턴의 정치참모였던 딕 모리스(Dick Morris)에 의해 만들어진 전략으로 당시 민주당과 공화당의 정책에서 좋은 것을 선택하여 결합하는 정책패키지를 만들어 정치적 지지기반을 확대하는 정치전략이다. 이는 중도주의(centrism)적 전략에 속한다. 1993년 1월 대통령에 취임한 클린턴은 1994년 11월에 치러진 중간선거 결과 공화당이 지배하는 의회가 출현하는 정치위기에 직면한 이후 본격적으로 이 전략을 사용하여 정치주도권을 회복하고 재선에 성공할 수 있었다.

모리스의 지나친 정치공학적 접근으로 인하여 미국에서 트라이앵귤레이션이라는 용어는 부정적인 의미로 흔히 사용된다. 미국내 일부 리버럴(liberal)들은 클린턴이 이러한 트라이앵귤레이션을 위해 공화당이 요구한 균형예산, 사회복지의 축소 등을 수용한 클린턴 대통령이 원칙을 포기했다며 비판했고, 보수주의자(conservative)들은 트라이앵귤레이션 비판을 통해 클린턴이 정치적 이익을 위한 어떤 수단이든지 사용할 수 있는 정치인이라는 이미지를 부각시켰다. 그러나 트라이앵귤레이션은 단순히 정치공학적 전략만은 아니고 미국의 뉴민주당 노선이나 영국의 제3의길 노선 등 기존의 진보이념을 지구화라는 환경 속에서 재구성하려는 시도와 연결된 정치전략이다.[3]

노무현정부 초기의 사회경제적 측면에서 네델란드 모델이나 북구형 모델에 대한 관심이나, 열린우리당 창당을 전후로 하는 정치개혁 구상 등이 진보개혁세력의 동원에 더욱 많은 관심을 가지고 있었다는 점을 보여준 사례이다. 그러나 노무현정부와 진보개혁세력의 관계는 순탄하지 않았다. 노무현정부 초기에 양자 관계에 가장 커다란 영향을 준 것은 2003년 6월 철도파업사태와 2003~04년 사이의 이라크파병 문제이다. 철도파업은 노무현정부

---

3) 영국의 기든스(Anthony Giddens)은 자신의 제3의 길 구상이 미국의 신민주당 노선에서 영감을 받았다는 점을 밝힌 바 있다(1998). 그리고 트라이앵귤레이션이 블레어의 정치전략에 직접적인 영향을 주었다는 지적도 있다(Worcester 2004).

와 노동운동진영 사이의 균열, 이라크파병 문제로 노무현정부와 시민사회 사이의 균열도 심화시키며 노무현정부가 진보개혁진영과의 관계를 새롭게 생각하게 만든 계기가 되었다.

이러한 생각이 어떻게 발전했는지는 소위 진보논쟁이 진행되던 2007년 2월 17일 청와대 국정브리핑에서 발표된 노무현 당시 대통령의 '대한민국 진보, 달라져야 합니다'라는 글에서 확인할 수 있다. 그는 이 글에서 진보의 가치를 실현하는 데 필요하면 그것이 신자유주의자들의 입에서 나온 것이든 누구의 입에서 나온 것이든 채택할 수 있는 유연성을 가져야 합니다'라며 '유연한 진보'의 필요성을 역설했으며, 또 개방문제, 평택기지건설 등의 사례를 들어가며 자신의 재임기간중 진보진영의 행위에 대해 불만을 표시했다. 결국 노무현정부는 점차 기존 진보개혁노선의 계승이 아니라 이를 넘어설 수 있는 새로운 비전의 필요성을 더욱 강조하기 시작했다. 이러한 지향은 트라이앵귤레이션 전략과 같은 맥락에 있다고 볼 수 있다.

노무현정부의 이러한 문제의식 자체는 긍정적으로 평가할 수 있다. 한국은 IMF위기를 겪으면서 지구화에 전면적으로 노출되기 시작했고, 전통적 발전국가모델은 물론이고 기존의 진보적 대안들도 설득력을 상실한 상황이었다. 이러한 상황에서 시장, 개방 자체를 신자유주의와 동일시하고 시장화와 개방화를 부정하는 식의 담론의 문제점에 대해서는 진보개혁진영 내에서도 많은 문제제기가 이루어졌고 시장, 개방을 정책팩키지에 포함시켜 진보이념을 재구성하기 위한 논의도 활발하게 진행되고 있었다. 따라서 유연한 진보로 지칭하든 아니든 새로운 진보이념의 구성을 위한 노력 자체를 노무현정부의 정치적 실패의 원인으로 지적할 수는 없다. 문제는 이러한 새로운 비전을 발전시키고 구현할 수 있는 정치전략이 부재했거나 잘못됐던 점에 있었다.

트라이앵귤레이션은 본래 정치적으로 커다란 위험성을 가지고 있는 전략이다. 중도 혹은 보수적 유권자들까지 지지기반을 확대하기 전에 기존 지지기반의 정체성을 해체하고, 분열을 초래할 가능성이 있기 때문이다. 이러한 부작용을 최소화하기 위해서는 다음 두가지 문제를 선결해야 한다. 첫째, 전통적 지지기반 내에서의 분열을 최소화해야 한다. 둘째, 새로운 정치기반을 구축할 수 있는 실적이 뒷받침되어야 한다. 클린턴과 블레어(T. Bair)의 성공은 이러한 요인들이 모두 작동했다고 볼 수 있다. 기존 지지기반의 반발이 있었지만 지지기반에 커다란 변동을 초래하지 않는 수준내에서 조율되었다. 그리고 경제적 측면에서 경제성장률의 상승은 복지예산 축소 같은 문제들의 부작용을 최소화하는 데 도움을 주었고 덕분에 중간층으로 지지기반을 확대할 수 있었다.

그런데 노무현정부의 트라이앵귤레이션은 가장 부정적인 결과, 즉 새로운 지지기반이 형성되지 않은 채 기존의 지지기반마저 붕괴되는 결과가 출현했다. 미국이나 영국과 비교하면 경제환경이 노무현정부에게 불리했다는 점도 감안할 필요가 있으나 더욱 큰 문제는 트라이앵귤레이션의 방향설정이 잘못됐던 것에 있다.

영국의 노동당이나 미국의 민주당이 1970년대 후반 이후 보수적 이념의 확산으로 지지기반이 축소되는 문제에 직면하던 것과 달리, 한국에서 진보개혁진영의 기반은 점차 확대되는 과정에 있었다. 따라서 지지기반 이외의 세력과의 관계보다는 지지기반, 예컨대 대통령선거에서 자신을 지지했던 사람들에게 더욱 초점을 맞추는 정책들과 정치전략이 필요했다. 이른바 유연한 진보를 뒷받침하기 위해서도 이 세력내에서의 동원에 일차적인 초점을 맞추어야 했으며 진보진영 내에서 일부 갈등은 불가피했지만 이를 극복할 수 있는 역량이 형성될 수 있는 새로운 가능성이 존재하던 상황이었다.

그런데 노무현정부는 자신의 지지세력이 될 수 없는 상대를 염두에 둔 의제를 반복적으로 제기하며 지지기반의 균열만을 초래했다. 또한 노무현정부가 새로이 제시한 의제들 중 상당수는 외연을 확장하는 것에도 별 도움이 되기 어려운 것이었다. 영국의 블레어나 미국의 클린턴이 새롭게 초점을 맞춘 의제는 1970년대 후반 이후 논쟁과정에서 어느정도 합의가 이루어진 의제들, 즉 중앙정부의 방만한 운영에 대한 통제, 시혜적 복지정책이 낳은 문제점을 극복할 수 있는 새로운 복지정책 등의 의제를 수용했기 때문에 내부의 균열을 최소화하고 새로운 지지세력을 포섭할 수 있었다. 그러나 노무현정부는 사회적으로 합의가 형성돼가는 의제가 아니라 논쟁적·갈등적 의제를 반복적으로 제기했고 결국 새로운 지지세력의 동원에도 별다른 성과를 거두기 어려웠다. 결국 노무현정부는 속칭 '산토끼'는 물론 '집토끼'도 놓쳤으며 이것이 지지기반의 전면적인 붕괴를 초래했다.

이러한 문제점은 이제 살펴볼 당정분리, 대연정, 한미FTA의 추진에서 가장 뚜렷히 나타났다.

3. 당정분리—잘못된 정치개혁 목표

노무현은 후보시절부터 해방 후 한국정치를 지배한 제왕적 리더십이라는 권위주의적 정치문화를 극복하기 위한 대안으로 당정분리를 제시했다. 당정분리(이 원칙에 담겨진 내용을 고려하면 당청분리라고 하는 것이 더욱 적합할 것이다)의 원칙은 열린우리당의 당헌당규에도 명시되었다. 그러나 당정분리가 과연 올바른 정치개혁의 방향인지는 많은 논란이 있다. 최장집(2005)은 당정분리 원칙은 '반정치(反政治)의 정치관'의 대표적 사례로 지적했다. 노무현 자신도 2007년 6·10항쟁 20주년 기념식에서 "당정분리와 같은 제도는 고쳐져야 한다"고 주장했으며 청와대 관계자는 이러한 발언을 책임정치의 제도화라는 각도에서 설명했다(연합뉴스 2007.6.10). 실제로 당정분리는 새로운 정치문화를 정착시키기보다 당정간 갈등의 주 요인으로 계속 작용했다는 점에서 긍정적인 평가를 받기 어려울 것으로 보인다.

그렇다고 초기 노무현정부가 했던 당정분리와 관련된 고민 자체가 의미

없는 것은 아니었다. 과거 대통령이 당의 공천권을 장악하여 권위주의적 통치를 했던 것을 극복하고 당정간의 관계를 민주주의와 책임정치의 원칙에 맞게 재정립하는 것은 정치개혁의 중요한 내용이기 때문이다. 즉 당과 정 사이의 기계적 분리를 추구하는 것이 아니라 적절한 역할분담에 기초한 협력모델을 만들어내는 것은 필요한 일이었다. 그런데 이러한 과제가 당정분리라는 즉자적 개념으로 표현되면서 새로운 당정관계에 대한 고민으로 나아가지 못하고 당과 정이 각각 당정분리라는 우산 아래에서 자신의 기득권 혹은 권리만을 누리려 하고 그에 따르는 책임은 상대방에 전가하는 행위를 조장했다. 즉 정부와 당은 당정분리라는 구호 아래 동상이몽을 하고 있었다.

따라서 당정관계의 파탄에 대해 어느 한편의 책임만을 묻기는 어렵다. 대통령은 당의 공천권과 운영에 개입하지 않는다는 원칙을 내세웠고 이를 지키기 위해 노력했지만, 김혁규 총리지명 시도(2004년 5월)나 아파트 원가분양 공개 논란(2004년 6월)이 보여주는 것처럼 인사와 정책에 대해 여당의 무조건적인 지지를 요구하거나 자신의 입장을 일방적으로 관철시키려 한 경우도 적지 않았다. 반면 여당은 당정분리가 당의 운영에서 자신의 권한을 확대한다는 면에서 환영했지만, 독자적인 정책 생산능력을 강화하고 정국을 주도하려 노력하기보다(엄청난 국고지원과 정보지원을 받는 집권당의 정책개발 능력이나 의제생산 능력이 시민단체들의 그것보다 낮다고 할 수 없었다) 청와대에 일방적인 지원을 요구하거나 문제가 생기면 청와대에 책임을 돌리려는(2005년 6월 13일에 재보궐선거 패배 이후 당정분리 폐기건의) 행태를 반복했다. 이러한 당정 사이의 분열과 갈등양상은 2004년 탄핵국면에서 상승한 지지율을 2달 만에 다시 30%대 중반으로 하락시킨 주요한 원인으로 작용했다. 그리고 이 과정에서 만들어진 균열은 이후 노무현정부 시기 내내 치유되지 않고 더욱 커져갔고 노무현 대통령의 열린우리당 탈당과 열린우리당의 해체로 이어졌다.

한국정치에서 정당제도의 후진성은 매우 뿌리깊은 것으로 당정분리 같이 단순한 제도적 장치로는 해결되기 어려운 문제이다. 그리고 현실적으로 집권당에 많은 영향력을 행사하는 대통령이 당의 운영에 개입하지 않는다고 정당운영이 정상화되는 것은 아니다. 이 문제가 복합적 원인을 가지고 있는 것이며 해결에 상당한 시간이 필요하다는 점을 인식했다면 새로운 당정관계를 만들어가는 데 '분리'적 측면이 아니라 '협력'적 측면에서 좀더 진지한 고민이 진행됐어야 했다. 특히 정치적으로 김대중정부에 이어 노무현정부가 들어서면서 민주진영이 주도권을 잡고 있었다고 볼 수 있지만 종합적으로 볼 때 보수진영의 역량이 여전히 진보진영을 압도하는 힘을 유지하고 있다는 점을 고려하면 협력의 필요성은 더욱 컸던 것이다.

그렇다면 당시 노무현정부가 당정분리에 집착하고 협력보다는 분리를 더욱 중요한 정치개혁의 과제로 부각시킨 이유는 무엇일까? 당정분리가 새로운 정당문화를 정착시킬 수 있다는 낙관 때문이었을까? 아니면 과거 대통령이 당을 제왕적으로 지배하던 방식에 대한 반발감 때문이었을까? 물론 이러한 요인들이 중요한 영향을 미쳤을 가능성을 부인하기는 힘들다. 그러나 열린우리당의 역량에 대한 노무현 중심의 집권세력이 지녔던 부정적 태도가 더 큰 원인이라 판단한다.

노무현 대통령이 열린우리당에 상대적으로 더 큰 애정과 희망을 가졌던 것은 사실이지만, 정치적 성향 등에서 복잡하게 구성되어 있는 열린우리당이 정치문화를 변화시킬 수 있을지는 결코 낙관하지 않았고, 그 전체를 자신과 정치적 운명을 같이 할 정치적 실체로서 간주하지도 않았던 것으로 보인다. 그리고 개혁당세력이나 노사모 등을 장기적으로는 정당문화를 변화시킬 수 있는 동력으로 보고 이들과의 동지적 관계를 더욱 중요한 정치적 자산으로 보았다. 이러한 정치적 경향은 열린우리당과 새로운 협력모델을 창출하는 데 적극적이기보다는 소극적인 태도를 취하게 만들었다. 그렇다고 과거의 권위주의 시기처럼 당에 직접적인 지배를 시도하여 당을 허수아비로 만들려 하지 않았기 때문에 당정분리라는 원칙을 견지하며 열린우리당 내에서 새로운 정치세력이 새로운 정치문화를 만들어내는 것을 측면에서 지원하는 정도로 당정관계를 관리하려고 한 것이다.[4]

그런데 정작 문제는 개혁당세력이나 노사모가 제도정치를 변화시키기에는 너무 취약한 정치적 역량을 가지고 있었다는 점이다. 이러한 한계를 잘 보여주는 것이 2004년 8월 이후 진행된 기간당원제(이전에는 진성당원제)를 둘러싼 논란이다. 기간당원제가 정당정치 발전에 이상적인 제도임은 분명하다. 그러나 이는 당시 정치현실, 특히 열린우리당의 정치적 기반을 둘러싼 정치문화와 괴리가 컸기 때문에 여러 과도기적 조치를 거쳐 발전되어야 했었다. 그런데 당시 개혁당세력은 이 기간당원제의 관철을 적극적으로 추진했고 이는 제도개혁과 관련한 발전적 논의가 아니라 일종의 권력투쟁적 양상으로 발전했다. 그리고 권력투쟁적 양상이 표면화되면서 개혁당 같은 성향의 세력들은 정치적 역량의 한계를 드러냈고 이 논쟁은 구체적인 성과 없이 (열린우리당은 2006년 11월 기간당원제를 폐지했다) 열린우리당 내부와 지지기반 균열의 심화로 끝맺었다.

4. 대연정—균열의 고착화

2005년 7월 제시한 대연정구상에 대해 2007년 10월 10일자 오마이뉴스와의 인터뷰에서 노무현 전 대통령은 "내가 그때 내다본 것은 상대방이 상당히 난처해지고 내부에서 갑론을박이 나올 수도 있다고 생각했는데, 상대방은 일사불란하고 우리 쪽은 갑론을박이 돼버렸다. 거꾸로 총알이 그냥 우리한테 날라오고. 수류탄을 (적을 향해) 던졌는데 데굴데굴 굴러 와가지고

---

4) 강원택(2008)은 "노 대통령이 당정분리를 집권당의 독립성과 자율성을 허용한 것으로 보기는 어렵다. 오히려 노 대통령의 방식은 권력의 중심을 집권당 내에 두지 않겠다는 것이었다"라고 노 대통령이 강조한 당정분리 원칙에 대해 더욱 부정적으로 평가했다(69면).

막 우리 진영에서 터져버렸어요. 그러니까 그때부터 겉잡을 수 없이, 감당할 수 없게 됐다"고 인정했다. 정치적으로 건곤일척의 승부수였지만 결과적으로 실패했다는 것이다. 실제로 2005년 7월에 제기되어 당시 박근혜 한나라당 대표가 9월 공식적으로 거부하면서 종결된 대연정 논란은 지지기반 내부의 갈등을 증폭시키고 호남과 비호남 그리고 진보개혁세력 내에서 친노와 반노 사이의 균열을 회복할 수 없는 수준으로 악화시켰다.

물론 대연정구상은 논리적으로 볼 때 합리적 요소가 전혀 없는 것은 아니다. 특히 노무현 대통령이 일관되게 자신의 중요한 정치적 목표로 삼아온 지역주의의 청산을 위한 선거제도 개혁과 임기단축의 교환이 선택가능한 대안의 하나로 검토할 수도 있는 것이다. 그러나 문제는 논리적 정합성이 아니라 정치적인 것이다. 여기에는 단순히 한 명제의 논리적 성립가능성 여부가 아니라 실현가능성, 정치적 효과 그리고 다른 의제와의 상대적 중요성 등의 문제가 있다. 2002년과 2004년 선거에서 국민들의 정치적 선택은 단순히 지역주의 청산만이 아닌 다른 여러 의제들에 대한 선택이기도 했으며, 당시 지지세력들이 선거제도 개혁보다 더욱 중요하다고 생각하는 의제들이 많이 있었다. 예컨대 노무현정부의 임기가 반환점을 넘어서는 시점에서 양극화 등의 사회경제적 이슈가 다른 이슈를 압도하는 상황이었다. 뿐만 아니라 지역주의 청산을 중요한 의제로 인정하더라도 속도와 방법론에서도 논란의 여지가 있다. 그런데 지역주의 청산이라는 목표와 방법론에 대한 내부적 의견수렴이 부재한 상황에서 대연정 제의는 결국 개인적 혹은 특정 정치세력의 생명연장을 위한 선택으로 받아들여지게 되었던 것이다(임원혁 2005).

문제는 위에서 인용한 노무현 자신의 상황판단에 들어 있다. 그는 대연정구상이 상대방을 난처하게 만들 것이라고 보았지만 이는 현실과 거리가 있는 판단이었다. 지역주의 청산은 노무현이라는 정치인에게 정치적 자산이자 정치적 과제라고 할 수 있지만 서민들에게는 중요한 의제로 받아들여지지 않았고 따라서 이를 매개로 하는 대연정 제안은 한나라당에게 전혀 압력이 되지 못했기 때문이다. 현직 대통령의 발언이었기 때문에 커다란 정치적 충격을 주기는 했지만 사회적 합의가 형성되고 있던 의제는 아니었기 때문에 이러한 깜짝쇼가 긍정적인 정치결과를 낳을 것이라고 기대하기는 어려운 것이었다. 오히려 이 제안은 한나라당에게 노무현정부가 민생은 외면하고 정치술수로 곤경에서 벗어나는 데만 몰두하고 있다는 식으로 역공의 기회를 제공했다. 그리고 지지세력 내에서도 지역주의 청산을 권력구조의 변동까지 감수해야 할 의제로 보지 않았기 때문에, 대연정구상을 노무현 개인의 정치적 지지기반 강화의 전략으로 받아들이는 경향이 강했다.

물론 대연정구상 이전에 국정운영이 큰 어려움에 처해 있었던 것은 사실이다. 그러나 이러한 문제에 대응하는 방법으로 대연정보다는 자신의 정책을 뒷받침할 수 있는 지지세력의 정비가 더욱 시급한 과제였다고 할 수 있다. 소위 '유연한 진보' 노선과 이를 추진하기 위한 정책패키지를 만들어내고 이러한 내용을 매개로 정부와 집권당 사이의 정책적 협의를 강화하는 것과 당시 일부에서 논의된 바 있던 '소연정' 구상 같은 것을 통해 민노당 등의 진보개혁적 정치세력과 연대를 적극적으로 추구하는 것이 더욱 필요했다.

물론 민노당 등의 진보진영이 이러한 노력에 어떻게 반응했을지는 모르기 때문에 이러한 구상이 성공할 수 있었다고 단정하기는 어렵다. 그러나 적어도 대연정이 초래한 정치공학적 논란과는 달리 진보개혁세력이 결집될 수 있는 정책적 문제에 더욱 초점을 맞춘 논의가 진행될 수 있었을 것이고, 새로운 연합이 실현되지 않더라도 유연한 진보의 논의 자체가 한국정치발전과 진보개혁진영의 혁신에 공헌을 할 수 있었을 것이다. 이러한 점에서 볼 때 당시 노무현 대통령이 정치적 위기에서 지지세력의 동원보다는 상황을 일거에 반전시킬 수 있는 대연정 같은 '빅아이디어'에 집착한 것은 매우 아쉬운 것이었다. 이후 정치적 위기에 더해 사회경제적 환경까지 악화되는 내우외환 속에서 다시 던진 승부수가 2006년 2월 미국과 한미FTA 협상을 추진하는 것이었다.

5. 한미FTA—폭주기관차

2006년 2월에는 한미FTA 협상 추진 소식이 전해졌다. 이 역시 위의 대연정구상만큼이나 당혹스러운 것이었고 지지기반의 분열이라는 측면에서 보면 더욱 결정적인 역할을 했다. 대연정은 정치전략상의 차이이고 당정관계, 호남 등의 지지기반의 관계에 커다란 영향을 미쳤다. 반면 한미FTA는 지지기반내에 이념과 노선의 균열을 표면화시켰다.[5] 그리고 대연정구상은 정치적으로 실현가능성이 없어지면서 의제로서의 생명력이 약화되었지만, 한미FTA는 파괴력이 있는 정치적 의제로 계속 남아있었다. 그 결과 대선국면에서 진보개혁세력 내의 새로운 정치적 연합을 구축할 수 있는 여지를 결정적으로 축소시켰다.

대연정과 마찬가지로 한미FTA를 정당화할 수 있는 논리를 찾는 것은 그리 어렵지 않다. 무엇보다도 한국경제가 세계경제에서 차지하는 비중이 10위권에 이르고, 이 성과는 세계경제에 참여함으로써 이루었다는 점에서 개방 자체는 거부하기 힘든 전략이다. 그러나 개방을 추구한다 하더라도 그 방법론에서는 다양한 논의가 가능하다. 특히 노무현정부는 사회통합적인 경제발전이라는 목표를 내걸고 출범한 참여정부로 개방 자체가 목표가 아닌 이상 개방전략이 이러한 기본 목표와 양립할 수 있는 것이어야 한다. 개방 자체에 대해서는 동아시아 경제협력을 우선 추진하는 방안, 중소국과 경제협력을 먼저 추진하는 방안 등 다양한 선택들이 존재했다.

그러나 노무현정부는 이러한 복잡한 논의를 완전히 무시했고 한미FTA 추진은 그 어떤 정책보다도 일방적이고 독단적인 방식으로 결정되었다. 노

---

5) 이를 가장 단적으로 보여주는 것은 이정우, 정태인 등 참여정부 초기 청와대에서 중요한 역할을 맡았던 인사들의 한미FTA에 대한 공개적 비판이다.

무현정부는 소통되지 않는 사명감과 근거가 충분하지 않는 주장들로, 국민적 좌절을 초래할 한미FTA를 추진함으로써 민주주의의 위기를 자초했다(이남주 2006). 스스로를 참여정부라 규정짓던 노무현정부가 국제합의를 무기로 국내의제를 관철시키는 식의 정책결정 메커니즘을 선택한 것이다.

사실 한미FTA라는 것은 참여정부 임기 1, 2년내에 어떤 경제적 효과를 만들어낼 수 없는 것이라고 본다면 왜 참여정부가 한미FTA 추진을 결정했는가를 정치적으로 해석하기 쉽지 않다. 실제로 노무현정부는 한미FTA는 정치적 논리보다는 한국경제의 미래에 대한 고민의 결과라고 일관되게 주장했다.

그러나 한미FTA는 고도의 정치적 의미를 내포하며 이러한 결정에 경제적 고려만 작용했다고 보기도 어렵다. 당시 노무현정부는 민생문제에 무능하다는 비판을 받고 있었고, 대연정을 통해 정치지형을 변화시키려는 시도는 실패로 돌아갔을 뿐 아니라 민생을 외면하고 정쟁에만 몰두한다는 부정적 이미지만 증폭시켰다. 사회경제적 측면에서 새로운 돌파구가 필요한 시점이었으며 특히 강한 정치적 효과를 발휘할 수 있는 새로운 '빅아이디어'에 매력을 느끼지 않을 수 없는 상황이었다. 또한 이로써 정국을 주도할 수 있는 새로운 정치적 의제제시와 정치연합의 가능성도 염두에 두었을 수 있다. 한미FTA 추진 이후 대통령 업무수행에 대한 지지도는 일시적으로 상승했으며 노무현 대통령은 진보진영에 공개적으로 문제제기를 하고 새로운 진보의 필요성을 강조하기 시작했다.

그러나 이미 지지기반이 매우 취약해진 상황에서 한미FTA는 진보진영과의 관계를 악화시켰고 또한 노무현정부내에 새로운 담론지형을 만들어낼 구심점도 없었기 때문에 한미FTA 추진이 새로운 정치적 동력을 이끌어내는 것은 사실상 불가능했다. 결국 노무현정부는 한미FTA를 추진하기 위해 정부내의 인사, 특히 기회주의적 관료집단에 좀더 의존할 수밖에 없었고 이로써 노무현정부의 트라이앵귤레이션은 '친노'라는 인물적 정체성을 구심으로

하는 지지세력과 기회주의적 관료만을 남기고 집토끼와 산토끼를 모두 놓치
는 것으로 막을 내렸다.

6. 새로운 정치연합은 가능한가

노무현정부의 여러 정책적 시도를 신자유주의로 규정하거나 또는 '잃어버
린 10년'으로 평가하는 것은 객관적인 평가로 보기 어렵다. 노무현정부 시기
정책들 중에는 역사적 흐름에 부합하는 것이 있었으며, 어떤 정책의 의도가
제대로 관철되지 못한 경우도 있으며, 그리고 잘못된 판단에 의한 정책도
있었다. 따라서 정책적인 측면에서는 다른 글들에서 논의되는 것처럼 개별
정책으로 해체하여 분석하고 이를 다시 종합하여 전체적 그림을 그려가는
식의 평가작업이 필요하다.

당연히 이 작업은 노무현정부의 성패를 따지는 것을 넘어 진보개혁이념
을 혁신하고 재구성하는 데 도움을 주는 방향으로 진행되어야 한다. 이러한
점에서 보면 2007년 2~3월 사이에 진행된 소위 진보논쟁은 많은 아쉬움을
남겼다. 당시의 논의들은 초기 의도와 달리 진보에 대한 성찰이기보다 노무
현정부에 대한 단선적인 평가, 성공이냐 실패냐라는 논쟁구도에 갇히면서
친노-반노 구도를 고착화하는 결과만 낳았다. 그리고 이러한 논의는 정치적
으로는 보수진영이 설정한 프레임에 갇힌 혐의가 짙으며(백낙청 2007), 진보진
영의 혁신에 별다른 도움을 주지 못했다.

서두에서 지적했듯이 노무현정부의 정치적 실패는 부정하기 어렵다. 그런
데 이러한 실패는 노무현정부의 정책이 잘못됐기 때문이라는 주장만으로 설
명되기 어렵다. 민주주의의 진전, 사회복지예산의 강화나 남북관계의 관리
에서 긍정적인 측면도 적지 않으며, 새로운 발전모델에 대한 고민의 긍정적
기여도 부정하기 힘들다. 그렇다면 노무현정부는 정치적 실패에 직면했는

가? 여기에는 노무현정부에 대한 보수언론들의 공격, 사실과 논리에 근거한 주장이 아니라 데마고그(demagogue)에 가까운 주장들이 사회를 지배하는 것 등의 영향을 무시할 수 없다. 그러나 이 글에서 강조하고자 하는 것은 노무현정부의 정치적 대응도 이러한 환경을 극복하지 못하고 자신을 보수의 공세에 취약하게 만든 원인을 제공했다는 점이다.

가장 커다란 원인은 당정분리 관련 논란같이 자신의 지지세력을 동원하고 결집시킬 수 있는 정치전략이 부재했고, 이는 다시 정책적인 차원에서 대연정, 한미FTA 같은 '빅아이디어' 식의 해법은 지지세력을 주변화·균열시켰으며 이는 지지기반의 전면적인 붕괴로 이어졌던 것이다. 이에 따라 진보개혁세력을 새로운 정치적 주체로 만들어내겠다는 초기 구상은 곧 포기되고 점차 관료의존도가 높아질 수밖에 없었다. 요약하면 정책적인 차원에서는 트라이앵귤레이션 같은 접근은 의미있는 시도였지만 정치전략적 측면에서 이러한 접근이 효과적으로 작동할 수 없도록 만드는 선택을 반복했던 것이 정치적 실패의 가장 커다란 원인이다.

이제 문제는 노무현정부 시기 출현한 진보개혁세력 내의 균열을 넘어설 새로운 정치연합의 구축이 가능한가이다. 차제에 진보개혁세력의 창조적 분열이 필요하다는 견해도 적극적으로 제기된 바 있다. 이 입장에서는 한국정치를 구보수, 온건개혁, 진보 등으로 삼분하는 구도에서만 소위 온건개혁세력과 진보세력의 구분이 분명하게 드러나고 진보세력이 독자적인 정치세력으로 인정받을 수 있다는 점을 강조한다.[6] 실제로 최근의 정치지형의 변화는 신진 정치세력의 진입공간을 확대한다는 점을 주목할 필요가 있다. 여기에는 이명박정부와 한나라당의 지지율 하락도 한몫하고 있지만 더욱 중요한 것은 민주당 지지율이 정체상태에서 벗어나지 못하고 있는 것이다. 그런데

------

6) 이러한 입장에서의 논의는 미래공방 2008년 신년호의 좌담을 참고(한귀영·박상훈·조승수 2008).

소위 '진보'적 정체성 강화만으로는 이러한 공백을 메울 수 있는 정치세력의 발전을 기대하기는 어렵다.

객관적인 정세로 보건대 이명박정부가 들어서면서 민주주의의 확산이 남한사회에서 여전히 가장 중요한 정치적 목표의 하나라는 점이 점차 명확해지고 있다. 절차적 민주주의는 완성되었으니 이제 다음 단계로 진입하자는 전략만으로는 이러한 상황에 대처하기 힘들고, 민주주의의 발전을 매개로 하는 정치연합이 여전히 정치적으로 중요한 의미를 가지고 있으며 진보도 이러한 공간에서 어떤 역할을 하느냐에 따라 정치적 역량을 평가받게 될 것이다.

주체적 측면에서 볼 때 노무현정부와의 차별성을 강화하는 것만으로는 진보적 정체성이 구체화될 수 없다. 신자유주의 반대라는 구호로도 지금까지의 다양한 진보정당의 실패를 극복할 수 있으리라고 기대하기는 힘들다. 세계화와 분단체제의 동요라는 환경에서 작동할 수 있는 실현가능한 비전과 노선을 진보개혁세력이 만들지 못한다면 그들은 잔여적 정치세력의 위치에서 벗어날 수 없을 것이다.

이 두가지의 문제를 해결하기 위해서는 폭넓은 연합의 구축이 필요하며, 이에 대한 해법을 만들어내는 세력이 새로운 연합을 주도하게 될 것이다. 분할을 위한 분할이 아니라 주어진 시대적 과제를 해결할 수 있는 비전과 능력을 갖추는 것이 진보개혁세력 앞에 높인 정치적 과제라고 할 수 있다.

| 이남주 |

제3장

동북아정책, 정세의 과소평가와 역량의 과대평가[1]

1. 무엇을 평가할 것인가

　지구적 차원의 냉전구도가 종식된 현재까지도 동북아지역에서는 여전히 세계 주요패권국들간의 갈등과 대립에 따른 불안이 내재되어 있다. 그 한복판에 위치한 한반도의 근현대사는 이들의 패권다툼의 각축장으로 얼룩져 있으며 지금도 북핵문제로 상징되는 분단의 트라우마는 우리 사회 깊숙이 드리워져 있다[2]. 이렇듯 우리의 미래를 강하게 규정하는 동북아의 안보질서는

---

1) 이 글은 김양희(2008b)를 재구성한 것으로서, 필자의 개인적 견해일 뿐 소속기관의 공식 입장과 무관하다. 따라서 자료 및 내용상의 오류 역시 전적으로 필자의 책임임을 밝혀둔다.

2) 한국국방연구원의 세계분쟁 데이터베이스(http://www.kida.re.kr/neowoww/html/)에 따르면 2003년 11월말 기준(최신 자료)으로 전세계에 101건의 분쟁이 있으며 이 가운데 진행중인 것이 84건이다. 지역적으로는 동북아(남북한, 미국, 러시아, 일본, 중국, 몽골)에서 2개국 이상이 당사자나 개입자로 관여한 분쟁은 남북대립, 양안대립, 러일(북방영토/남쿠릴열도)분쟁, 일중(센까꾸/조어도)분쟁, 중러(아무르/헤이룽강)국경분쟁 등 5건이나 중러분쟁은 2005년 6월 해결됐다(박종철 외 2005, 188~99면). 이 자료에는 포함되어 있지 않으나 북중(백두산)국경분쟁, 중국과 타지키스탄 간 국경분쟁, 북핵문제 이후 북한과 모든 역내국간 긴장, 미사일, 핵, 납치문제 등에 기인하는 북일갈등, 고구려사를 둘러싼 한중갈등, 역내패권을 둘러싼 중일갈등,

위태롭기만 하고, 또 앞으로도 순탄하지 않을 전망이나, 우리의 역량은 동북아의 불안정한 역내질서와 구조적 위기를 자력으로 해소할 만큼 강력하지 못하다는 현실을 인정하지 않을 수 없다.

한편, 경제영역으로 눈을 돌려보면 냉전해체 이후 러시아와 중국이라는 거대경제권과의 경제협력공간이 대폭 확대됨에 따라 급속한 경제성장을 발판으로 세계 경제성장의 동력으로 부상했고 앞으로도 무한한 발전가능성을 지니고 있는 동북아를 발견하게 된다. 이미 한국뿐 아니라 역내국의 일국경제의 외연은 사실상 동북아로 확대된 지 오래이며, 그 귀결로서 동북아국가간 상호의존도는 점차 높아지고 있다. 이 영역에서는 외교안보분야에 비해 한국이 일정정도 영향력을 발휘할 수 있는 여지가 있다.

이처럼 동 지역에서는 외교안보적 불안정성으로 인해 이 분야의 국가간 협력은 지지부진한 반면 경제분야에서는 상대적으로 정부간 협력이 유지되고 있으며 시장 주도의 경제통합은 날로 심화되고 있다. 외교안보적 위기와 경제적 기회라는 동북아의 현실을 배경으로 노무현정부는 '평화와 번영의 동북아시대' 구현을 위한 소위 '동북아시대구상'을 주창했다.

이 글은 노무현정부뿐 아니라 대한민국 헌정사를 통틀어 획기적이고 이채로운 국가전략이라 평가할 만한 동북아시대구상에 관해 비판적으로 고찰을 시도한다. 이를 통해 노무현정부를 평가하는 것이다.

이 글에서는 동북아시대구상에 대해 다음의 세가지에 주목하고자 한다. 첫째, 노무현정부가 국정목표로서 제시한 '평화와 번영의 동북아시대'는 당시의 동북아정세 및 우리의 역량에 비추어볼 때 적확한 판단에 기초해 바람직한 방향으로 설정된 것인가? 둘째, 국정목표라는 상위목표 실현을 위해 하부목표로서 제시된 제반 국정과제는 전자와 정합성과 일관성을 지닌 것이

최근 심각한 양상을 보이는 한일간 독도분쟁과 역사교과서 문제 등도 중요한 갈등요소이다.

었나? 이러한 논의를 토대로 동북아시대구상은 우리에게 어떠한 성과와 과제를 남겼는지, 향후 이를 재추진한다면 과거의 경험을 교훈삼아 무엇을 해야 하는지 제시해보기로 하자.

이에 더해 이 글에서는 셋째로 정책수립 및 실행의 전개과정, 조직체계 및 인적구성의 측면에 대해서도 살펴보고자 한다. 필자의 경험에 비추어볼 때 기존 연구에 비해 차별화되고 부가가치를 담을 수 있는 점이 이 측면에 대한 천착이라고 보기 때문이다. 필자는 동북아시대구상을 주관하기 위해 설립된 동북아경제중심추진위원회에 2003년 4월부터 2004년 9월까지 파견되어 초반기 대외협력구상인 동북아경제중심추진위원회(2003a; 2003b) 정립시 주도적 역할을 했고 동북아시대위원회로 개편된 이후에도 동북아전략의 큰 틀을 마련한 보고서(2004a; 2005a; 2005c) 작성시 깊숙이 관여했다. 즉 동북아시대구상에 관한 평가의 맥락에서 중요한 초반부가 공교롭게도 필자가 동북아시대위원회에서 활동했던 시기와도 일치한다. 따라서 이 글은 이미 역사의 뒤안길로 사라진 노무현정부의 동북아시대구상의 추진과정을 역사의 한장으로서 기록하는 동시에 내부자의 시각에서 돌아보는 자기성찰의 글이기도 하다.

2. 동북아시대구상의 전개과정

1) 1기(2003.3): 대선 이후~출범 직전

노무현정부는 '평화와 번영의 동북아시대'를 '국민과 함께하는 민주주의' '더불어 사는 균형발전 사회'와 어깨를 나란히 겨루는 3대 국정목표 중 하나로 내걸었고, 이를 "5년간 지속적으로 추구해나갈 가치이자 지향점이다. 3대 국정목표는 시대적 소명과 국민의 요구를 담고 있으며 모든 분야별 정책의 최고목표가 될 것이다"라고 밝혔다(대통령직인수위원회 2003). 이처럼 '동북아시대 구현'은 노무현정부의 각 분야별 12대 국정과제를 모두 아우르는 국정철학으로 자리매김된 것이었다[3].

인수위(2003)는 한국이 한반도의 지정학적·지경학적·지문화적 이점을 활용하여 한반도의 평화를 이루어내고 내부역량을 강화하는 동시에 평화와 번영의 동북아시대를 열어가는 데 주도적 역할을 다하면 우리가 변방에서 중심으로 거듭나는 새 역사가 열린다고 역설한다.

그런데 인수위(2003)에는 국정철학이자 목표인 '평화와 번영의 동북아시대'가 12대 국정과제 중 무엇을 통해 구현되는 것인지에 대해선 명확한 언급이 없다. 다만 위의 맥락에서 보면 '동북아 경제중심국가 건설'과 '한반도 평화체제 구축'이 각기 상위 정책목표의 실현을 위한 두개의 핵심 하위목표라고 유추해볼 수 있다. 그런데 여기서 전자는 중국과 일본 사이에서 넛크래커(nutcracker)에 끼인 한국경제에 대한 처방전으로서 경쟁력 강화에 방점이 찍힌 내부지향적인 목표다. 이는 김대중정부에서 내건 '동북아 비즈니스 허브 전략'의 연장선상에 있는 것이다. 반면 하위목표 중 후자는 한국만의 독자적 역량으로는 절대적으로 해결이 어려운, 협력에 방점이 찍힌 외부지향적 목표이다. 이렇듯 인수위 단계에서는 하나의 상위목표 실현을 위해 지향성이 상호 다른 두개의 하위목표가 제시되었으나 이들간에 어떠한 내적 연관이 존재하는지에 대한 충분한 설명은 미흡했다.

노무현 대통령도 2003년 2월 25일의 대통령취임사에서 한반도가 동북아의 중심에 자리잡고 있음을 강조하며 21세기 동북아시대의 중심적 역할을

---

3) 동북아시대 실현이 매우 추상적인 3대 국정목표 중 하나로 제시되었다는 것은 무엇을 의미할까? 첫째, 일반적으로 국정목표란 정부의 국정철학을 표방하는 것이지 반드시 임기내에 성과를 도출하는 것은 아니라고 할 때, 이 구상은 정치적 수사로 형해화할 가능성을 내포한다. 따라서 노무현정부가 동북아시대구상 실현에 대한 진정성을 지녔었는지 근본적인 의문이 제기될 수 있다. 둘째, 국정목표는 대체로 국정과제의 고른 실현을 통해서 실현되는 것이므로, 동북아시대구상도 그 실현까지는 장시간이 요구되므로 목표 못지않게 과정이 중요할 수 있다.

하는 것이 시대사적 요구라고 주장한다. 대통령은 그 종착역으로 동북아의 물류와 금융의 중심지로의 도약을 제시하고 동북아시대가 경제에서 출발해 번영의 공동체를 이룩하고 이것이 세계의 번영에 기여하며 궁극적으로 지금의 유럽연합 같은 '평화의 공동체'로 발전해야 한다고 설파한다. 그러나 이 단계까지도 동북아시대구상의 핵심을 이루는 '내부역량 강화'와 '공동번영' 간의 관계 및 '평화'와 '번영'의 관계에 대해 이것이 단계적 접근전략인지, 병행연계전략인지가 분명하지 않았다.

이처럼 인수위 보고서와 대통령 취임사에는 동북아시대구상이라는 국정 목표가 집권 초기부터 명확한 좌표를 설정하지 못한 채 위태로운 출발을 했음이 드러난다. 초기부터 이러한 문제가 발생한 요인으로 다음의 두가지를 들 수 있다.

첫째, 애초에 정권창출을 위한 조직적·인적 준비가 미흡했기 때문으로 풀이된다. 2002년 대선 당시 노무현 후보의 당선을 예측한 이는 극소수에 불과해 대선 이후에라도 소위 '그림자 내각'(shadow cabinet)을 신속히 구성해 정책을 준비하는 것은 힘들었다. 보다 근본적으로는 당시 여당인 민주당은 최초로 정권을 창출한 범진보진영의 정당으로서 차기집권에 대비할 만한 정책정당으로서의 면모를 갖추고 있지 못했다. 둘째, 당시 인수위에 참여했던 민간위원들의 의도와는 달리 동북아시대구상에서 자리매김이 모호한 동북아경제중심전략이 재정경제부(현 기획재정부)의 의도대로 편입되었다는 것은 대통령의 참모 또한 이 구상에 대한 명확한 인식이 미약했으며 관료에 대한 장악력과 지시방식이 원숙하지 못했음을 시사한다[4]. 관료조직은 정부의 이념지향 변화에 따른 불확실성을 최소화하면서 지대추구행위에 관심을 갖는 핵심 이해집단이자 정책에 관해서는 노련한 전문가집단이다. 그러나

---

4) 당시 인수위의 한 민간위원은 재경부의 사업이 이 구상에 편입된 것을 반기지 않았음을 누차 언급한 바 있다.

인수위에 참여한 새 정부의 참모들은 이들에 비해 경험이 미숙해 관료들에 대한 확고한 장악과 명확한 과업지시가 쉽지 않았을 것이다.

2) 2기(2003.4~2004.5): 동북아경제중심추진위원회 시기

이처럼 처음부터 모호하게 동북아시대구상을 시작한 노무현정부는 집권 직후인 2003년 4월 7일 이를 실현하기 위한 조직체로서 대통령자문기구인 '동북아경제중심추진위원회'를 설립한다. 이 명칭은 그나마 '동북아중심추진 위원회'라는 명칭이 적지 않은 비난에 직면하여 한발 후퇴한 것이나 이후 대내외적으로 아류제국주의적 발상을 적나라하게 드러낸 명칭이라고 비판 받는 원인을 제공한다.

위원회 설립 후 위원회 상근조직인 기획조정실은 2003년 5월 국정과제위 원회 워크숍을 개최하기 전까지 위원회를 크게 동북아금융비즈니스 허브 추 진, 물류중심, 동북아연구개발 허브 구축, 외국인투자유치, 남북대외협력 등 5개의 분과 및 전문위원회로 구성하여 그 골격을 갖춘다. 이를 인수위 당시 와 비교해보면 각 분과에 파편적으로 산재해 있던 협력사업이 '남북대외협 력'이라는 독자적 영역에 모아졌다. 그러나 인수위 당시의 사업추진의 기본 방향인 '인천, 부산, 광양을 각기 지역균형발전거점으로 육성'은 큰 틀에서 변하지 않았다. 즉 독자적 분과로서 남북대외협력이 만들어졌다고 해도 여 전히 이는 동북아경제중심 추진을 위한 외적환경 조성의 맥락에서 이해되었 던 것이다.

위원회의 골격이 갖추어진 이후 본격적으로 위원회의 각 분과는 향후 사 업구상 및 추진과제 도출을 위한 작업에 착수한 가운데 남북대외협력분과도 동북아대외협력구상안을 마련하여 2003년 7월 30일 국정과제회의에서 대통 령에게 보고했다. 이렇게 해서 칸트(I. Kant)의 영구평화사상을 바탕에 깔고 유럽연합의 기점이 된 슈만플랜(Schuman Plan)과 서유럽 재건의 물적토대가 된 마셜플랜(Marshall Plan)을 원용하여 평화와 번영의 선순환구조 창출과 단계적 심화발전과정의 로드맵으로서의 동북아대외협력구상을 정립하게 되었다.

표1 동북아대외협력구상과 슈만플랜 및 마셜플랜의 비교

	동북아협력구상	슈만플랜	마셜플랜
특징	정치적 안정과 경제적 발전을 연계한 지역협력		
주요 사업	경제협력(북한 연계 사회간접자본) 및 경제공동체 형성지향, 북한 등 낙후지역 개발	초국가적 석탄철강 공동체(ECSC) 결성 (석탄철강 공동관리)	서유럽경제 재건
주도국	역내(한·중·일·러)	역내(프·독)	역외(미국)
시대적 배경	역내 긴장완화와 동북아 공동번영 기틀 마련 시급	2차대전 후 역내 정치적 안정과 경제부흥이 긴요	2차대전 후 사회주의권에 대항하기 위한 서유럽의 응집 필요
정치적 목표	한반도 긴장완화, 역내 화해·평화 정착	역내 화해·평화 정착	서유럽의 자본주의 체제 공고화
경제적 목표	지역통합 및 경제개발 지원	안정적 자원확보 및 지역통합	경제개발 지원

■ **출처** 필자가 국가기록원 역대 대통령 웹기록써비스인 동북아시대위원회(http://nabh.pa.go.kr/)를 토대로 작성.

<표 1>에서 보는 바와 같이 슈만플랜을 원용함은, 적대적 관계였던 프랑스와 독일이 전쟁재발 방지와 기간산업(석탄철강산업)의 발전을 연계한 유럽석탄철강공동체(ECSC)를 출범시켜 유럽통합의 발판으로 삼은 것을 동북아에서도 벤치마킹하겠다는 것을 뜻한다. 또한 서유럽경제 재건의 주요 물적 토대가 된 마셜플랜의 경험을 되살려, 북한을 비롯한 동북아 역내 낙후지역 개발을 위한 자금을 역내국간 협력을 통해 조성하는 것을 주요 사업으로 도출하였다. 단, 당시 마셜플랜은 미·소 냉전구도하에서 미국이 서유럽

을 소련의 영향권하에 두지 않고자 공간적으로 묶어 자본주의체제를 공고히
하려는 의도가 강했던 반면, 동북아의 그것은 한반도의 긴장완화와 역내 낙
후지역 개발지원을 위한 초석 다지기의 의의가 더욱 컸다는 차이점을 논하
지 않을 수 없다. 이러한 서유럽의 경험을 원용하고자 하는 과정에서 한국
은 절대적으로 북한 및 중국, 일본, 러시아 등 주변국과의 공동의 리더십
발휘뿐 아니라 미국과의 협력이 불가피하다는 점을 명확히 했다.

이리하여 <표 2>와 같이 동북아협력구상의 3대 추진원칙, 4대 추진전략
및 9대 과제로 이론화·체계화한 '동북아대외협력구상'이 정립되었다. 이로

표2 동북아경제중심추진위원회 시기의 동북아대외협력구상의 개요

추진목표		평화와 번영의 동북아공동체 건설
3대 원칙	평화지향	· 한중일 간 평화기조 정착에 기여 · 북한을 점진적 개혁개방으로 유도
	호혜주의	· 관련국 모두에게 이득이 되는 공존공영 지향 · 역내공동의 사회간접자본 구축
	열린 지역주의	· 미국, 유럽연합 등 전통우방과의 관계중시 · WTO 원칙에 부응하는 공동체 형성
4대 추진 전략	공존공영을 위한 한국의 리더십 발휘	· 선도적 비전제시와 사업추진으로 주도력 확보 · 패권의 역사에서 협력의 역사로의 전환을 위한 동반자관계 구축
	한반도문제를 동북아 공통현안으로 부각	· 다자틀 내에서 한반도 평화기조 정착 · 북한이 동북아 경제협력 네트워크에 참여토록 경협사업 설계
	점진적 단계적 접근	· 경제협력 → 경제통합 · 기능적 협력 → 제도적 통합
	문화적 동질성 증대를 통한 공동체의식 함양	· 사회문화적 교류 증대로 지역정체성과 공동체의식 배양 · 동북아 공동의 문화가치 공유와 확산
9대 추진 과제	평화와 연계된 동북아 사회간접자본 건설	· 남북경협 거점 개발 ·남북대륙 철도망 연결 · 동북아 에너지 협력 ·정보통신 과학기술 협력 · 북한 등 역내지역 개발을 위한 재원 마련
	동북아공동체 형성 촉진	· 동아시아FTA 추진 ·동아시아 금융통화협력 · 환경협력 ·동북아 사회문화 교류

■출처 필자가 국가기록원 역대 대통령 웹기록써비스인 동북아시대위원회(http://nabh.pa.go.kr/)를
토대로 작성.

써 남북대외협력사업은 내부역량 강화를 위한 수단이 아닌 독자적인 대외전략으로 대통령에게 각인되었고 대통령의 호응에 힘입어 위원회는 의욕적으로 대외협력의 청사진을 마련했다. 이 구상은 위원회 이후에도 기본적인 인식 틀로 작용하게 되었다.

그러나 여전히 위원회의 중심사업은 내부역량 강화였고 상대적으로 대외협력사업에 대한 관심은 미미했다. 초대위원장이 최고경영자 출신 인사였다는 점이 이를 단적으로 말해주며 인수위 출신의 기조실장도 주된 관심은 클러스터(cluster) 형성에 있었다. 이 상황에서 내부역량 강화와 대외협력사업의 연결고리는 약해 양자간의 화학적 반응은 기대하기 어려운 채 어정쩡한 병존이 지속되었다[5].

대내외적으로는 경제중심추진의 적절성에 대한 문제제기도 이어졌다. '동북아경제중심'이라는 용어도 예상대로 중국과 일본을 경제적으로 능가하겠다는 것으로 이해되어 실현불가능할 뿐 아니라, 주변국의 오해를 유발할 수 있다는 점에서 반발이 거셌다. 국내외 학계에서는 동북아라는 공간의 지리적 모호성에 대해 의문을 제기하며 동남아시아국가연합(ASEAN)을 포함하는 동아시아가 아닌 동북아로 선을 긋는 이유를 납득하기 어렵다는 비판을 이어갔다. 김대중 전 대통령이 동아시아비전그룹(EAVG), 동아시아스터디그룹(EASG) 등을 통해 동아시아공동체 담론을 주도해왔는데 다음 정부가 이를 퇴행시키는 것 아니냐는 우려도 적지 않게 제기되었다.

조직적 측면에서는 구상의 장기성과 어긋나는 조직의 한시성이라는 위원회의 한계가 표면화되었다. 출범 초기에는 위원회의 정치력이 막강했다는 점도 작용하여 위원회의 기능과 역할에 대한 고민을 등한시했다. 그러나 점차 청와대와의 관계에서는 중대사안의 결정과정에서 매번 헌법에 기초한 국

---

5) 2004년 4월 남북대외협력팀 내부보고에는 위원회에서 경제협력만 담당하는 것의 한계, FTA에 대한 인식부족 및 여건 미조성으로 외교부와 유기적인 연관체계 구축이 이루어지지 못한 점, 경제분야 위주로 편중된 대외협력의 문제점 등이 토로되어 있다.

가기구인 국가안전보장회의(NSC)의 청와대 상근조직인 NSC사무처의 견제
로 대통령령에 근거할 뿐인 자문위원회의 행동반경은 제한되었다. 각 부처
에 영향력을 행사할 수 있는 법적·재정적 수단이 부족하고 파견 공무원 대
부분이 한시적 조직인 위원회보다 원부처의 이해관계에 충실한 행태를 보이
고 있는 점도 제약조건으로 작용하였다. 중장기 기획업무를 주관하는 위원
회의 성격상 로드맵 작성이 일단락된 후에는 관련부처가 자신의 고유영역이
침해받을 수 있다는 우려에서 위원회와 거리두기를 하였다. 우려했던 대로
위원회 구성원들은 장기목표에 걸맞는 긴 호흡을 하지 못하고 단기적으로
가시적인 성과를 내야 한다는 강박관념에서 자유롭지 못했다.

　이 시기를 종합해보면, 동북아시대구상이 구체화되고 조직체계가 정립됨
에 따라 제반 문제점이 수면 위로 떠올랐다고 할 수 있다. 내용적으로는 첫
째, 경제중심추진이라는 목표설정의 부적절함 둘째, 그로 인해 부차적 측면
으로 밀려난 동북아협력 분야에서 동북아의 지리적 범위 및 협력대상 설정
의 모호성 등 위원회의 목표와 전략이 좌초하게 되었다. 셋째, 북핵문제라는
돌발변수가 발생한 이후로는 그나마 명맥을 유지하던 경제협력 위주의 사업
전개조차도 한계가 노출되었다. 조직적으로는 위원회의 문제점이 전방위로
드러났다.

3) 3기(2004.6~2005.4): 동북아시대위원회 시기

　2004년 3월 현직 대통령이 집권 1년 만에 국회에서 야당의원들에 의해
탄핵당하는 초유의 사태를 맞게 된다. 우여곡절 끝에 2004년 5월 14일 헌법
재판소가 대통령에 대한 탄핵을 기각시켜 국정업무에 복귀하게 된 대통령은
2004년 5월 17일 위원회의 재편을 지시했다. 6월 15일 위원회규정 개정안이
국무회의 의결을 통과하여 6월 21일 동북아경제중심추진위원회는 '동북아
시대위원회'로 개편되고 위원장이 외교안보전문가로 교체되었다. 이는 대대

적인 기조변화를 상징하는 것이었다.

이러한 변화의 배경에는 북핵문제가 장기화되고, 동북아안보 정세가 불안정하게 전개되면서 기존의 번영과 평화의 순차적 연계라는 전략이 어렵게 되었다는 점이 컸다(동북아시대위원회 2004b, 6면). '외교안보협력'의 뒷받침없이 동북아시대위원회에서 대통령이 '경제협력'만 추진하는 것의 한계를 인식하기 시작한 것이 주되게 작용했다고 보인다.

이러한 변화를 반영하여 위원회는 NSC사무처와 공동으로 새로운 동북아시대구상 수립에 착수해 2004년 7월 27일 국정과제회의에서 대통령에게 공동보고하기에 이른다. 이렇게 하여 재구성된 동북아시대 구상은 그 추진목표로서 '하나되는 동북아'를 제창한다. 추진원칙으로는 '동시병행 연계'를 핵심전략으로 내걸며, 이와 함께 '중층적 협력' '개방적 지역주의' '공동체 지향' 등의 4대 추진원칙을 제시한다.

위원회 조직도 재정비하여 기존의 남북대외협력분과는 남북협력분과와 경제협력분과 및 사회문화협력분과로 세분화하고 새롭게 외교안보분과와 전략기획분과를 신설하여 총 5개의 분과 및 전문위원회를 두게 되었다.

이처럼 2기에 접어든 동북아협력구상을 1기와 비교해보면 첫째, 경제중심추진에서 동북아협력으로 중심축이 이동하고 둘째, 동북아협력의 중심축은 경제협력에서 외교안보협력으로 바뀌게 되었다는 점을 가장 큰 차이로 지목할 수 있다[6]. 그러나 추진목표와 추진원칙 및 핵심전략은 큰 틀에서 유지되었다고 볼 수 있다.

---

6) 7월 27일의 국정과제회의에서 대통령 지시에 따라 동 사업은 2005년 3월 국민경제자문회의로 이관된다.

표 3 동북아시대위원회 시기의 동북아대외협력구상의 개요

추진 목표	평화와 번영의 동북아 공동체 건설	
비전	하나되는 동북아 (同見同利)	네트워크 동북아: 단절과 대립을 넘어 사람·물자·정보의 역내 네트워크 구축
		열린 동북아: 공동의 평화와 번영을 위해 동북아 역내국뿐 아니라 역외 국가들의 동참을 환영하는 동북아
		함께하는 동북아: 국민적 합의와 지지에 기반하고 역내 시민간의 연대와 교류가 발전동력이 되는 동북아
추진 원칙	동시병행 연계	외교안보·경제·사회문화협력의 연계 및 남북·동북아 협력의 연계
	중층적 협력	양자·다자간, 정부·민간, 남북·동북아·글로벌 차원의 복합적 협력구도
	개방적 지역주의	동북아시대 구상에 공감하는 역내외 모든 국가와 협력
	공동체 지향	교류협력의 확대 → 새로운 틀의 협력체 → 제도화된 공동체
핵심 전략	평화협력과 경제협력의 연계	
	동북아협력과 남북협력의 연계	
주요 추진 과제	중장기 전략기획	동북아의 현 상황 분석 및 중장기 전망, 안보전략 기획 동북아 분업구도 재편에 대응하는 경제공동체 추진 및 동북아 개발거점 전략수립 동북아시대 구상에 대한 대내외적 공감대 형성 및 협력 동반자 확보('동북아시대 포럼' 구성)
	평화 구축	한반도 평화체제 구축, 주변 4국 협력외교의 강화 다자간 안보협력
	번영 구현	물류허브, 금융허브, 전략적 외자유치
	공동체 건설	경제통합 추진, 에너지·환경 협력확대 물류망 연계, 사회문화 교류

■출처 필자가 국가기록원 역대 대통령 웹기록써비스인 동북아시대위원회(http://nabh.pa.go.kr/)를 토대로 작성.

　　2기의 동북아시대구상에서 외형적으로는 안보공동체와 경제공동체를 동북아 공동체 구축의 양대 축으로 제시했음에도 불구하고, 실제 경제협력은 외교안보협력에 우선순위를 내주게 되었다. 경제중심 추진구상에서는 경제

협력이 경제중심 구축에 비해 소홀히 다루어진 데 반해 동북아협력구상에서는 대외협력의 중요성이 강조되었으나 그 중심축은 외교안보협력으로 설정되어 경제협력은 여전히 소홀히 다뤄진 것이다. 이렇듯 경제협력이 내부역량 강화와 대외안보협력 사이에서 표류하는 사이 북핵문제가 전면화됨에 따라 경제협력의 추동력은 더욱 약화되었다. 더욱이 중점사업으로 삼게 된 외교안보협력도 실제로는 NSC사무처 및 주무부처와의 관계에서 주도력을 발휘하기 어렵다는 점은 근본적으로 해소되지 못한 채 잠복해 있을 뿐이었다.

이러한 환경에서는 경제협력이 장기적 안목에서 일관되게 추진되기 어려웠고 주변국들이 관심을 가질 만한 매력적인 협력사업 발굴도 미흡했다. FTA정책에 대해서도 유사한 문제점을 지적할 수 있다. FTA 업무를 국민경제자문회의 사무처로 이관시켰다는 사실은, 대통령이 FTA를 동북아공동체 실현의 매개체로서보다는 경제중심구상과 연관 속에서만 파악한 것임을 잘 보여준다. 이는 이후 한미FTA가 동북아시대구상과 연계되지 못한 채 돌출되는 단초를 제공한다. 한국의 FTA전략은 거대선진경제국을 중시하는 입장으로서, 동아시아를 우선시하는 일본의 입장과 매우 대조적이다(김양희 2007; 2008a). 그러나, 동북아의 특성상 미국을 위시한 거대 선진경제권과의 FTA가 한국을 둘러싼 외교안보 지형에 변화를 수반하지 않을 수 없다. 따라서 경제와 외교안보를 포괄하는 동북아시대구상의 큰 틀에서 FTA의 역할과 효과에 대해 사고해야 했으나 그 점이 미흡했다(김양희 2005; 2007).

4) 4기(2005.5~2007.12): 위원회의 침체기

동북아시대위원회가 재편된 지 채 일년이 못되는 2005년 5월 위원회의 진로에 치명적인 타격을 가한 소위 '행담도사건'이 발생한다. 이후 언론은 이 사건을 대통령 측근의 권력형 비리로 몰아가기 위한 선정적인 기사들로 장식하였다. 그러나 그러한 단서가 드러나지 않자 점차 보수언론의 비난의

화살은 위원회로 옮겨져 '위원회 정부' '로드맵 정부'의 문제점에 대한 비난
이 쇄도하게 된다. 대통령령에 의해 설치된 자문위원회가 국내투자 및 개발
과 관련해 월권을 행사한 것은 용납할 수 없다는 논조였다.

이를 계기로 동북아시대위원회는 급속히 쇠락의 길을 걷게 된다. 집권초
대통령의 동북아시대구상에 대한 관심이 지대할 즈음 해당 부처의 우수인력
을 앞다퉈 파견했던 부처들은 파견공무원을 복귀시키기 시작했고 당연히 이
러한 부처들과의 협력은 기대하기 힘들어졌다. 이는 여전히 대한민국의 관
료사회에서 중요한 것은 조직의 법적 지위나 관장하는 정책보다 대통령의
관심으로 상징되는 정치적 위상임을 방증하는 것이었다.

이 사건으로 위원장은 교체되었고 위원회는 3기에 접어들게 된다. 이 시
기에는 초반기에 마련된 종합적인 대외협력구상이 그 골격은 그대로 유지하
는 가운데 세분화되어 각 분야별로 추진 전략과 과제를 도출하게 된다. 이
를 토대로 국정과제회의에서 대통령에게 '동북아공동체 형성에 주는 유럽통
합사례의 시사점' '남북관계 중장기 발전전략' '동북아경제공동체 구상의 정
립과 중단기 중점과제' '동북아 사회문화협력 구상' 등을 보고하게 된다. 이
러한 보고자료를 종합하여 기존의 동북아시대구상을 더욱 구체화시킨 '참여
정부의 동북아시대구상'으로 집대성한다. 그러나 당시 동북아시대위원장이
연류된 행담도개발 의혹사건으로 인해 실질적으로 이들을 실행에 옮길 만한
추진력을 거의 잃게 된 위원회는 이후 침체국면에서 벗어날 수 있는 전환점
을 마련하지 못한 채 노무현정부의 임기와 함께 사라지게 된다.

행담도사건을 계기로 일반국민조차 동북아시대위원회는 물론 모든 위원
회 조직에 대해 백안시하게 되었다. 이로 인해 동북아시대구상이라는 장기
국가전략의 근간이 흔들리게 된 것은 그 전략이 애초에 토대가 허약했고 대
통령자문위원회라는 조직의 태생적 한계가 명확했다는 점이 표면화된 것에
다름아니다. 당시 위원회는 출범초기부터 대통령의 지시에 따라 외국인투자
(FDI) 분과가 설치되어 FDI 업무를 관장했음에도 불구하고, 그 법적 지위

의 취약성으로 인해 정치적 위상이 추락한 뒤에는 부처의 옥상옥(屋上屋)이 되어 월권행위를 한다는 비난을 피해가기 어려웠던 것이다. 이처럼 동북아시대위원회는 지대한 비용을 지불하면서 구상의 장기성과 조직의 한시성 간의 모순을 뼈아프게 체험해야 했다.

여기서 우리는 정작 행담도사건에 가려 간과된 점을 한가지 짚어볼 필요가 있다. 위원회가 FDI유치 업무를 관장하게 된 배경에는 기존의 행정조직체계의 맹점이 숨어 있다. 즉 기존 FDI유치에 관계된 부처는 독자적인 유치성과 달성을 선호하고 접촉대상의 사전누설 방지 등의 이유로 상호과당·중복적 투자유치활동을 하고 있어 국부낭비, 신뢰도 저하, 정보비축 불가능 등과 같은 부작용이 적지 않았다(동북아경제중심추진위원회 2004). 이러한 문제점을 파악한 대통령은 개별부처에 FDI 유치업무를 맡기는 대신 위원회에 원스톱(one-stop) 써비스체제의 실효성 제고, FDI 전문인력양성 등의 '외국인투자 제도 및 환경개선' 및 체계적 외자유치활동전개에 대한 업무 수행을 지시하였으나 이 또한 위원회의 단독업무가 아니라 산업자원부(현 지식경제부)와 공동으로 추진하는 사업이었다. 그 일환으로 범부처적 투자유치기관인 IK(Invest Korea) 신설업무도 관여하도록 한 것이었다. 그러나 동북아경제중심추진위원회(2004)에 따르면 IK가 신설된 이후에도 부처간 이기주의로 인해 부처간 협력은 곤란해 IK의 활용도가 낮았으며 여전히 외국인투자자에 대한 원스톱 써비스도 어려운 실정이었다. 아쉽게도 행담도사건이 발생했을 때 이러한 측면을 조명한 언론은 찾아볼 수 없었다.

노무현정부가 자신의 임기 이후까지 시야를 넓혀 국가의 미래를 준비하고자 한 점은 높이 평가받아 마땅하다. 동북아시대위원회를 포함한 12개 위원회가 맡은 역할은 모두 국가의 미래에 필요하나 FDI 유치와 마찬가지로 부처이기주의로 인해 혹은 개별부처만으로는 실현하기 어려운 장기 국가전략이었다. 12개의 국정과제위원회는 관료와 민간인이 씨너지효과를 발생시키며 무수한 토론과 검토를 통해 국가의 미래전략을 기획했다. 그러나 일부 위원

표 4 동북아시대구상의 시기별 전개과정

구분	연도	중점분야	주요 일지	국정과제회의 개최 실적	위원회 개최 실적
1기	2002.12	경제	인수위 활동 개시(12월)		
	2003.3		인수위 보고서 작성 및 활동 종료(3월)		
2기	2003.4 2004.5	경제	동북아경제중심추진위원회규정 (대통령령 제17955호) 공포 및 시행 (4.7) 위원장과 위원 위촉 및 국정과제 워크숍, 위원회 활동계획 (4.16) 동북아경제중심추진위원회 현판식(4.29)	동북아경제중심 실현의 기본방향, 클러스터에 기초한 경제발전 전략 (5.2) 새로운 외국인투자유치전략 (6.5) 동북아대외협력 구상(안) (7.30) 〈비공개〉 동북아 물류중심 추진 로드맵 및 광양항 활성화 방향 (8.27) 〈비공개〉 인천경제자유구역 추진현황과 외국인투자유치 전략 (10.15) 동북아협력 구도하의 남북·대륙철도 연계방안 (11.20)	12회
3기	2004.6	대외 협력 경제 외교 안보	'동북아경제중심추진위원회규정개정안'국무회의 의결 통과(6.15) '동북아경제중심추진위원회'를 '동북아시대위원회'로 개편 (6.21) 문정인 위원장 위촉(6.22)	평화와 번영의 동북아시대 구상: 비전과 전략 (7.27) 〈비공개〉 물류전문기업육성방안 (8.19)	8회
	2005.4	대외 협력 외교 안보 사회 문화	위원회의 허브 전략 관련 업무(금융, 물류)를 국민경제자문회의로 이관 (3월) 위원회규정 일부개정령 공포 (3.25)		3회

			행담도사건 발생 (5월) 이수훈 위원장 위촉 (8.10)	동북아공동체 형성에 주는 유럽통합사례의 시사점 (9.28)	
	2005.5	대외 협력			
4기	2006	외교 안보 사회 문화	한미FTA 협상개시 선언 (2.3) 위원장 재임(2년임기) (8.17)	남북관계 중장기 발전전략 (2.10) 동북아경제공동체 구상의 정 립과 중단기 중점과제 (4.28) 동북아 사회문화협력 구상 (6.15)	6회
	2007				5회

■출처 필자가 국가기록원 역대 대통령 웹기록써비스인 동북아시대위원회(http://nabh.pa.go.k를 토대로 작성.

회의 문제점이 드러난 것도 부정하기 어렵다. 실제 일부 위원회는 개별부처나 유관조직이 기존에 다루는 업무까지 관장하려는 과욕으로 인해 이들로부터 경계의 대상이 되기도 하였다. 또한 위원회가 다루는 대부분의 업무가 장기적인 국가전략임에도 일부 위원회 관계자들은 일회적인 이벤트 위주로 사업을 추진하거나 개인의 정치적 의도를 이루기 위해 조직을 사유화하려는 경우도 발생했다. 이러한 점들이 보수언론에게는 위원회의 순기능보다 부작용만 주로 부각시키는 호재로 작용한 것이다.

만일 집권여당이 이를 장기적인 강령과 정책으로 준비해왔고 이를 실행할 명실상부한 조직체계를 마련했었다면 위원회를 둘러싼 논란은 아마도 제기되지 않았을 것이다. 이러한 맥락에서 보자면 노무현정부가 얻은 위원회공화국이란 오명은 결국 진보진영과 민주정부의 일천한 역사의 귀결이기도 한 정책정당 부재가 낳은 기형적 모습이었음을 시인하지 않을 수 없다.

행담도사건이 동북아시대구상의 조직적 와해를 야기한 직접적인 계기가 되었다면 한미FTA는 동북아시대구상의 근간을 뒤흔든 중요한 계기라 하겠다. 2005년 9월경부터 한미FTA 논의가 급물살을 타게 되면서 동북아시대구상은 청와대의 우선순위에서 밀려나고 부처의 관심으로부터 더 멀어지게 되었다. 한미FTA는 동북아시대구상에 지대한 영향을 미친 요소이므로, 이에 대해서는 다음장에서 별도로 논의하도록 하자.

3. '원교근공' 한미FTA와 동북아시대구상

한미FTA를 주도적으로 추진한 통상교섭본부는 2003년 9월 한국의 FTA 정책의 중장기 청사진이라 할 수 있는 'FTA 로드맵'을 수립한 바 있으나 이 로드맵에 드러난 바에 따르면 한미FTA는 장기과제로 간주되었고, FTA정책과 동북아시대구상의 연계는 다분히 외교적 수사에 불과했다. 물론 동북아시대구상과 한미FTA의 관계를 예측하지 못한 것은 사회과학적 상상력의 부재에서 비롯될 수도 있어 우리가 정작 물어야 할 것은 과연 양자가 내적 연관성을 지니는가 하는 점이다.

한미FTA 추진의 궁극적 목표는 중국위협론과 그 귀결로서의 써비스산업 경쟁력 강화론이라는 경제적 효과와 함께 한미동맹 강화라는 외교안보적 효과에 대한 기대감이다.[7] 이중 후자의 효과는 대통령이 한미FTA 추진을 결정하는 데 중요하게 작용한 것으로 보여 주목된다. 즉 노무현정부의 지지기반 이반을 자초한 이라크파병 이후에도 여전히 한미관계 위기론에 시달렸던 대통령은 미국이 요구한 '전략적 유연성'에 대한 전격수용과 함께 한미FTA의 체결을 한미관계 개선과 북핵문제 진전의 지렛대로 삼을 수 있다는 계산을 한 것으로 보인다.

한편, 한미FTA를 협상전략적 측면에서 파악해보면, 이는 동북아의 냉엄

---

7) 한미FTA의 본질과 추진논리의 경제학적 측면에 대한 비판적 검토는 김양희·정준호 (2006)를 참조.

한 정세로 인해 동북아경제중심 추진구상이 좌절되자 한미FTA를 일종의 돌파구로 삼고자 했던 것으로 추측된다. 이러한 추측의 실마리를 제공하는 상황논리는 노무현정부의 경제정책을 실록으로 정리한 국정홍보처(2008)에 잘 드러나 있다[8]. 이에 따르면 인수위 당시 '평화와 번영의 동북아중심'('평화와 번영의 동북아시대'가 아님)이 국정목표의 하나로 수립되었고 이를 위해 중국, 일본과의 FTA 체결을 먼저 추진하기로 한다. 그러나 쉽게 타결되리라 예상했던 한일FTA 협상이 국내 제조업계와 일본 농업계의 반발로 더디자 김현종 당시 통상교섭본부장은 2005년 4월 6일 제4차 대외경제위원회에서 한일FTA는 시한보다 내용을 중시할 것이므로 2005년내 타결에 연연해하지 않겠다고 밝힌다. 이후 원교근공(遠交近攻, 먼 나라와 친교를 맺어 가까운 나라를 공략하는 외교술) 전략이 급부상한다. 이러한 협상전략수정에 대해 이들은 국정홍보처(2008) 등에서 수차례 "원교근공"이라는 표현을 사용한다. 즉 한미FTA를 지렛대로 한일FTA와 한중FTA를 촉진시키고 중일FTA까지 이끌어내겠다는 것이다.

이 발상의 저변에는 동북아의 현실과 동북아시대구상에 대한 단편적인 인식이 자리하고 있는 듯하다. 첫째, 그들은 "동북아시대구상=동북아경제중심추진전략=동북아FTA"으로 사고하고 있다고 추측된다. 그들에게 동북아시대구상이란 내부역량 강화를 위한 외적환경의 구축이며 이는 동북아FTA로 완결된다고 인식한 것으로 보인다. 동북아FTA는 동북아시대구상의 한 요소이지 전부가 아님을 간과한 것이다. 둘째, 동북아FTA에 대한 인식에도 한일FTA와 한중FTA가 되면 중일FTA와 한중일FTA도 수월해진다고 믿는 사고의 안일함이 드러난다. FTA를 협소한 통상정책으로 이해하여 중일간 갈등이 해소되지 않아도 한중일FTA가 체결되리라고 전망한 것이다[9]. 그

---

8) 이 자료는 국정홍보처의 국정브리핑에 실린 기획기사이며 현재는 대한민국정책포털 웹싸이트에서만 열람이 가능하다.
9) 동북아시대위원회의 한미FTA에 대한 시각도 이와 크게 다르지 않다. 동북아시대위원회

러다보니 이들은 원(遠)인 미국은 교(交)의 대상인 반면 근(近)인 일본과 중국은 공(攻)의 대상이라고 천명하여 지금껏 동북아시대 실현을 위한 협력 동반자로 강조하던 주변국을 느닷없이 공략대상으로 내몰아 중국과 일본을 당혹스럽게 만들었다. 원교근공을 외치는 순간, 아니 이러한 사고를 한순간 동북아시대구상을 외쳤던 우리의 진정성은 의심받게 된 것이다.

이즈음에서 우리는 한미FTA의 본질을 재확인할 필요가 있다. 한미FTA는 단순한 자유무역협정이 아니라 한국경제사회의 미국화를 공고히 하는 제도적 장치이다. 미국의 유력대선후보가 한미FTA를 반대하는 이유인 쇠고기나 자동차 협상문제로 인해 자칫 한미FTA의 핵심이 상품시장개방인 것으로 오인할 수 있다. 그러나 우리에게 중요한 것은, 송기호(2007)의 분석에서 잘 드러나듯이, 미국이 한미FTA를 매개로 한국의 법제도를 미국화시키는 주요한 매개체인 투자, 써비스, 지적재산권 등의 내용이다. 이와 관련해 미국국제무역위원회(USITC 2007)가 미국의 협상팀에 찬사를 보냈다는 사실이 시사하는 바는 적지 않다.[10] 또한 한미FTA는 미래 동아시아 질서로의 미국의 개입발판을 마련해주는 국제서약이다. 상품분야 협상결과에 불만을 표시하는 미 민주당에게 카란 바티아 무역대표부 부대표는 한미FTA를 거부하면 미국의 아시아내 위상에 심각한 타격을 줄 수 있다고 경고한다(mbn 2007.7.25).

(2006) 63면을 참조.

10) 예컨대 써비스무역 관련협정의 효과는 최근에 맺은 여타 FTA에 비해 클 전망이며(4-1), 투자와 써비스의 양허방식인 포괄주의(Negative List)는 상업적으로 미개방 분야도 포함하므로 미국기업의 한국시장 접근성을 개선시킬 것이라며 반기고 있다. 단, 이 효과는 비교적 많은 수의 비합치조치들에 의해서만 제한될 것임을 지적했다(4-3). 또한 미국 써비스업계는 한미FTA가 '써비스 교역에 관한 정부간 협정'(GATS)이나 도하개발어젠다(DDA)에 비해 상당한 진전이라며 전반적으로 만족했다(4-4~5). 미국국제무역위원회(USITC)의 4-6조항에 따르면 한국의 금융써비스 중 은행분야의 세계무역기구(WTO) 양허수준(관세상당치)은 76%이나 한미FTA에서는 29%로 낮아졌다. 미 무역대표부(USTR)의 자문그룹 중 산업무역자문위원회(ITAC-10)도 한미FTA가 미국과 이 지역의 경제관계에 전략적 의의를 안겨주는 등 혜택을 줄 것이라며 지지를 표명했다(ITAC 10 2007).

대공황 이래 최악으로 평가되는 뉴욕발 금융위기가 세계경제를 강타한 현 시점에서 우리가 시급히 점검해야 할 것은 한미FTA 비준 여부가 아니라, 이러한 미국식 경제사회씨스템이 한미FTA의 투자, 써비스, 금융서비스 등의 장(chapter)을 매개로 한국에 이식될 가능성이다.

동북아시대구상 실현을 위해서는 미국의 지지확보와 적극적인 참여가 긴요하다. 경제적으로 미국은 동북아의 주요한 이해당사자이므로 미국이 동북아의 경제통합에서 철저히 배제되는 것은 누구에게도 유리하지 않다. 그러나 미국정부는 외교안보적으로 한반도와 동북아에서 미국의 잠재적 적국으로 간주되는 중국이 동북아통합을 주도하는 것을 좌시하기는 어렵다. 이러한 동북아의 현 정세는 미국이 역내통합에 전폭적 지지를 보낸 유럽통합의 초기 상황과의 중요한 차이점이다. 그러나 바로 이 점으로 인해 동북아의 미래에 대한 역내의 합의가 부재한 속에 한미FTA를 성급히 체결하는 것은 동북아 통합을 더욱 요원하게 만들 수 있다는 점을 간과해선 안된다.

한미FTA 이후 볼드윈(Baldwin 1993)이 지적하듯이 동아시아에서 소위 '지역주의의 도미노 현상'(Domino Theory)이 두 갈래로 관찰되고 있다. 한미FTA는 한국과 중국, 유럽연합, 호주, 뉴질랜드 등의 FTA 체결을 촉진시키는 한편, 동아시아 역내에서 미국을 허브로 하는 이른바 '바퀴와 바큇살'(hub-spoke) FTA 체결경쟁도 유발시키고 있다. 한미FTA는 미국과의 FTA 논의가 중단됐던 태국 및 말레이시아에 적지 않은 영향을 주었고 일본, 대만에서는 미국과 FTA 논의를 개시해야 한다는 논의가 시작되었다[11]. 미국은 세계경제에서 점하는 막강한 영향력에 기초한 '경쟁적 자유화'(competitive liberalization) 전략이 동아시아에서도 유효함을 실감했을 것이다.

---

11) 'Korea-US FTA significant for Taiwan'(Chinapost 2007.4.7). 예컨대 미국 대외정책에 지대한 영향을 미쳐온 리처드 아미티지(Richard Armitage)와 조지프 나이(Joseph Nye)는 아시아에서 일본이 미일 안보동맹의 한축으로서 담당해야 할 중요한 역할을 상기시키며 미일 FTA 필요성을 주장한다(R. Armitage and J. Nye 2007).

이를 두고 한국정부 또한 한국이 FTA허브로 부상했다며 고무되었다. 그러나 한미FTA가 일본이나 중국과의 FTA를 촉진시켜 한국을 양자간 FTA의 허브로 만드는 것은 촉진하더라도 중일FTA, 동북아FTA 그리고 동아시아FTA까지 촉진하리란 전망에는 논리적 비약이 엿보인다. 아니 그 이전에 우리는 한중FTA는커녕 한일FTA조차 국내적 지지확보가 곤란한 실정이다. 우리가 만일 한중FTA 협상을 개시할 경우 한미FTA 체결시보다 더 큰 비용을 지불할 수도 있으며 한일FTA를 우선 추진하더라도 대일무역적자 증대에 따른 부담감이 크며, 미중 및 중일관계를 완화시킬 수 있는 균형자로서의 입지는 현격히 좁아지게 된다. 이처럼 동북아시대구상과 조응하기 어렵고 내부여건도 고려하지 않은 채 한미FTA를 성급히 추진함에 따라 우리는 일본과 중국 사이에서 자칫 상황논리에 끌려가야 하는 상항에 빠져 있다. 그러다보니 한일FTA와 한중FTA를 동시에 추진해야 한다는 위험한 발상이 적지 않게 유포되고 있다. 그러나 '추진목표'와 '협상전략'은 다르다. 한국은 한미FTA를 지렛대로 일본과 중국을 FTA협상에 불러들이는 '협상전략'을 구사하기에 앞서 한미FTA 및 한일FTA 나아가 한중FTA의 '추진목표'를 분명히 하고 우리 내부의 여건이 마련되어 있는지를 먼저 살폈어야 했다.

한미FTA 이후 역내 각국이 내적인 여건조성이 미비하고 역내통합에 대한 충분한 합의도 결여된 채 양자간 FTA 체결경쟁에 나선다면 이는 역내통합에 대한 응집력을 약화시켜 동북아의 자발적인 경제통합 움직임을 저해할 수 있다. 동북아FTA나 동아시아FTA가 실현되지 못하는 근본원인은 역내 당사자간의 갈등인데, 한국은 이를 정면 돌파할 역량이 안되자 미국을 등에 업고 풀고자 했다. 이는 한국이 동북아시대구상 실현을 위해 균형자가 되려 했던 역할을 힘에 겨워 스스로 포기한 것과 다름없다. 둘째, 역내통합은 더딘 채 각국이 미국과 경쟁적으로 FTA를 체결할 경우 이는 동아시아의 정체성 확립과 거버넌스 구축을 가로막을 수 있다. 한미FTA가 투자, 지적재산권, 공공써비스, 금융정책 등에서 미국적 가치와 표준의 확산을 매개하는 통

로가 될 경우 과연 이것이 바람직한 것인가에 대한 진지한 성찰이 선결되어야
했다. 마지막으로, 지나친 양자간 FTA 경쟁은 그야말로 복잡한 원산지규
정 등이 야기하는 스빠게띠볼(Spaghetti bowl)효과를 초래하게 되어 내부
역량 강화에도 유리하지 못하다는 점을 심각하게 고려해야 한다.

4. 무엇을 남겼고, 무엇을 해야 하나

지금까지의 논의를 토대로 모두에서 던진 질문에 답해보자. 첫째, 동북아
시대구상은 대내외적 정세와 우리의 역량에 대한 냉철한 판단에 기초해 설
정된 것인가? 한마디로 '정세의 과소평가, 역량의 과대평가'로 축약된다. 동
북아시대구상은 동북아라는 공간으로 우리의 정책시야를 확대시켜, 탈냉전
시대의 유일한 분단지역인 한반도의 평화와 번영을 추구하는 동시에 동북아
의 미래 활로도 모색하고자 하는 복합적이고 다차원적인 미래구상이었다.
이 구상은 칸트의 영구평화사상과 유럽통합의 기점이 된 슈만플랜에 착안해
동북아의 항구적 평화를 촉진할 수 있는 경제교류 및 협력의 중요성을 간파
했으며 경제공동체 실현구상 정립시에는 또끄빌(A. Tocqueville)의 '안보의 외
부효과'(Security Externalities)론 등에서 철학적·이론적 토대를 마련하고자
했다. 결론적으로 동북아시대구상은 시대적 요구에 부합해 국가의 미래전략
을 지역전략의 맥락에서 재해석하는 시도였으며 이를 점차 각 분야별로 구
체화하고 체계화시켰다는 점에서 긍정적으로 평가할 수 있다. 그러나 우리
는 동북아를 둘러싼 냉혹한 현실을 안일하게 바라봤고 이를 풀 수 있는 우
리의 역량을 과대평가했다. 우리는 유럽통합을 동북아의 미래로 보았으나
유럽과 다른 동북아의 특성을 십분 이해하지 못했다. 두 차례의 세계대전을
통해 평화에 대한 갈망이 지역차원에서 확고하게 뿌리내린 유럽과 달리 동
북아는 무엇보다도 지역적 실체가 모호하여 유럽만큼 심각하지 않되 위협적

인 중일간 패권경쟁과 그에 따른 구심점의 부재가 불안정 요소로 잠재해 있다. 문제는, 카라따니 코오진(2008)이 역설하듯 자본의 반복강박성에 의해 유럽통합의 역사가 동북아에서도 재현된다고 하더라도 이를 좌우할 나라는 중국, 일본 혹은 미국이지 한국이 아닐 것이다. 위원회도 이를 잘 알고 있었다. 그러나 결과는 어떤가? 무릇 역사에 가정(假定)은 무의미하나, 만일 한국이 일본과 진정한 화해와 협력을 통해 한일FTA를 성사시켰다면 한국은 미국과의 FTA로 치닫지 않았으리라. 한일FTA가 좌초되었을 때 한국이 비교적 갈등관계가 덜한 러시아와의 관계강화나 동북아에서 눈을 돌려 ASEAN과 중견국가(middle power) 간 협력과 연대에 노력했다면 결과는 달랐을지 모른다. 대외전략 수립이란 고도의 내교와 외교 능력을 요구하는 것으로서 한 나라의 연성국력(soft power)의 집약체라 할 수 있다. 이렇게 보면 저마다 제국(帝國)의 영화(榮華)를 간직한 세계의 패자(霸者)가 모여 있는 동북아에서, 제국주의의 피해자로서의 경험이 근현대사를 관통하는 한국이 자기만족적인 경제중심구상이나 균형자론을 내세웠다가 제국의 힘에 밀려 주저앉았다는 점은 웃지 못할 역사의 아이러니다.

두번째로, 우리의 국정목표는 하위목표인 국정과제와 일관되게 연계되었는가? 이 점에서 우리는 정책의 목표(내부역량강화 대 협력) 및 수단(경제 대 외교안보) 그리고 협력범위(동북아 대 동아시아) 등을 확고히 정립하지 못한 채 오락가락하며 집권 직후의 일년을 소모했다. 아울러 동북아시대구상은 3대 국정목표로서, 국정철학으로서 제 기능을 다하지 못했고 구체적인 정책으로도 성과를 내지 못했다. 그러는 사이 동북아시대구상은 한미FTA 추진으로 단명을 재촉하고 말았다. 동북아시대구상은 원(遠)을 동원해 완력으로 근(近)을 굴복시켜 한중일FTA를 실현하는 것이 아니라, 상호이해와 신뢰를 바탕으로 한반도와 동북아의 평화와 공동번영의 기틀을 마련하기 위해 동북아협력과 남북협력을 연계시키는 것을 핵심으로 한다. 따라서 일본과 중국뿐 아니라 러시아와 북한도 핵심적인 협력파트너로 시야에 두어야 했으나 그러지 못했다.

이런 맥락에서 남북문제에 대한 접근방식은 재고의 여지가 있다. 남북협력사업은 주로 경제협력에 국한되었으나 북핵문제 때문에 좌초했다. 이에 동북아시대위원회는 인내심을 갖고 꾸준히 돌파구를 마련하기보다 쉽사리 협력의 중심축을 경제에서 외교안보분야로 틀어버렸다. 그러나 칸트의 영구평화사상에 충실하고자 했다면 동북아FTA보다는 동북아의 주요 주체가 연계되는 다채로운 협력프로젝트의 개발과 추진에 더 많은 시간을 할애해야 했다. 물론 북핵문제를 경제협력으로 해소하기엔 한계가 자명하다. 따라서 점진적 단계적으로 경제협력의 제도화를 도모하는 한편 시민사회의 사회문화적 교류의 지평을 확대하는 노력이 필요했다. 그러나 동북아 시민사회에서 경제공동체 논의는 공허한 담론에 불과한 까닭에 국민적 지지기반은 취약했다. 동북아시대구상은 단기간에 성패가 결정되는 사안이 아닌데 반해, '5년살이' 조직은 긴 호흡을 할 시간을 갖지 못했다.

셋째, 조직적·인적 준비 및 추진방식의 측면에서는 무엇보다도 구상의 장기성과 조직의 한시성 간의 괴리를 넘지 못했다. 개혁의 추진동력이 가장 강력한 정부 출범 이후 첫해 동안 이를 극복할 만한 구체적인 프로그램의 수립의 실패와 실행미흡, 일천한 민주정부와 시민사회의 역사에 기인하는 전문가의 역량부족으로 벽에 부딪혔고, 2년째부터는 행담도사건을 계기로 실질적인 축적물을 만들지도 못한 채 막을 내려야 했다.

노무현정부가 역사 속으로 사라진 현재도 여전히 한반도와 동북아를 연계해 우리의 미래를 설계할 수밖에 없는 현실이 엄존하고 있다. 이런 현실에서 앞으로 긴 호흡으로 동북아시대구상을 재추진하게 된다면 과거를 교훈삼아 다음의 세가지를 유념해야 할 것이다. 첫째, 무엇보다도 상상속의 동북아가 아니라 역내 구성원이 공감하고 정체성을 지닐 수 있는 지역적 경계를 명확히 해야 한다. 만일 주변국이 공감할 수 있는 동북아가 실재하지 않는다면 아무리 그것이 우리의 현안을 담아내는 기능적 개념이라 할지라도 우

리는 이를 과감히 폐기처분하고 동아시아로 지역적 범위를 확대시켜야 한
다. 그렇지 않으면 주변국은 또다시 대상화될 것이며 우리의 공허한 자기중
심성은 되풀이될 것이다. 둘째, 한국정부의 미약한 역량을 보완하고 동북아
의 험난한 정세를 낮은 수준에서부터 돌파하는 방편으로써 역내에서 상대적
으로 발전한 국내의 시민사회를 주축으로 지자체를 포함하여 이들간의 소통
과 연대의 저변확대를 위한 정책적·제도적 지원을 활성화해야 한다. 이는
장기적으로 역내국간의 국수주의와 민족주의의 충돌을 극복할 수 있는 지역
공공재로서 뿌리내릴 것이다. 셋째, 조직적 측면에서는 구상의 장기성에 부
합하는 안정적인 조직체를 설립하여 특정 정부의 부침에 좌우되지 않도록
지속가능한 토대를 확보하는 것이 가장 중요하다. 이는 궁극적으로 시민사
회 및 다양한 풀뿌리 조직체와 긴밀히 연계된 연대의 네트워크 단계를 거쳐
제도화된 국제기구로서 발전시키는 것을 목표로 추진되어야 할 것이다.

| 김양희 |

제4장

모순 덩어리, '통일·외교·안보정책'

1. 질문들과 '그들'의 평가

역사는 쓰는 이의 몫인가. 쓰는 이가 주체로 경험한 역사라면, 더더욱 그는 역사를 자기의 것으로 만들려 할 것이다. 현재와 미래에 쓰일 필요가 있지 않는 한, 스스로를 부정하는 역사를 쓰기란 사실상 불가능하다. 과거의 부정은 현재와 미래에서의 전향이라는, 고통을 수반하기 때문이다. 지금-여기서 일관성있게 무언가를 하고자 한다면, 과거를 정당화하려 한다. 스스로 잘잘못을 가리는 역사를 쓰는 것도 쉽지 않은 일이다. 다음은 좌·우파로부터 '실패'했다는 비판을 받은 노무현정부의 참여자들이 쓴『참여정부 국정운영백서』'발간사'의 일부다.[1]

이런 성과에도 불구하고 '참여정부 실패론' '잃어버린 10년' 등의 이해할

---

[1] 노무현정부의 국정홍보처는 임기말의 시점에『참여정부 5년의 기록』을 e-book으로 출간했다.

수 없는 주장이 남발되는 것은 대한민국 발전을 위해서도 바람직하지 않은 일이다. 『참여정부 국정운영백서』는 참여정부의 성과와 한계를 가감없이 기록함으로써 향후 국정운영과 역사적 평가에 긴요한 사료가 될 것이다.

이 글과 관련이 있는, '그들'이 범주화한 '통일·외교·안보정책'에 대한 평가다.

> 북핵문제로 전쟁 위기까지 치달았지만 평화적 해결이라는 원칙을 버리지 않고 북한과 주변국들을 끈질기게 설득해 한반도, 나아가 동북아시아에 평화와 번영의 대세를 만들어냈다. 남북정상회담으로 이제 정전체제 종식과 평화협정 체결까지 내다보게 되었다. 한·미간 여러 난제들을 풀어내고 수평적 동맹관계로 성숙시켰다.[2]

정당한 평가인가. 평가의 객관적 기준이 있을까. '누가' 평가하느냐가 중요하다. 역사의 서술에서 당파성은 실증주의적 객관성에 선행한다. 예컨대 한국의 보수·우파는 노무현정부에서 한미동맹이 무너졌다고 생각한다. 이명박정부는 집권하자마자 한미동맹의 '복원'을 이야기했다. 진보·좌파는 어떻게 평가할까. 일단 노무현정부의 성격규정이 필요하다. 보수·우파의 주장처럼 진보·좌파정부였는가. 아니면 왼쪽 깜빡이를 넣고 우회전한 '신호위반' 정부인가. 노무현정부에 참여한 '그들'은 진보라는 화두는 놓지 않으려 한다.

다음은 '그들'의 인터뷰 기록 「내가 만난 노무현: 그와 함께 한 시대를 건넜다」의 소개의 글 가운데 일부다.

----

2) 『참여정부 국정운영백서』의 통일·외교·안보 분야의 편찬위원은, 백종천 통일외교안보정책실장(감수)과 배기찬 동북아비서관(책임집필)이다.

'진보의 자리'는 어디인가. 변화된 역사지형 속에서 한국사회의 진보는 과연 어디에 서 있어야 하는가. 그들의 지적은 한국의 진보가 나아가야 할 길에 대한 하나의 성찰이며 문제제기다.

'우리'는 이 언표들을 읽으며 두 질문을 던진다. 첫째, 노무현정부는 스스로 진보정부이고자 했는가. 그들은 스스로 진보라고 생각했을 수 있다. 그러나 '우리'는 '그들'이 '좌'충'우'돌(左衝右突)하며 그들만의 길을 갔다고 생각한다.

둘째 질문은, 이 글의 주제인 '통일·외교·안보정책'의 진보란 무엇인가다. 노무현정부의 성격과 상관없이 '우리'를 위해 제기되는 질문이기도 하다. 즉 진보·좌파의 성찰을 위한 물음이다. 진보적 통일·외교·안보정책의 목표는, 국제관계에서 강대국 중심의 힘의 정치(power politics) 및 초국적 사적 자본의 전횡을 통제하고, 인간의 보편적인 기본가치를 신장하는 것이다. 즉 진보적 대외정책은, '국제관계의 민주화'를 추구한다(구갑우 2008; Held and Mepham 2007). 특수한 외교정책인 대북정책에서 진보란, 남북관계의 민주화와 더불어 남북이 적에서 친구로 서로의 정체성을 변화시키면서 공존·공영을 추구하는 상태로의 진화일 것이다. 만약 앞서 언급한 '그들'의 평가에 합의할 수 있다면, 좌충우돌의 노무현정부가 통일·외교·안보정책에서'만'은 진보를 실현했다고도 할 수 있다.

그러나 '우리'는 그 평가에 동의하지 않는다. 예컨대 "동북아시아에 평화와 번영의 대세를 만들"었다는 주장을 보자. 이 책의 필자 가운데 한명인 김양희의 지적처럼, '우리'는 노무현정부의 동북아론과 정책에서 "정세의 과소평가와 역량의 과대평가"를 본다. 2007년 남북이 합의한 10·4공동선언은 한반도 평화체제로의 여정에서 하나의 이정표가 될 수 있지만, 임동원의 지적처럼 "너무 늦"었다(임동원 2008b). 한미동맹이 수평적 관계로 가고 있다는 평가에도 이견이 있다. 미국의 침략전쟁에 도움을 주고자 했던 이라크파병은 노무현정부의 통일·외교·안보정책에 진보라는 수식어를 붙이는 것을 불가능하게 한다. 일단, 진보든 보수든 '그들'의 평가를 액면 그대로 받아들일 수 없다.

'우리'의 이 평가에 통일·외교·안보정책 같은 공공정책은 상대국이 있는 게임이기 때문에, 노무현정부의 '의도'는 진보적이었지만, 상대방이 호응하지 않아서 소기의 성과를 거두지 못했다는 식의 반론이 제기될 수 있다. 그러나 반복된 담론과 정책의 불일치는 의도의 진정성과 노무현정부의 실력을 의심케 한다. 또다른 반론은, 통일·외교·안보정책 같은 대외정책에서 진보란 있을 수 없다는 근본적 문제제기다. 힘과 이익을 위한 투쟁의 장(場)인 국제관계에서 진보 운운하는 것은 순진한 윤리적 문제설정이라는 비판이다. 그러나 군사력 증강을 통해 절대안보를 추구하는 순간 상대방 또한 같은 행위를 함으로써 안보가 위협을 받게 되는 안보딜레마처럼, 자국의 이익만을 극대화하려는 순간 제로썸게임에 빠지게 된다. 따라서 공존과 공영을 목표로 한 '공동이익'의 추구야말로, 현실적이고, 진보적이며, 윤리적이다.

이제 노무현정부의 통일·외교·안보정책의 전개과정을 대북정책과 남북관계를 중심으로 살펴보자. 통일·외교·안보정책이란 범주에서 어떤 정책에 가중치를 둘 것인가는 논쟁의 대상이다. 한나라당이 여당인 제18대 국회는 국회법 개정(2008년 8월 19일)을 통해 '통일외교통상위원회'의 명칭을 '외교통상통일위원회'로 변경했다. 정책의 우선순위가 바뀌었다는 의미일 것이다. 이 글에서는 외교·안보정책을 '대북정책'과의 연관 속에서만 언급할 것이다. 한국의 대외정책을 설계하는 것은 또다른 연구주제이기 때문이다. 노무현정부의 통일·외교·안보정책에 대한 '우리'의 평가와 '우리'의 길에 대한 고민 속에서 이 쟁점에 대한 필자의 의견을 간략히 밝힐 것이다.

2. 노무현정부의 통일·외교·안보정책[3]

1) 구조적 제약

노무현정부는 민주화 이후 어떤 정부보다 강한 구조적 제약과 함께 대북정책을 전개해야 했다. 따라서 노무현정부의 대북정책의 공과를 따질 때, 구조적 제약을 고려하지 않을 수 없다. 우리는 세 수준(levels of analysis)—국제적, 한반도적, 국내적 수준—의 제약에 주목한다.

첫째, 북미갈등과 한미동맹의 구조조정은 국제적 제약으로 작용했다. 2002년 10월 미국의 제임스 켈리(Jomes Kelly) 특사가 북한을 방문하여 북한 외무성의 강석주, 김계관 부상을 만나 고농축우라늄(HEU)에 의한 북한의 핵무기개발 '의혹'을 제기하면서 제2차 북핵위기가 시작되었다.[4] 당시 대

---

3) 구갑우(2008의 425~32면을 수정·보완했다.
4) 북한과 미국의 말을 통한 공방은 2002년초부터 시작되었다. 2002년 1월 미국의 부시 대통령은 연두교서에서 이라크, 이란, 북한을 "악의 축"(axis of evil)으로 규정했다. 미국을 위협할 수 있는 대량살상무기를 가지고 있거나 만들려 한다는 이유 때문이었다. 북한은 1월 31일 외무성 대변인 성명을 통해, "이것은 사실상 우리에 대한 선전포고나 다름이 없다"고 응답했다. 2월 20일 한미정상회담에서 부시가 악의 축은 북한의 정권이지 주민이 아니라고 발언하자, 북한은 외무성 대변인 담화를 통해, "우리 체제에 대한 부시의 망발은 우리와의 대화를 부정한 선언"이라고 맞섰다. 3월 9일 미국언론이 북한을 포함한 7개국에 대한 핵선제공격 계획을 담고 있는 『핵태세보고서』(Nuclear Posture Review)가 1월 의회에 제출되었다는 보도를 하자, 북한은 3월 14일, 미국의 핵공격 계획이 사실이라면 그에 대응한 실질적 조치를 취할 수밖에 없다는 외무성 대변인 담화를 발표했다. 3월21일 부시는 IAEA에 북한에 대한 조기사찰을 요구했다. 5월 21일 미국 국무부는 북한을 테러지원국으로 재지정했다. 2002년 9월 17일 미국의 백악관이 발표한 『미국의 국가안보전략 보고서』는 '자유'를 위협할 수 있는 테러리즘에 대한 선제공격이 포함된 테러와의 전쟁을 공식화했다. 이 보고서의 핵심 단어는 '자유'라는 추상명사였다. "자유는 타협될 수 없는 인간존엄성의 요구이고, 모든 문명의 모든 사람의 천부권"이라는 '보편적' 담론에 기초하여, 자유의 '적'인 테러리즘과 테러리즘을 지원하는 "실패국가"(failed states)를 제거하기 위한 방법론과 자유의 목표가 제시됐다. 민주화와 자유시장의 확산이라는 명분으로 군사적, 비군사적 개입을 통한 세계경제

북정책 결정과정의 핵심이던 임동원 통일외교안보특보는, 실체가 없는 미국의 의혹제기가, "네오콘 강경파"의 "판을 깨려"는 시도였다고 회고하고 있다(임동원 2008a, 656~62면).[5] 결국 김대중정부는 제2차 북핵위기의 발발을 예방하지 못했다. 제2차 북핵위기로 1994년 북미 제네바합의의 폐기되었고, 2003년 8월부터 시작된 6자회담으로 북핵문제는 국제화됐다. 2003년 2월 집권한 노무현정부는 제2차 북핵위기와 함께 대북정책을 입안해야 했다.

또다른 국제적 제약은, 탈냉전시대 미국의 세계전략 변화와 한국의 민주화로 야기된 한미동맹의 구조조정이었다. 탈냉전시대에 미국은 예방적 방위의 이름으로 군사력 운용의 효율성 제고를 위한 군사기술혁신(Revolution in Military Affairs, RMA)을 정당화했다. 해외주둔미군재배치계획(Global Posture Review, GPR)이나 해외주둔 미군의 신속기동군화, 즉 전략적 유연성은 군사혁신에 기초한 정책변화였다(이혜정 2000; 김기정 2008). 반미(反美)면 어떠냐는 발언을 하기도 했던 노무현 대통령은, 한미동맹의 구조조정의 과정에서, 주한미군 재배치와 용산기지 이전, 주한미군 병력감축, 북핵문제, 이라크파

의 자본주의화가 미국이 규정한 자유의 확산의 내용이었다. 타자를 악(惡)의 위험으로 설정하고 자신을 선(善)으로 정당화하는 전형적 안보담론이다.

5) 켈리와 강석주, 김계관의 만남은 부시가 집권한 이후 이루어진 최고위급 북미대화였다. 이 대화가 이루어질 즈음에 한반도 분단체제의 지각변동을 예시하는 신호들이 있었다. 북한은 7월에 경제관리개선 조치를 선택했다. 9월 17일 일본의 코이즈미 준이찌로(小泉純一郎)오 총리가 평양을 방문하여 양자관계의 정상화 및 동북아 다자간 안보협력체의 건설에 대한 합의를 담은 '평양선언'을 발표했다. 같은날 금강산에서는 남북의 철도·도로의 연결을 위한 합의서가 체결됐고, 18일에는 착공식이 진행됐다. 9월 24일에는 남북이 군사당국자들의 직통전화를 개통하기도 했다. 10월 1일 중국의 외교부 대변인은 북한이 신의주특별행정구를 설립한 것을 환영한다는 발언을 하기도 했다. 이 맥락에서, 켈리특사의 방북이 한반도 분단체제의 해체 및 한반도에서의 지속가능한 평화를 위한 계기가 될 것이라는 추측이 있기도 했다. 북한도 10월 3일 조선중앙통신을 통해 켈리의 방북을 보도하면서, 2000년 10월 올브라이트(M. Albright) 국무부장관의 방북 이후 켈리가 최고위급 특사임을 밝히기도 했다. 그리고 4일에는 켈리가 김영남 최고인민회의 상임위원회 위원장을 만난 것을, 5일에는 켈리의 출국을 보도하기도 했다. 그러나 켈리의 방북은 제2차 북핵위기의 도화선이었다.

병, 방위비 분담협상, 전시작전권 환수, 전략적 유연성 등의 쟁점에 직면하게 된다.

둘째, 남북관계 수준의 제약이 존재했다. 노무현정부는 경제·사회·문화 교류는 있었지만 정치군사적 협력을 만들지 못했던 '6·15시대'의 '한계' 및 남북의 6·15시대에 대한 인식의 '차이'를 넘어서야 했다. 남한은 6·15시대의 특징을 남북의 기능적 협력으로 해석했고, 북한은 6·15시대에서 '우리민족끼리'를 강조했다. 6·15시대의 한계는, 남한의 국방정책과 한미동맹의 구조조정을 둘러싼 남남갈등과 남북갈등으로 표출됐다.

셋째, 2000년 정상회담 때 북한에 제공한 돈에 대한 대북송금특검은 국내적 제약으로 작용했다. 노무현정부가 출범한 다음날 한나라당은 국회에서 단독으로 대북송금특검법을 통과시켰다. 북한은 노무현정부가 대북송금특검을 수용하게 되면, 남북관계는 동결상태로 갈 것이라고 주장했지만, 노무현정부는 대북정책의 투명성 제고와 한나라당과의 상생의 정치를 위해 대북송금특검에 거부권을 행사하지 않았다. 이 국내정치적 제약은 노무현정부의 선택이었다. 김대중 대통령은 퇴임 직전 대북송금문제에 대해 대국민 사과를 하면서 동시에 이 문제가 사법적 심사의 대상이 되어서는 안된다고 말한 바 있다(2003년 2월 14일). 그러나 노무현 대통령은, 김대중 대통령의 대북정책을 계승하겠다는 의지를 표명하면서도, "대북정책에 있어서 아주 모든 것을 공개적으로 그리고 여야간에 서로 협의를 통해서 국민적 합의를 모아서 해나갈 생각"이라고 자신의 의견을 밝혔다(2003년 2월 19일).[6] 대북송금특검을 수용할 수도 있다는 신호였다. 임동원은 이 특검을 "상처"로 기억한다. "민족문제와 남북관계에 대한 올바른 철학과 비전이 결여된 노무현 대통령은 취임초부터 첫단추를 잘못 끼움으로써 남북관계를 경색게 하고 국론을 분열시키는 결과를 초래했다"는 것이다(임동원 2008a, 719면). 그러나 노무현정부는

---

6) 노무현 대통령의 말은 『참여정부 5년의 기록』에 정리되어 있다.

대북정책의 투명성, 즉 대북정책 결정과정의 민주화를 남북관계보다 우선하는 가치로 생각했다.

2) 평화번영정책의 전개과정 및 평가

이 제약을 고려한 노무현정부의 통일·외교·안보정책의 기조는 평화번영정책이었다. "평화와 번영의 동북아시대"는 3대 국정목표 가운데 하나였고, "한반도 평화체제 구축"은 12대 정책과제 가운데 첫째였다. 한반도의 평화와 번영을 동북아구상과 연계하고자 했던 평화번영정책에는 노무현정부가 직면하고 있던 구조적 제약을 극복하고자 하는 의지가 담겨 있었다. 북핵문제의 평화적 해결과 한반도 평화체제의 구축이 미국을 포함한 동북아국가와의 협력없이는 달성될 수 없다는 문제의식이었다고 할 수 있다. 북핵위기를 한국정부의 주도적 역할을 통해 동북아협력을 위한 기회로 만들고자 하는 적극적 발상이었다. 평화번영정책에는 당연히 투명성의 제고가 추진원칙으로 포함되었다.

노무현정부의 평화번영정책은 김대중정부의 대북화해협력정책의 성과와 방법론을 계승함으로써 가시적인 성과를 내기도 했다. 김대중정부 대북정책의 성과 가운데 하나는 2000년 정상회담 이후 만들어진 남북관계를 규율하는 제도적 장치들이었다. 이 장치들 덕택에 남북대화 및 교류가 '자기조직화'(self-organization) 경향을 보일 수 있었다. <표 1>에서 보듯이, 2000년 정상회담 이후 남북대화가 꾸준히 진행되었다. 2002년 10월 시작된 제2차 북핵위기에도 불구하고, 북한이 금강산을 관광지구로 개성을 공업지구로 지정하면서(2002년 11월), 남북경협의 새로운 장이 열리게 되었다.[7] <그림 1>에

---

7) 2000년 남북정상회담 직후인 2000년 8월 현대와 북한의 아태평화위원회는 개성공업지구 개발합의서를 체결했다. 북한은 2002년 11월 「개성공업지구법」을 제정했다. 2003년 6월에는 대북송금특검에도 불구하고 개성공업지구 착공식이 개최되었다. 2004년 12월 (주)리빙

서 보듯이, 노무현정부에 들어서서 남북교역도 빠르게 증가했다. 남북의 사회문화교류도 전방위로 확대되었다. 이산가족의 상봉도 늘었다. 2000년 정상회담 이후 약 만 5,000여명이 흩어진 가족을 만났다.

표 1 남북회담 통계(1998년 1월~2007년 10월)

회담분야 연도	정치	군사	경제	인도	사회문화	총계
1998년	4			1		5
1999년	8					8
2000년	18	4	3	2		27
2001년	2	2	3	1		8
2002년	4	9	14	3	2	32
2003년	5	6	17	7	1	36
2004년	2	5	13	2	1	23
2005년	10	3	11	4	6	34
2006년	5	4	8	3	3	23
2007년	8	5	10	2	4	29

경제협력을 위한 새로운 제도적 장치도 추가됐다. 2005년 7월 북한의 최고인민회의는 「조선민주주의인민공화국 북남경제협력법」을 채택했다. 남북경제협력의 "제도와 질서"를 세우기 위해 제정된 이 법을 계기로, 북한에서도 남북 경제협력을 위한 법적, 제도적 기초가 마련된 셈이다. 2004년 9월 남북간 투자보장합의서 등 13개 합의서가 국회에서 비준되어 국내법적 효력을 가지게 되었다. 2005년 12월 남한에서는 여야 합의로 「남북관계발전에 관한법률」을 제정했다. 이 법률에서는 남북관계를 「기본합의서」에서처럼,

아트가 개성공단에서 첫 제품을 생산했다. 2007년 10월 현재, 섬유·봉제 21개, 전기·전자 5개, 금속·기계 17개, 화학 2개 등 총 45개 기업이 가동중이다. 개성공단에서 일하는 북측 노동자는 2007년 10월 현재 만 9,000여명이다.

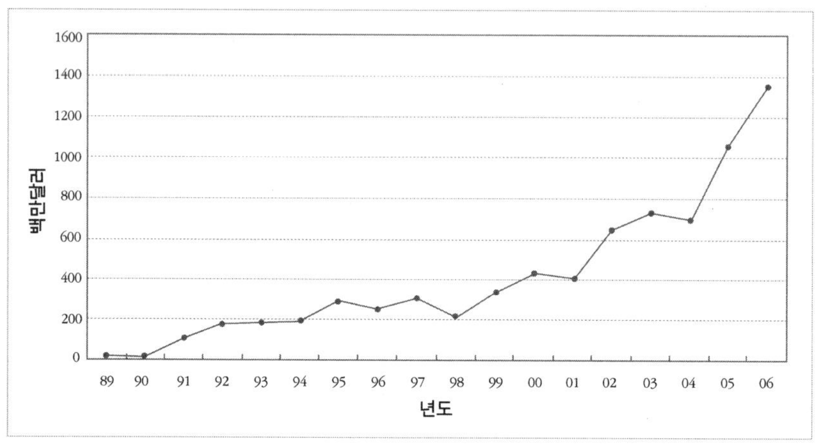

"특수관계"로 규정하고 있다. 이 법률에 따라, 통일부는 남북관계발전을 위한 5개년 계획을 작성하여 국회에 보고하게 된다.[8] 사회문화교류와 관련하여 주목해야 할 조직이 2005년 3월 남북과 해외의 민간단체들이 결성한 6·15공동선언실천민족공동위원회(이하 6·15위원회)다. 합법적 조직인 6·15위원회의 출현으로 남북관계에서 시민사회가 개입할 수 있는 제도적 토대가 마련되었다.

이 양적 지표와 제도적 장치로 노무현정부 대북정책의 성과를 높이 평가할 수도 있다. 이 지표들은 김대중정부 대북포용정책을 계승했기 때문에 가능한 것이었다. 노무현정부는 남북 경제관계와 사회문화적 교류의 자기조직화 원리에 제동을 걸지 않았다. 그러나 평화를 전면에 내세웠던 노무현정부는 군사적 신뢰구축이 결여된 6·15시대의 한계를 극복하지는 못했다. 남북의 정치군사적 관계는 북미관계와 2003년 8월부터 시작된 북핵문제의 해결

----

8) 2007년 11월 『제1차 남북관계 발전 기본계획: 2008~2012』이 국무회의와 국회 통일외교통상위원회에 보고되었다. 그러나 이명박정부에서 이 『기본계획』에 대한 언급은 거의 없다. 「남북관계발전에관한법률시행령」에 따른 "연도별시행계획"도 발표되지 않고 있다.

80

을 위한 6자회담에 종속됐다. 중견국가인 남한이 통제할 수 없는 구조적 제약이었다고도 할 수 있다. 그러나 노무현정부에서 나타난 남북관계의 주기적 단절은 구조적 제약으로 환원할 수 없는 것처럼 보인다. 북한이 군사적 신뢰구축에 동의하지 않았다고 변명할 수 있지만, 노무현정부는 평화번영정책과 충돌할 수 있는 정책을 선택함으로써 한계를 드러냈다.

2004년 후반부터 2005년 5월 대북 비료지원을 위한 차관급회담이 개최될 때까지 10개월 정도 남북대화가 중단되었다. 그 이유는, 김일성주석 10주기 조문단의 방북불허와 동남아국가를 통한 대규모 탈북자의 입국 때문이었다.[9] 남한정부가 이라크에 대한 추가파병을 결정하고, 남한의 헌법재판소가 국가보안법 7조인 찬양·고무죄 및 이적표현물 소지죄를 합헌이라고 결정한 것도 남북관계를 경색시킨 또다른 요인이었다. 노무현정부도 남북관계의 적대화를 야기하는 남남갈등을 완화시킬 능력은 없었다. 2006년 7월 북한이 미사일 실험발사를 하고 유엔이 대북제재 결의안을 채택하자 남한정부도 쌀과 비료, 경공업 원자재, 화상상봉 자재와 장비, 철도·도로 자재와 장비 등의 현물지원을 중단했다. 통일부는 그 규모가 약 3억 5천만달러에 달한다고 추정했다. 이 제재가 적절했는가를 둘러싸고 논쟁이 전개되기도 했다. 이후 남북대화는 2007년 2·13합의라는 6자회담의 성과가 나오기 전까지 사실상 중단됐다.

첫번째 남북대화의 단절은, 2005년 6월 남한정부가 북한이 핵폐기에 합의하면 북한에 200만킬로와트의 전력을 제공하겠다는 이른바 중대제안을 하면서 극복되었다. 이 제안이 부분적이지만 2005년 9월 4차 6자회담에서 합의된 9·19공동성명의 도출에 기여한 것처럼 보인다. 9·19공동성명의 주요 내용은, 북한의 핵폐기와 북한에 대한 미국의 안전보장, 북미관계와 북일관계의 정상화, 6자간 경제협력, 한반도 평화체제 구축과 동북아 다자간 안

---

9) 2004년 7월 미국 하원을 통과한 「북한인권법」도 남북대화의 단절에 기여했다.

보협력의 증진 등이었다. 9·19공동성명은 북핵문제의 평화적 해결을 넘어 한반도 평화체제 및 동북아 다자간 안보협력의 대강이 담긴 문건으로 평가 되고 있다. 북한도 9·19공동성명을 6자회담에서 채택된 가장 중요한 문건 으로 평가하고 있다. 9·19공동성명 이후 남북대화는 재개됐지만, 미국의 북한에 대한 금융제재가 의제로 부상하면서 북미갈등이 발생하고, 2006년 10월 북한이 핵실험을 하면서 다시금 남북관계는 경색됐다.

남북대화 단절이 우연적 사건의 중첩처럼 보이지만, 근본원인은 군사적 신뢰의 결여 때문이었다. 남북은 2004년과 2005년의 장성급회담에서 서해 상의 북방한계선 문제를 논의했지만, 해답을 찾지 못했다. 남한 내부의 '친 미＝반북 대 친북＝반미'의 이원적 대립구도도 남북의 군사적 갈등의 해소 를 방해한 요인이었다. 노무현정부가 남북의 군사적 신뢰구축에 어느정도 의지를 가지고 있었는지도 의문이다. 주한미군이 한반도 이외의 분쟁지역에 개입할 수 있게 하는 기동군화——'전략적 유연성'——를 포함한 한미동맹의 재편을 미국이 추진하고자 했을 때, 노무현정부는 그것을 수용하면서,[10] 이 른바 협력적 자주국방 정책을 추진했다. 2005년 9월의 「국방개혁 2020」은 한국군을 50만으로 감축하는 계획을 담고 있지만, 국방비를 연 11% 이상 증액하는 군비증강 계획이었다. 재래식 군사력이 남한보다 열세인 북한이 1990년대부터 핵과 미사일 같은 비대칭적 군사력을 증강해왔다는 점을 고 려할 때, 노무현정부의 자주국방 정책은, 탈냉전시대에 남북의 안보딜레마 를 부활하는 선택이었다고 할 수 있다.[11] 남북의 군사적 신뢰구축이 지속가

10) 주한미군의 전략적 유연성은, 주한미군의 활동범위를 한반도로 규정한 한미상호방위조약
  을 위반한 것으로 해석될 수 있다. 무엇보다도 문제는, 주한미군이 제시한 전략적 유연성의
  수용은 동북아의 분쟁을 전제한다고 할 때, 노무현정부의 동북아론과 충돌할 수 있다는 것
  이었다.
11) 노무현정부는 '일관되게' "힘있는 자의 평화메씨지가 진정한 평화메씨지"라고 주장해왔다.
  노무현정부의 국방정책은 평화번영정책과 모순될 수밖에 없었다. 노무현정부는 한미동맹의 구
  조조정 과정에서 논쟁이 됐던 전시작전통제권의 환수문제도 자주국방의 시각에서 접근했다.

능한 평화체제로 이어지기 위해서는 남북이 절대안보가 아닌 '공동안보'(common security)의 관념을 공유해야 한다고 할 때, 노무현정부의 국방정책은 사실상 공동안보를 부정하는 선택이었다. 군비증강을 목표로 하는 국방정책으로는, "자위적 억제력"의 확보를 명분으로 내세운 북한의 핵실험 같은 행위를 예방하기란 어려운 것처럼 보인다.

2007년 2월 '9·19공동성명의 이행을 위한 초기 조치'에 대한 합의가 이루어졌다. 이른바 2·13합의다. 북미간 양자대화를 통해 골격이 만들어진 2·13합의는 북한 핵시설의 단계적 폐기에 다른 국가들이 경제·에너지·인도적 지원을 늘려가는 인센티브 방식으로 구성되었다. 2·13합의가 이루어지면서 장관급회담도 재개되었다. 2007년 2월말에서 3월초까지 열린 20차 장관급회담에서는 2·13합의를 재확인하는 공동보도문이 발표됐다. 2·13합의로 남북관계에 새로운 동력이 부여되면서, 남북은 2007년 8월 제2차 정상회담에 합의했다. 「노무현대통령의 평양방문에 관한 합의서」에는 한반도의 평화, 민족공동의 번영, 조국통일의 전환적 국면이 정상회담의 의제로 설정됐다. 2007년 10월 평양에서 열린 정상회담에서 합의된 「남북관계 발전과 평화번영을 위한 선언」(10·4공동선언)은 10월 3일 북한 핵시설을 2007년말까지 불능화하는 내용을 담고 있는 공동성명 실행을 위한 2단계 조치가 발표된 직후에 나왔다.

2007 남북정상회담의 공동선언의 의미는 다음과 같이 정리될 수 있다. 첫째, 6·15공동선언의 정신을 계승하면서 남과 북이 서로의 체제를 인정하고 평화공존하겠다는 약속으로 읽힐 수 있다. 합의문 2항에서 명시되어 있는 것처럼, 남북은 "사상과 제도의 차이를 초월하여 남북관계를 상호존중과 신뢰관계로 확고히 전환시켜나가기로 하였다." 둘째, 10·4공동선언은 한반도 평화 및 평화체제에 이르는 두 경로에 대해 합의했다. 하나는 경제와 평화가 선순환 구조를 가지는 것이고, 다른 하나는 군사적 신뢰구축을 통한 평화의 길이다. 서해상 북방한계선 주위를 평화수역으로 만들겠다는 약속이

그 사례다. 셋째, 2007 남북정상회담은 2000년 정상회담과 달리 실무형 정상회담의 성격을 띠었다. 개성-신의주 철도와 개성-평양 고속도로의 보수, 경제특구의 건설과 해주항의 활용, 조선협력 같은 매우 구체적인 내용이 담겨 있다. 따라서 정책의 실행이 10·4공동선언의 이행에 있어 관건인데 실행의 의무가 차기정부에 넘어갔다.

북한도 10·4공동선언을 긍정적으로 평가하는 것처럼 보인다. 『조선신보』 2007년 10월 4일자 평양발 기사에서는, 10·4공동선언을 "「북남수뇌상봉」 선언의 채택, 변혁 주도하는 최고 령도자의 의지"라고 평가하고 있다. 주목되는 내용은 다음과 같다. 첫째, 6·15시대에도 상대방의 사상과 체제를 부인하고 대결을 고취하는 행위가 근절된 것은 아니었고 민족경제의 균형적 발전을 추동하는 투자도 없었다는 지적이다. 북이 2007 정상회담에서 다양한 경제협력에 동의한 이유가 무엇인지를 알게 하는 대목이다. 둘째, 북은 10·4공동선언을 "우리민족끼리"의 실천으로 평가하고 있다. 셋째, 10·4공동선언을 통해 6·15와 9·19의 교차점이 마련됐다는 평가를 하고 있다. 북한도 남북관계가 한반도를 둘러싼 국제정치와 연계되어 있음을 인정하고 있는 것이다.

2007 정상회담으로 노무현정부 대북정책에 면죄부가 부여되는 것은 아니다. 당시 강한 구조적 제약을 고려하더라도 노무현정부의 대북정책은, 김영삼정부처럼 담론과 정책의 불일치를 보였고, 일관성도 없었던 것처럼 보인다. 경제와 사회문화 부문에서는 자유주의적 접근을 지속했지만, 6·15시대의 한계로 지적되던 군사적 신뢰구축을 위한 남북협력은 거의 이루어내지 못했다. 한미동맹의 민주적 재편을 위한 길을 제시하지 못했고, 협력적 자주국방이라는 미명하에 군비증강을 선택했다. 협력적 자주국방은 강압적 대북정책이었다고 해도 과언이 아니다. 노무현정부의 통일·외교·안보정책은, 동북아론과 한미동맹, 한미동맹과 자주국방, 공동안보와 자주국방이 충돌하는 모순덩어리였다. 김대중정부 대북정책을 제약했던 남남갈등도 노무현정부

에 들어와서 더욱 증폭되었다고 할 수 있다. 결국, 10·4공동선언이 노무현정부 말기에 등장함으로써 한반도 평화체제의 구축 및 대북정책에 대한 정치적·사회적 합의를 위한 제도적 장치의 마련은 차기정부의 과제가 되어버렸다.

3. 질문들과 '우리'의 길

이 글의 첫머리에서, 의도적으로 '우리'와 '그들'의 구분을 사용했다. 그러나 노무현정부의 궤도이탈의 책임을 '그들'에게 전가할 수만은 없다. '우리'는 노무현정부의 통일·외교·안보정책이 모순덩어리가 되어가는 과정을 제어하지 못했다. 노무현정부의 '집합적 사고'는 기존의 보수·우파와 진보·좌파와는 구별되는 다른 유형의 것이었다. '그들'은 10·4공동선언으로 진보적 통일·외교·안보정책이 한걸음 더 진전하게 되었다고 평가할 것이다. 노무현 전 대통령은 2008년 10·4공동선언 1주년 회의에서, 다시금 논란의 중심에 서려는 듯, 이명박정부가 10·4공동선언을 계승하지 않음으로써 남북관계가 경색되고 있다고, 아주 강하게 비판하기도 했다. 그러나 10·4공동선언은 '너무' 늦었다. 노무현정부는 10·4공동선언을 실행할 시간과 능력이 없었고, 이명박정부는 실행할 의지가 없다.

이명박정부의 대북정책은 사실상 없는 상태다. 외교·안보정책만이 있을 뿐이다. 노무현정부에서 나타난 통일·외교·안보정책의 불협화음을, 이명박정부는 한미동맹을 중심에 두고 대북정책을 제거하는 방식으로 해결하려 하고 있다. 북한과 미국은 핵불능화를 의제로 소통하고 있고 6자회담도 열리고 있지만, 남북의 대화는 없다. 2000년 이후의 남북관계를 규정하는 '6·15시대'는 시민사회의 일각에서만 공유하는 시기구분이다. 2008년 금강산에서 열린 6·15위원회 모임에서는, 남한의 촛불시위에 대한 북한의 언급이 내정간섭일 수 있다는 한국 시민사회의 문제제기로 남북갈등이 표면화되기도 했다. 우리는 '왜' 이런 상황이 도래했는지에 질문을 던져야 한다. 대북 화해협력정책에 국민의 지지가 과반수를 넘어왔다는 '객관적' 통계를 언급하는 것조차 무의미한 상황이다. 이명박정부는 마치 노무현정부처럼 또다른 '그들의 길'을 가고 있기 때문이다.

우리의 답은 다음과 같은 논리를 가질 수 있다. 촛불시위에서 드러난 것처럼, 이명박정부도 노무현정부처럼 책임성을 결여하고 있다. 그렇다면 우리는 민주적 통제를 거부하는 정부를 연속으로 만나고 있는 셈이다. 한국민주주의의 위기라고 할 수밖에 없다. 위기의 근원을 '제왕적' 대통령제의 탓으로 돌릴 수도 있다. 시민사회와 국가를 매개하는 정치사회의 무능과 저발전도 지적될 수 있다. 한국민주주의를 작동시키는 제도에 문제가 있다. 그러나 보수·우파정부가 집권하더라도, 진보적 통일·외교·안보정책을 쉬이 폐기하기 어렵게 하는 시민사회의 진지가 구축되어 있었는지 의문이다. 김대중·노무현정부를 거치면서 성장한 한국의 시민사회는 자율보다는 포섭의 측면이 더 크지 않았는지 의문이다. 촛불시위에도 '불구하고' 이명박정부가 그들의 길을 갈 수 있는 것은, 제도의 탓 때문이기도 하지만, 다른 한편 시민사회와 정치사회 역량의 한계이기도 하다.

우리의 질문은 '어떻게' 진보적 정책을 복원할 수 있는가로 집약될 수 있다. 단기적 대책은 거의 없어 보인다. 이명박정부와 다수당인 한나라당이 그들의 이익에 기초한 이념적 접근을 지속할 때, 이를 제어할 능력이 없기 때문이다. 이명박정부도 결국은 대북 화해협력정책 이외의 선택을 하기는 어려울 것이라는 예측도 근거없는 낙관론이다. 김영삼정부의 사례는 위기의 연속도 가능할 수 있음을 보여주는 선행 지표다. 김영삼정부는 북미관계의 개선에도 불구하고, 남북관계를 경색으로 이끌었다. 이명박정부에서도 다시금 비극적으로 이것이 반복될 수 있다. 북미관계와 남북관계가 반비례하는 상황이 지속되면, 한국정부의 정책적 자율성은 감소할 수밖에 없고, 따라서 우리는 이익의 시각에서도 이명박정부의 대북정책을 비판할 수 있고 비판해야 한다.

장기적 시각에서 볼 때, 진보·좌파의 과제는 실력과 철학을 갖추는 것이다. '좋은' 담론과 정책만으로 정치적 지지를 획득할 수 없다. 우리는 좋은 정책을 가지고 있고 그들은 그렇지 않다는 이분법적 사고는, 독단주의의 위험을 안고 있다. 우리는 이미 좋은 정책을 알고 있다. 즉 무엇을 해야 하는가를 알고 있다. 그러나 그것이 지금-여기라는 시공간적 맥락에서 '어떻게' 실현될 수 있을지에 대한 구상도 포함해야 한다. 이 '어떻게'를 둘러싼 논쟁을 통해 정치세력화를 이룰 수 있어야 한다. 예컨대 한미동맹의 민주화나 한반도 평화체제를 실행할 수 있는 미시적 수준의 설득력있는 안을 제시해야 한다. 주한미군의 철수나 남북통일 같은 거시적 구호만으로 진보·좌파가 정치적 다수를 구성하는 것은 불가능하다. 시민사회 내에서 '진지전'을 가능하게 할 수 있는 힘은, 진보·좌파의 '실력'이다.

실력은 철학에 기초해야 한다. 그렇지 않다면, 실력은 정치공학으로 전락한다. 우리는 대북정책을 포함한 외교·안보정책의 미래를 그릴 수 있어야 한다. 즉 우리가 '왜' 그 길을 가고자 하는지, '목표'가 무엇인지를 제시해야 한다. 그리고 그 길에 정책이 배치되어야 한다. 외교·안보정책의 철학적 기초는, '타자'와 어떻게 살 것인지에 대한 우리의 합의다. 평화적 방법에 의한 평화는 '어떻게'와 관련한 진보·좌파의 철학적 기초일 수 있다. 예컨대 이제 우리는 북한은 우리에게 무엇이고, 그들과 어떻게 살 것인지를 물어야 한다. 평화냐 통일이냐를 둘러싼 우리 내부의 갈등, 힘에 기초한 평화인지 평화적 방법에 의한 평화인지를 둘러싼 논쟁은, 북한이란 타자와 어떻게 살아가야 할 것인지에 대한 합의의 부재를 보여주는 것이다. 우리는 어떤 평화 또는 어떤 통일을 원하고 있는가. '우리 안의 타자'와 살아가는 방식은 우리 밖의 타자와 살아가는 방식을 결정하는 시금석이 될 것이다.

| 구갑우 |

제5장

성장전략의 부재와 미숙한 분배전략

1. 머리말

노무현정부는 한국경제에서 성장에 따른 분배효과의 상실과 양극화를 정책적 어젠다로서 제기했고, 기존의 정책들을 묶어서 성장과 분배의 조화, 즉 동반성장론이라는 담론으로 정리하여 제시했다. 노무현정부 기간중 양극화 담론에서 시작된 성장과 분배의 조화라는 논의는, 한미FTA 추진의 선한 의도와 사회투자국가론의 긍정적 측면을 고려한다면, '개방을 통한 번영과 복지국가의 형성'이라는 국가발전전략으로 진화했다고 긍정적으로 평가할 수 있다. 이는 중도적인 민주개혁진영의 기본적인 문제의식과 정책방향을 반영하고 있는 것이다.

다만 이러한 국가 주도의 정책담론이 우리 사회의 구체적인 문제와 역사적 현실에 대해서 얼마나 정확하게 진단하고 고민했는지, 담론을 현실에서 실천하기 위한 전략적 접근이 이루어졌는지, 노무현정부가 이 담론에 근거해서 정책을 일관성있게 추진했는지, 담론과 정책설계와 정책효과 사이에서 괴리는 없었는지 등은 다시 성찰해볼 필요가 있다. 설사 양극화의 심화가 기존의 국가주도 성장전략의 유산이자 경제위기 및 신자유주의의 부산물이기에 노무현정부의 책임은 아니라고 할지라도, 노무현정부가 이에 어떻게 대응했는지는 중요한 평가대상이다.

이 글은 성장과 분배의 조화라는 담론 자체에 대한 평가라기보다는 담론의 형성과 노무현정부 정책들의 설계·집행에 대한 성찰이고자 한다. 또한 이 글을 쓰는 필자도 이러한 담론의 형성과정에 부분적이고 간접적이나마 참여한 책임이 있기에 노무현정부 정책에 대한 비판이기보다 자기성찰의 글이라고 해야 할 것이다.

2. 성장과 분배의 조화: 논쟁의 덫과 관료적 담론 형성

"참여정부는 세계화와 정보화의 진전에 따라 확대되고 있는 사회적 양극화를 해소하고 새로운 성장동력을 확보하기 위해 동반성장, 균형발전, 사회투자 등 3대 상생의 진보전략을 개발하여 적극적으로 대응해왔고, 이들 분야에서 뚜렷한 진보를 이루었다." "과거의 요소투입형 성장모델의 한계를 극복하고 혁신주도형 성장모델로 전환하기 위해 연구개발 투자확대, 산학협력 활성화, 혁신형 중소기업 육성, 미래 성장동력 산업육성, 혁신클러스터 조성 등 5대 혁신정책과 인적자본 투자 확대정책을 대대적으로 추진해 왔으며 하나둘씩 그 성과가 나타나기 시작하고 있다. 노무현정부에 들어와 혁신주도형 성장모델로의 패러다임 전환이 뚜렷하게 진행되고 있는 것이다." "노무현정부는 단기적·정치적 요구에 휘둘리지 않고 장기적 전망하에 거시경제를 안정적으로 관리해왔으며, 과거 정부와 달리 저출산·고령화 대책과 국가 균형발전 등 다수의 중장기 국정과제를 적극적으로 추진했다. 이를 통해 한국사회의 미래발전에 큰 토대를 닦았다."

이상은 노무현정부가 스스로에 대해 내린 평가다. 이러한 자체평가의 근거가 되는 담론은 2006년 국민경제자문회의의 『동반성장을 위한 새로운 비전과 전략』(이하 『비전과 전략』)과 2007년의 증보판, 2007년에 발표된 '비전 2030', 2008년의 『참여정부 경제5년: 한국경제 재도약의 비전과 고투』 및 정책기획위원회에서 기획한 여러 보고서에서 나타난다.

『비전과 전략』에는 혁신주도형 중소기업에 의한 성장전략, 제조업과 연계된 지식써비스업, 사회써비스 확대 등이 일자리 창출을 위한 균형성장전략과 금융 및 물류허브를 통한 개방화전략 등의 성장전략과, 인적자원 확충 및 선진형 사회안전망 확충 등의 분배전략이 제시되었다. 외환위기 이후 국민의 정부와 노무현정부하에서 추진됐던 일련의 정책들을 동반성장이라는 개념 속에 집어넣어 정리한 것으로 보인다.

노무현정부의 정책담론을 최종적으로 정리한 것으로 평가되는 비전2030에서는 제도개혁[1]을 전제로 미래를 위한 선제적 투자를 통한 복지국가 형성을 국가장기전략으로서 제시했다. 노무현정부는 비전2030을 제시하면서 우리나라에 적정한 복지 수준에 대한 본격적인 사회적 논의를 주문했다. 비전2030에 대해서는 양극화와 고령화라는 우리 사회의 현재와 미래의 위기에 대응하여 한국사회가 나아가야 할 국가모델을 제시했다는 평가도 없지 않지만, 당시 대부분의 언론들은 장밋빛 공약의 남발이라고 폄하했다. 그러나 한국사회의 지향점으로 복지국가를 설정하고 이를 위한 실현가능한 예산소요액을 '과감하게' 계산했다는 점[2] 그리고 복지국가로 가기 위한 제도개혁과

----

1) 국민연금, 직역연금 개혁 등을 통해 재정위험을 사전에 제거하고 주민생활 지원써비스 전달체계와 건강보험 등의 제도개편으로 재정의 효율성을 제고하는 제도혁신이 필요하다고 강조했다.
2) 2010년까지는 증세는 없지만, 물가상승분을 고려하지 않은 경상가격으로 약 1,100조원(현재가치 기준으로 400조원, GDP의 2%)의 예산이 소요될 것으로 전망했다[1]. 이를 전액 국채로 충당할 경우 국가채무비율은 현재의 30% 수준에서 현재의 OECD 평균수준인 70%대로 증가하고 조세부담률은 20% 수준되는 것으로, 전액조세로 충당할 경우 국가채무비율은

선제적 투자 그리고 사회투자국가의 개념들을 담고 있다는 점에서 비전2030
은 기존의 국가전략보고서와 차별화될 수 있다고 평가된다.

국가와 정책의 방향과 비전을 제시하고 이를 담론화하여 사회적인 공론
의 장에서 검증받고 국민의 의사를 모으고 이를 정책에 반영하는 것은 국가
의 중요한 기능의 하나이다. 다만 노무현정부의 정책담론들이 이러한 기능
을 충실히 소화했는지는 의문이다.

추진하려는 정책들의 이론화·담론화의 시도는 의도했든 하지 않았든 과
도한 '논증과 논쟁의 덫'에 노무현정부를 빠뜨려버렸다. 일련의 노무현정부
국가전략보고서에서는 성장과 분배가 같이 가야 한다는 주장이 반복적으로
제기됐고, 노무현정부는 "분배가 성장의 발목을 잡는 것은 아니다" "분배가
없으면 더이상 성장이 가능하지 않다" "성장지상주의만으로는 더이상 지속
적인 성장과 분배가 불가능하다" 등처럼 실증·논증하려 했다. 결과적으로
노무현정부의 많은 정책들이 내용없는 성장과 분배논쟁에 휩싸이게 됐다.
성장·분배의 이분법적 논쟁구도로의 변질을 노무현정부는 막지 못해 분배
중심의 정권이라는 우파의 덫칠에 헤매다가 결국 사회적 논쟁은 성장과 분
배의 우선순위 문제로 흘러가버렸다.

노무현정부의 동반성장론이 성장과 분배의 우선순위 문제로 빠져버리게
된 것은 성장과 분배를 조화시키기 위한 구체적인 전략이 빠져 있었기 때문
이다. 특히 성장전략이 약했다. 『비전과 전략』에서는 성장전략과 분배전략
이 구체적인 정책수준에서 어떻게 연결되고 있는지를 보여주지 못하고 있으
며, 비전2030에서는 성장전략이 제시되지 않은 채 복지국가의 비전만 보여
주는 데 급급하고 있다. 복지가 투자적 성격을 가진다는 점을 강조하는 '사
회투자국가'에서도 구체적인 성장전략은 찾아보기 어려웠다. 노무현정부하

30%에서 유지되나, 조세부담률은 OECD 평균 26.5%보다 다소 낮은 24%로 증가하는 것으
로, 조세와 채무로 나누어서 충당할 경우 국가채무비율 40%와 조세부담률 23% 정도의 조합
이 가능한 것으로 전망했다.

에서 한국경제가 직면했던 문제는 성장과 분배에 대한 우선순위의 문제가 아니라 불확실성과 불안정성의 문제이고 생산물시장과 노동시장의 이중구조화와 사회양극화의 문제였다. 이는 분배를 위한 제도를 강화하라는 메씨지이기도 했지만, 양극화를 해소하는 성장전략을 재구축하라는 메씨지이기도 했다.

노무현정부가 내심 이념적 지향으로 삼았던 북구형 복지국가모델이라는 것도 연대임금전략에 기초한 산업구조 고도화라는 성장전략이 핵심이다. 복지국가를 지향했다면, 이를 위해 '담론'이 아니라 '전략'이 있어야 했고 특히 성장에 관한 전략이 필요했다[3]. 선진국으로 진입할수록 성장과 분배는 장기적으로 보완관계를 형성할 것이다. 분배와 관련된 다양한 제도들이 경제구조에 착근되면서 나름대로의 제도적 보완성을 형성하기 때문이다. 우리의 경우도 장기적으로는 '인위적인 경기부양'이 아니라 '제도화된 국가복지의 확장'이 정답이다. 더욱이 2만달러 소득수준에 비해서 우리의 분배역량이 매우 취약한 것도 사실이다. 그러나 그동안 성장중심으로 한국경제가 운용된 역사적 유산을 가지고 있고 그에 따른 경로의존성의 문제가 존재한다. 취약한 복지예산과 인프라하에서 빠르게 확대되는 복지필요계층의 욕구를 국가복지 확대만으로 대응하기는 어렵다. 아직 국민들은 분배를 통한 성장이라는 경로뿐 아니라 분배를 통한 빈곤의 개선에도 크게 신뢰하지 못하고 있다. 따라서 복지국가를 지향한다면 단순히 복지예산 확대의 당위성만을 국민에게 강조할 것이 아니라 우리가 처한 조건하에서 복지국가를 어떻게

---

3) "빈곤은 경제씨스템에 내재된 본원적인 경제현상이라면, 분배는 세제나 사회보장제도와 같은 제도의 문제이다. 빈곤문제는 분배제도를 개선함으로써 완화할 수는 있지만 근본적으로 치유되지는 않는다. 빈곤문제를 경제현상으로 올바로 인식하는 데서부터 출발하지 않으면 안된다. 성장패러다임이 자본투자에서 기술혁신에 기초한 방식으로 전환되는 과도기에 빈곤문제가 더욱 확대된다. 성장패러다임의 변화에 따른 노동수요구조의 변화가 빈곤문제를 야기한다. 일단 실업으로 빈곤층으로 전락한 이후에는 아무리 정부가 소득재분배 정책을 강화해도 [그들을] 구제하기가 어렵다"(김광수 2006).

만들 것인가에 관한 설득력있는 정책과 전략이 제시되어야 했다. '분배없이는 성장없다'는 논리만으로는 국민을 설득하지 못했다. 분배효과를 가질 수 있는 강력한 성장전략과 실효성있는 제도 형성과 정치적 지지를 획득하는 분배전략을 동시에 제시해야 했었다.

성장과 분배의 문제를 정부가 주도해 경제사회적 의제를 제시하고 국가의 발전모델을 하나의 담론 형태로 정리한 일은 흔치 않은 성과이다. 국가의 비전을 제시하고 국민의 동의를 모아 이를 정책에 반영하는 것이 정부의 중요한 역할이라는 점에서 높게 평가받을 수 있지만, 지식사회가 담당해야 할 역할을 국가가 주도적으로 나서서 정리했다는 점에서 관료적 발상에 근거한 담론으로 평가절하될 여지도 있다. 실제로 『비전과 전략』은 관료들에 의해서 추진되는 정책들을 정부출연 연구기관들이 성장과 분배의 조화라는 관점에서 종합한 것이고, 비전2030의 경우도 이를 설계한 주체는 기획예산처 중심의 관료들과 출연연구기관들이었다. 그럼에도 정책 및 제도개혁에 대한 구체적 내용을 담지 못했다. 결국 정책 실무를 담당하는 관료들의 사고방식에 기초해서 국가비전을 만들었고, 그럼에도 구체적인 정책으로 실현해보지도 못한 채 추상적인 담론에 그쳐버렸다. 결과적으로 담론형성의 절차와 과정이라는 측면에서 볼 때, 지식사회와의 소통이 부족했고 지식네크워크의 형성에도 소홀했던 것으로 보인다. 이는 노무현정부의 많은 정책들이 관료 주도로 추진되도록 하면서 민생문제에 민감하게 반응하지 못하도록 한 하나의 원인으로 작용했을 것으로 보인다.

3. 성장전략에 대한 성찰

외환위기 이후의 한국경제를 나쁜 측면에서만 보자면, 유효수요 부족과 공급부족의 악순환이 지속되는 경제라고 평가할 수 있다. 민간소비와 투자의 부진, 내수산업과 자영업의 위기, 고용의 어려움 같은 유효수요 부족에 기인하는 현상과 기존 성장동력의 소진, 사회자본 및 제도 등 사회적 인프라의 취약성, 노동시장의 경직성, 방대한 비공식부문, 교육과 인적자원 질의 저하 등 같은 공급애로 현상이 동시에 나타나는 경제로 볼 수 있다.

노무현정부는 이렇게 한국경제가 처한 상황을 '저성장하의 양극화' '성장잠재력 약화와 양극화 심화'로 보았다. 이에 노무현정부는 "IMF 외환위기 이후 산업간, 수출·내수간, 산출·고용간, 성장·분배간 연계가 약화된 만큼 경제성장의 중심축을 과거 수출위주에서 내수확대의 방향으로 바꿔야 한다"고 주장했다.

그러나 의도가 아닌 결과만을 놓고 볼 경우, 노무현정부가 한국경제를 수출중심에서 내수중심으로 전환하는 전략적 정책을 추진했다고 평가하기는 어렵다. 노무현정부 기간중 수출증가율은 13.5%이었지만, 민간소비는 2.2%에 그쳤다. GDP 대비 수출비중이 2002년 36.6%에서 2007년 47.7%까지 증가했다. 결과만 놓고 볼 때 노무현정부가 한국경제를 수출주도형 경제에서 내수주도형 경제로 바꾸는 데 성공하지 못했다. 물론 노무현정부 후반기에 환율방어 정책이 완화되어 내수가 회복되고 민간소비와 투자의 성장기여도가 다소 높아졌지만, 전반적으로 수출중심의 경제성장이 지속되었다.

노무현정부는 '인위적인 경기부양'이 없었음을 정부의 치적으로 삼고 있다. 그러나 재정부 관료들의 경기부양 성향까지 억제하지는 못했다. 2003년 후반기부터 2005년초까지 지속되었던 환율방어 정책과 2003년 10.29대책을 무력화했던 금리인하와 2004년 내내 유지되었던 3.25%의 낮은 금리 등은 경기부양을 위한 재정경제부의 정책개입으로 보인다. 노무현정부 초기의 환율방어정책과 저금리정책의 조합은 긍정적인 효과를 내기보다는 한편으로는 내수의 부진과 다른 한편으로는 과도한 유동성팽창에 따른 부동산 거품을 초래했다.

노무현정부는 초기에 수출경기를 부양하기 위해 외평채와 통안증권을 발행해가며 극단적으로 환율을 방어했고, 그로 인해 발생하는 국내통화 팽창을 통안증권 발행을 통해 불태화(sterilization)했다. 그 결과 수출로 벌어들인 외화가 국내소득으로 이전되지 못했고, 내수경기의 침체와 국가채무 증가의 한 원인이 되었다. 국민총소득(GNI)는 국내총생산(GDP)과 괴리되고, 개인소득보다는 기업소득이 증가하여 (대)기업하기 좋은 나라가 되었다[4].

다른 한편 저금리의 지속에 따른 유동성의 과잉공급이라는 금융화현상도 자산버블과 내수부진을 초래했다. 반면 노무현정부는 초기에 신용카드정책에서 매우 신중한 정책을 선택했지만, 결과론적으로는 가계부채 및 신용카드 한도를 과도하게 억제하여 내수위축과 경기부진·카드문제의 악순환에서 쉽게 벗어나지 못하게 한 측면도 있다. 한편으로는 내수정책의 부재와 다른 한편에서 저금리와 환율방어 정책이 결합되면서 경기부진, 수출·내수간 양극화, 금융거품이 발생한 것으로 보인다.

노무현정부의 초기 거시경제정책은 결과만을 놓고 본다면, 오히려 경제의 양극화를 초래하는 성장전략을 추진할 꼴이다. 한편으로는 수출 및 외환보유고와 대기업투자 증가와 다른 한편으로는 민간소비와 중소기업투자 부진, 자영업의 몰락 그리고 이에 따른 상대적 성장률저하라는 양극화현상을 심화시키는 계기를 만들었다. 양극화의 궁극적 원인이 경제위기에 따른 신자유주의적인 정책기조에 있다고 할 수 있지만, 어떻게 대처하느냐에 따라서 양극화의 양상과 정도는 다르게 나타날 수 있었다. '인위적 경기부양은 하지 않았다'는 것은 경기를 제대로 조정하지 못한 무능으로 평가받을 수도 있는 것이다. 환율방어와 저금리정책은 경기회복을 기대하고 관료들이 정책적 개입을 한 것으로 판단되고, 노무현정부의 개혁진영은 이를 파악하고 막아내지 못했던 것으로 보인다. 물론 이러한 거시경제 운용에서의 무신경(재정부

---

4) 전창환(2005)도 이러한 달러매입개입(원화가치의 저평가)이 수출 및 투자 주도 발전정책의 근간을 수정하지 않는 한 바꾸기 어렵다고 평가한다.

의 환율, 금리 개입에 대한 청와대의 통제능력 부재)은 노무현정부 초기의
일이며, 동반성장론은 이에 따른 경제의 양극화, 불균형에 대처하기 위한 정
책 비전으로 제시된 것으로 볼 수도 있다. 또한 노무현정부는 후반기에 환
율을 시장에 맡기면서 환율은 점진적으로 하락했고 민간소비도 증가하고 경
기도 회복되는 모습을 보였다. 그러나 노무현정부가 내수주도 성장전략을
고려하여 거시경제 운용을 검토한 적은 없었던 것으로 보인다.

거시경제 운용에서 특별한 정책비전이나 방향이 필요한 것은 아니다. 거
시경제의 위험과 변동성을 관리가능한 수준에서 안정화하는 미세조정 능력
이 필요한 것이다. 노무현정부 당시의 대내외 경제여건을 고려해볼 때, 환율
정책은 중국시장의 팽창에 맞추어 환율강세를 전체적으로 유지하면서 대기
업의 경쟁력 강화를 유도하고, 내수시장을 확대와 내실강화의 방향으로 설
정돼야 했다. 금리정책에서의 타이밍도 금융거품을 초래하지 않으면서 가계
와 개인의 소비를 진작하는 정교한 정책이 필요했다.

다음으로 성장잠재력 제고를 위한 공급 측면의 정책들을 보자. 앞에서 보
았듯이 『동반성장보고서』는 일자리창출을 위한 균형성장전략, 한국경제의
글로벌화, 인적자본과 사회적 인프라의 확충 등이 주요 정책과제로 제시되
었고, 세부 정책에서는 차세대 성장동력 확충, 중소기업 혁신역량 강화, 사
회써비스 육성, 물류허브 및 금융허브 구축, 인적자본 확충, 선진형 사회안
전망 구축 등이 세부 정책과제로 제시되었다.

이러한 정책과제들은 모두 시급한 과제들이고 바른 방향의 정책들이지만,
기존 정책들을 재편집한 수준을 벗어나지 못했다. 부품소재산업, 물류 및 금
융허브, 사회써비스업 육성 등은 모두 필요한 정책들이나, 어떠한 비전과 목
표의식 하에 어떻게 추진할 것이냐에 관한 전략적 선택이 필요했다. 노무현
정부는 한미FTA라는 높은 수준의 개방을 전략으로 선택한 것으로 보인다.

한미FTA가 낳을 개방에 따른 피해에 대한 사회적 보완책이 부재하다는
많은 비판이 제기되었다. 사실 그보다 중요한 것은 한미FTA에 대응해 대내

적인 산업전략과 제도개혁이 준비되었느냐의 문제이다. 혁신중소기업이 어떻게 출현할 수 있도록 할 것인가, 물류와 금융허브는 어떻게 가능할 것인가, 인적자원의 고도화는 어떻게 이룰 것인가, 사회써비스 확충을 위한 정부의 공공투자는 어떠한 방식으로 추진할 것인가 등에 대한 구체적 전략없이 노무현정부는 한미FTA를 활용한 '빅뱅'식의 개방이 대내적 개혁을 이끌 것이라고 무모하게 판단한 것으로 보인다.

먼저 써비스산업을 보자. 우리나라는 생산성과 고용의 동시 증가가 불가능하다는 써비스산업의 딜레마에 직면하고 있다. 노무현정부 기간중 제조업 성장률은 7.7%인 반면, 써비스업 성장률은 3.2%로 불균형성장이 지속됐다[5]. 제조업은 높은 생산성 증가와 고용없는 성장이 지속되고 있고 써비스업은 질 나쁜 고용증가와 낮은 생산성 함정에 빠져 있다. 우리나라에서 써비스산업의 딜레마는 제조업과 써비스업 간의 연계가 약화되어 있다는 점, 교육 의료 금융 법률 회계 등 사회·생산자 써비스에서의 규제 및 진입장벽과 그에 따른 광범한 지대가 형성·고착화되어 있는 상황에서 공공성과 경쟁력 강화를 동시에 달성해야 한다는 점, 상대적으로 유통·개인 써비스는 과도한 시장과 과소한 제도 공급의 문제에 직면해 있다는 점 등으로 나타나고 있다.

이러한 한국의 써비스산업의 구조개혁을 빅뱅형의 개방으로 추진하는 것은 노무현정부의 모험주의적인 성향과 써비스산업 구조개혁에서의 무능을 보여주는 것이라 할 수 있다. 강인수·유재원(2008)은 써비스산업의 개방이 제조업경쟁력 제고에 그렇게 유의한 영향을 미치는 것은 아니나 개방을 미룰 경우 써비스산업 경쟁력은 더욱 저하할 것이라고 분석했다. 또한 국제경쟁력을 갖춘 선진국은 써비스시장 개방도가 높지만, 역으로 써비스시장 개

---

5) 이른바 신자유주의와 금융자유화가 확대된 외환위기 이후 오히려 한국의 제조업은 생산성 증가에 기초한 성장이 지속되고 있고 금융화 추세가 심화되고 있음에도 수출과 부가가치에서 제조업의 팽창이 지속됐다(유철규 2008).

방이 경쟁력을 제고하는 것은 아니라고 결론짓고 있다. 이 분석이 시사하는 바는 단계적이고 관리된 개방이 써비스시장에 필요하고 이를 통해 써비스시장에의 진입장벽과 지대의 문제를 하나하나 해결해나가는 전략이 필요하다는 것이다.

다음으로 중소기업 문제를 보자. 한국의 투자부진은 대기업과 중소기업 간의 양극화문제이다. 노무현정부 기간에도 대기업의 자본파업이 회자됐지만 여전히 대기업의 투자는 적지 않았다. 대기업들은 매년 평균 40조원 이상을 투자했다. 주주들의 단기수익 추구 압력이나 금융헌신을 기피하는 은행의 비협조 때문에 투자가 이루어지지 않은 것이 아니다. 다만 지나치게 자본집약적인 투자와 연구개발 중심의 투자를 지속하다보니 대기업투자에 따른 국내 연관효과 및 고용창출 효과는 오히려 줄어들고 있다. 결국 한국 경제에 필요한 것은 중소기업의 투자를 촉진하는 것이다. 중소기업의 투자가 부진한 까닭은 양극화와 경기전망이 비관적이었기 때문이다. 수출대기업 중심으로 경제가 재편되는 일방적 흐름을 차단하는 적극적인 중소기업정책이 필요했다. 물론 글로벌화된 조건하에서 이러한 흐름 자체를 막기는 힘들었겠지만, 중소기업과 내수에 대한 뚜렷한 정책의지와 방향이 존재했어야 했다. 활발한 창업과 벤처캐피탈이 활성화될 수 있는 조건을 창출했어야 했다. 특히 자원을 배분하는 금융의 기능을 중소기업의 모험투자를 지원하는 방향에 맞추는 획기적인 정책전환이 필요했었다. 이를 위해서는 인쎈티브구조가 정교하게 설계된 금융지원씨스템과 실업자에 대한 고용지원써비스처럼 개별 중소기업에 대해 세심하게 지원하는 공적인 경영지원씨스템을 구축해야 했다. 그러나 노무현정부의 중소기업정책은 기존의 관료 주도의 정책흐름에서 크게 벗어나지 않았다. 노무현정부는 양극화문제를 공론화했으나 내수, 써비스, 중소기업 같은 산업정책과 거시경제정책에서는 과감한 국가전략적 정책전환을 이루지 못했다.

4. 분배전략에 대한 성찰

노무현정부의 분배전략은 고용을 통한 복지를 강조었지만, 현실적으로는 국가복지 확장의 정책으로 나타났다. 적극적으로 경제산업정책을 통한 고용창출정책은 추진하지 않았으며, 사회적 일자리나 사회적 기업 같이 정부 재정사업을 통한 고용창출정책을 추진하거나 복지정책의 고용친화적 성격을 강조하는 정도에 그쳤다. 결과적으로 노무현정부의 분배전략은 '복지확장의 정책'으로 나타났다. 노무현정부의 복지확장정책은 새로운 복지정책의 제도적 틀을 설계하기보다는 국민의 정부 때 만들어진 복지정책의 한계를 보완하는 방향에서 추진되었다. 국민의 정부하에서 설계된 복지정책의 한계는 방대한 복지 사각지대와 사회써비스정책의 부재로 요약될 수 있다. 노무현정부는 큰 틀에서 사회정책의 제도적 진전을 이루지는 못했지만, 국민의 정부가 만들어놓은 각종 사회제도와 정책을 보완하고 관련 예산을 확대했다. 기초생활보장의 사각지대를 축소하려 노력했고, 사회투자라는 시각에서 사회써비스에 대한 투자를 시작했다. 노무현정부 기간 복지예산은 2002년 22.6%에서 2007년 27%로 크게 상승했다. 기초생활보장, 사회써비스, 보육 관련 예산은 크게 증가했다. 3대 사회보험의 비정규직 적용률이 10% 이상 높아졌고, 국민기초생활보장제도의 부양의무자기준과 자산평가기준 완화 등으로 제도의 사각지대를 줄이려 노력했으며, 근로장려세제 및 기초연금제도 도입 같이 사회적 위험에 처한 사람들의 소득보장을 위한 예산을 대폭 확대했다. 아동보육지원을 확대하고 노인장기요양보험제도를 도입하는 등 사회써비스 측면에서의 투자도 시작했다. 이러한 복지확장정책은 전통적인 복지정책과 우리나라 복지정책의 발전이라는 측면에서 잘못된 정책은 아니었다. 그러나 이러한 복지확장의 정책만으로는 양극화의 문제를 해결하기에는 많이 부족했다.

복지확장정책에도 불구하고 노무현정부 기간에 양극화와 빈곤의 문제는 감소하지 않았다. 정부의 복지지출 확대로 가처분소득의 분배율이 개선되기는 했지만 의미있는 수치는 아니었다. 복지제도의 사각지대도 크게 줄지 않았다는 비판도 있다. 결국 분배가 크게 개선되었다고 보기는 어렵다. 복지예산이 확대되고 복지지출의 빈곤감소효과가 증대했음에도 빈곤과 불평등은 확대되었다. 결과적으로 복지확장의 정책만으로 양극화의 심화를 막기에는 역부족이었다. 시장에서 발생하는 사회적 위험의 심화속도가 정책을 통한 완화노력을 능가했기 때문이다.

노무현정부 기간에 심화된 우리나라의 양극화문제는 전통적인 복지정책의 확장만으로 대응하기에는 힘든 과제였다. 생산물시장과 노동시장의 이중구조화는 거대한 잠재적 복지 수혜층을 창출했다. 즉 우리나라 노동시장의 특징인 낮은 고용율과 높은 자영업 비율, 높은 비정규직 비율 등은 웬만한 복지예산 확대로는 국민이 생활상의 문제가 개선되고 있다고 체감하기 어려운 구조이다. 이는 여타 서구형 복지국가의 제도가 전부 갖추어진다 하더라도 복지확장만으로 양극화를 극복하기는 쉽지 않다는 것을 의미한다.

따라서 생산물시장과 노동시장의 문제가 복지로 이전되는 부담을 줄여야 했고 양극화가 문제였다면 이에 정면으로 대응할 수 있는 정책들을 일순위로 놓았어야 했다. 양극화는 복지제도 확장 및 복지예산 확대만으로 대응할 수 있는 성질의 것이 아니었다. 생산물시장과 노동시장의 이중구조화 문제에 좀더 적극적으로 대응해야 했다. 서민에 대해서는 비정규직과 자영업 문제에 대응이 일순위 과제여야 했고, 중산층에게는 교육과 주거 써비스 문제에 대한 현실적 해답을 제공하는 것이어야 했다.

비정규직과 자영업자는 전체 2,400만 취업자에서 1,500만에 달한다. 이들은 정치적으로 중요한 자산이다. 따라서 정책의 사각지대를 줄이고, 비정규직문제에 대안을 제시하고 집행해야 했다. 이 문제에 대한 학계와 전문가, 진보진영의 현실성있는 대안이 없었지만, 의지만 있다면 시도해볼 만한 비정규직 해법이 없지 않았다. 결국 비정규직정책은 관료의 손에 맡겨졌으며, 영세자영업에 대한 대책은 청와대에서 아이디어를 한번 제출해본 이후 아무것도 없었다. 비정규직문제의 심각성에 대한 이해 수준이 낮았고, 정책을 집행하고자 하는 의지와 집행력이 부족했다.

노무현정부가 단지 국가가 세금과 예산으로 국민에게 복지써비스를 제공하는 것으로 양극화문제를 해결하려 했던 것은 아닌지 되돌아볼 필요가 있다. 사회의 다수 구성원이 도시빈민으로 전락하는 구조적 문제에 대응하기보다 이들에게 생계비를 일부 보조하는 방식은 진정한 의미의 복지정책이 아니다. 정권 후반기에 제시된 사회투자국가 논의도 양극화라는 문제제기에 대한 적절한 대응이었는가는 재검토해봐야 한다고 생각된다. 물론 사회투자적 정책들이 장기적인 관점에서 개발되어 단계적으로 시행하는 것은 매우 중요하다. 이 정책들은 차근차근 예산을 확보해서 실행하면 된다. 정부의 복지지출 확대나 사회써비스 확충 등은 사회적 필요에 따라 '조용하게' 추진하면 되는 것이다. 오히려 조용하게 추진하는 것이 더 효과적일 수 있다. "조용한 정책은 개별 경제주체들의 경제하려는 의지를 침해할 가능성을 줄이고 지대추구행위를 억제하며 나아가 정치적으로 이용되지 않기 때문에 더 치밀하게 디자인할 수 있다"(장세진 2008). 조용하게 추진되는 복지확장정책이 성장과 더 친화적일 수 있는 것이다.

국가주도의 복지확장만으로 한계가 있는 부문이 분명히 존재하고 이를 보완할 수 있는 사회적 경제 영역에 대한 고민이 상대적으로 부족했다. 물론 노무현정부하에서 기존의 개발연대가 낳은 황폐화된 지역공동체의 재활성화를 통한 국가복지의 한계를 보완하려는 시도가 사회적 기업이나 자활사업 등을 통해 부분적으로나마 시작됐다. 그러나 이런 시도는 일자리사업이나 국가정책의 전달경로의 하나 정도로 간주됐고, 여타 지역정책과의 연계성도 확보되지 못했다. 제3섹터가 자생적으로 활성화하기 힘든 조건을 고려한다면, 국가에 의한 체계적인 정책설계, 지원씨스템, 환경조성 등에 대한 모색이 더 이루어졌어야 하며, 기존의 정책전달체계에 대한 엄밀한 평가가 이루어졌어야 했다. 사회적 경제영역이 단지 국가복지정책의 전달를 위한 지류나 혹은 단순한 복지혼합이 아닌, 우리 사회의 복지화 전략의 중요한 구성요소로서 자리매김하기 위한 적극적인 시도들이 필요했다.

둘째, 노무현정부는 자신이 추진한 복지확장의 전략적 목표를 명확히 하지 않았다. 복지확장의 정책으로 무엇을 달성하려고 했는지가 분명하지 않았다. 물론 수사적으로 노무현정부 복지전략은 빈곤을 퇴치하기 위한 사회적 최저수준을 보장하는 것, 노동시장 유연화에 대비한 사회적 안전망을 구축하는 것, 미래의 새로운 사회적 위험에 대응하기 위한 선제적 투자를 하는 것 등을 목표로 제시했지만, 실제 정책에서는 사회적 최저수준을 보장하는 정책에 집중된 것으로 보인다. 물론 보육예산 확대 같은 일부 사회투자적 정책이 없었던 것은 아니지만 그것이 뚜렷하게 복지정책의 사회투자적 전략의 차원에서 추진됐다고 보기는 어렵다. 예전같이 사회적 삶의 최저수준을 국가가 보장한다는 역할만 하는 것으로 복지확장이 실현되기는 어렵다. 한국이 영국처럼 공장법을 만들어야 하는 수준의 국가는 아니다. 복지확장이 성장에 기여한다는 입장이라면 이러한 논리를 구체화하고 실천했어야 했다. 예를 들어 복지확장이 국가경제의 유연성제고 및 노동시장의 이중구조화 극복이라는 목표와 어떻게 결합될 수 있는지를 좀더 고민했어야 했다.

앞에서 검토했듯이, 북구형 복지국가모델 형성은 연대임금전략에 기초한 산업정책이 있었기 때문에 가능했다. 복지확장이 어떠한 경제산업의 발전전략 속에서 위치를 잡아야 하는지에 대한 전략적 판단하에서 추진될 필요가 있었다. 한국사회에서 고령화는 커다란 사회적 위험으로 다가오고 있고 이에 대비해 사회적 투자와 인프라를 구축하는 것이 중요하기도 하지만, 더 시급한 문제는 경제산업의 양극화와 이에 따른 노동시장의 이중구조화 문제에 대한 대응이라고 판단된다. 성장잠재력의 확대와 이를 통한 고령화사회에 대비할 수 있는 경제씨스템의 구축이라는 관점에서 양극화와 이중구조화에 대응하는 정책과 전략이 필요했다.

셋째, 노무현정부의 복지확장정책은 국민의 복지체감도를 높이는 데 성공하지 못했다. 이는 미숙한 복지정치와 민생과 대중의 삶에 대한 의식적인 배려의 부족에서 기인하는 것으로 보인다. 노무현정부는 사회복지를 확대한 정권이면서도 복지확장의 국민체감도는 높지 않았고, 복지확장을 통해서 정권의 지지도를 높이지도 못했다. 이는 중산층의 복지 욕구를 충족시키지 못했다는 점과 복지정책의 전달체계와 복지인프라가 여전히 취약하다는 점에서 비롯한 것으로 보인다.

가계지출의 큰 비중을 차지하는 주택과 교육 등의 핵심적 민생문제가 집권 이후 더욱 악화됐기 때문에 노무현정부의 복지정책은 국민적 지지를 받기 어려웠다. 또한 정책전달에 성공하지 못함으로써 국민이 이러한 복지확대를 체감하지 못했다. 성급한 복지전달체계의 지방화정책이 부작용을 초래하기도 했다. 복지인프라 없는 복지확장은 제도의 목적달성을 어렵게 하고 공공복지에 대한 불신만을 확대하는 경우가 많다. 비전2030에서는 제도개혁에 선행하는 복지확대를 주장했지만, 제도개혁의 비전에 대해서는 구체적인 대안을 제시하지 못했다. 복지써비스의 전달체계의 문제와 관련해서는 이용권(바우처) 방식을 통한 복지써비스 제공이나 복지재정의 분권화와 복지써비스의 지방이양 등 새로운 시도는 있었지만 이것이 국민의 복지써비스 체감지수를 높이지는 못했다.[6]

이러한 문제의식의 결여는 대중의 현실적 삶에 대한 인식과 배려의 부족에 기인하는 추상적이고 관념적인 정책의 결과로 볼 수 있다. 김대호(2007)는 "참여정부의 결정적 오류는 전통적 고객의 욕망의 실체와 그 변화, 진화과정을 제대로 포착하지 못한 데 있다"고 지적했다. 참여정부가 서민대중의 삶에 대한

---

6) 기초자치단체의 재정이 취약하고 단체장이나 의회의 복지의식도 전근대적인 상태에서 복지재정의 분권화와 복지써비스의 지방이양은 복지써비스의 질을 떨어뜨리는 결과를 초래할 수 있기 때문이다. 특히 취약계층 지원예산의 지방이양 정책이 오히려 사업의 발전을 가로막은 측면도 있다. 복지써비스의 지방화는 복지인프라 확충과 충돌할 가능성이 있는 전략이었다.

배려가 부족했다는 평가도 제기됐다. "중소기업, 써비스업, 가계, 소비의 구조
조정이 이루어지는 시기였다. 이에 대한 국가의 관심과 배려는 없거나 미미했
다. 과도기의 구조조정에서 고통이 집중된 계층에 대한 배려가 부족했기 때
문이다. 이는 대중의 삶과 정서에 대한 둔감성을 나타내었다"(김기원 2008).

우리나라에서 분배전략이 성공하기 위해서는 양극화와 빈곤문제에 대한
정확한 진단과 현실적인 대응, 복지확장의 전략적 목표 설정과 성장전략과
의 연계 그리고 대중의 삶에 대한 애정이 필요하다는 교훈을 노무현정부의
정책실험이 남겼다.

5. 맺음말

노무현정부의 성장과 분배에 관한 담론과 전략은 민주개혁진영의 모든
담론과 지식을 모은 것은 아니고, 관료와 출연연구기관의 학자들 중심으로
만들어졌지만, 크게 보면 기본 방향과 정책아이템에서 민주개혁진영이 가지
고 있는 현실적인 정책아이템들을 종합한 것이라고 볼 수 있다. 그럼에도
불구하고, 담론 지형의 형성과정에서의 혼선, 문제 소재의 역사성에 대한 이
해 부족, 문제의 진단과 정책적 대응 간의 부조화, 성장전략에 대한 무신경
과 복지전략의 미숙함 등 주체적인 정책대응에서는 많은 문제를 노출했고,
그 결과 민주개혁정부의 정책적 자산에 대한 국민의 신뢰를 크게 떨어뜨리
는 결과를 초래했다.

노무현정부는 의도와 달리 결과적으로 성장과 분배의 이분법에 빠져버렸
다. 고원(2007)의 조사결과에서 보듯이, 우리나라 국민의 요구는 개방과 성장
에 대한 선호 속에서 공공성의 확장의 바라고 있기 때문에 성장 대 분배라
는 논쟁의 한축으로 붙박이가 되지 않아야 했다. 물론 성장과 분배의 이분
법을 극복하고 보수주의자의 전유물이었던 성장과 안정의 가치를 흡수하여

진보적 가치로 전화하는 진보적 변형주의(progressive transformismo)와 트라이 앵귤레이션(triangulation)의 의도가 없었던 것은 아니지만, 구체적인 성장전략의 부재와 한미FTA에서 나타난 정책에 대한 거친 접근은 이를 가능하지 않게 만들었다.

미국 중도진영이 내세운 해밀턴(Hamilton)프로젝트에서 성장의 개념은 포괄적 다수에 기반해야 한다는 점, 경제적 안전망과 상호의존성을 강화해야 한다는 점, 공공투자에서의 국가의 적극적 역할이 필요하다는 점 등이 강조되었다. 우리의 경우에도 성장전략에서 지식정보, 써비스, 내수, 중소기업 등 성장의 포괄적 기반을 확대하는 방안에 더 적극적인 전략과 정책이 필요했었다. 분배전략은 노동시장의 이중구조화에 대응하는 정책이 우선적으로 필요했고 여기에 '조용한' 복지확장이 결합되어야 했다.

마지막으로 담론 및 의제설정과 정책설계가 '정당과 민심을 거치면서 걸러지지 못하고 관료와 학자들의 정책설계로 그친 것도 노무현정부 성장 및 분배전략이 민심과 민생을 담아내지 못한 하나의 원인이었다. 담론과 정책이 성공하기 위해서는 지식사회 내에서의 소통 및 네트워크 그리고 국민의 신뢰와 동의가 매우 중요하다는 교훈을 다시 한번 확인할 수 있다.

| 전병유 |

제6장

적극적 복지정책, 그러나 실패한 지지동원

1. 복지 프렌들리 정권의 정치적 실패

노무현정부에 대한 평가는 정치권과 언론은 물론 학계에서도 그리 좋지 않은 것으로 보인다. 아마도 이념적 지향성이 강한 과거사정리, 국가보안법 폐지, 사학법개정 그리고 기자실통폐합을 포함한 언론개혁 등 1980년대 민주화과정에서 정리했어야 할 구시대의 개혁과제를 집권기간 내내 다시 전면에 내세웠기 때문으로 보인다. 그 결과, 일반 국민들의 뇌리에 노무현정부는 현재의 문제는 해결하지 않으면서 과거에 얽매여 있다는 인상을 주기에 충분했다. 그러나 사실 정책적인 측면을 따져보면, 노무현정부가 21세기 경제 개방과 후기산업화 그리고 노동시장 유연화 등 거대한 사회적 변동이 야기하는 문제를 외면하지는 않았다. 노무현 대통령과 집권세력의 1980년대 청산문제가 정치쟁점화 되면서, 새 시대의 과제에 대비했던 부분이 이에 가려졌을 뿐이다(김대호 2008).

필자는 노무현정부의 복지정책이 그늘에 가린 대표 분야라고 생각한다.

노무현정부 5년간 사회적 양극화가 심화됐다고 비판받지만, 이 문제에 대해서는 경제구조와 노동시장의 변화라는 구조적인 한계를 감안하여 평가를 내려야 한다. 그리고 우리나라의 산업화시기에 틀이 잡힌 사회복지체제의 유산도 감안해야 한다. 결론부터 말하면, 노무현정부의 복지정책에 대한 평가는 부정적일 수 없다. 노무현정부는 김대중정부 이상으로 사회복지 분야에 예산을 집중하고, 노인장기요양보험, 노령기초연금, 근로장려세제(EITC)처럼 새로운 복지프로그램의 도입에도 적극적이었기 때문이다. 집권 후반기에는 '사회투자'(social investment)라는 개념으로 새로운 사회정책적 방향을 제시하려 했던 점도 높이 평가해야 할 것이다.

그렇다고 비판받아야 할 아쉬운 점이 없는 것은 아니다. 작게는 양극화문제 등 복지문제를 복지정책으로만 해결하려 했던 단견과 종합적인 비전이 부족해 사회정책간 연계가 미약했던 점이다. 크게는 사회정책의 여러 어젠다들을 구시대의 과제보다 뒷전에 묻어둬, 정치화(politicization)와 정치적 지지동원(political mobilization)의 기회를 놓친 점이다. 구체적으로 설명하면, 사회정책을 포함한 미래 국가발전전략을 구체화하지 못하고 집권한 점, 1년 넘게 로드맵을 만드느라 개혁과 정책추진의 추동력을 반감시킨 점 그리고 단기적 정치동원을 보수와 대립각을 세울 과거사정리와 언론개혁 등 민주개혁과제에 집중한 점 등이 그것이다. 결국 산업화시기 발전국가시대에 형성된 우리나라의 경제발전체제와 복지체제의 패러다임적 변화를 이뤄내지 못하여, 인상적인 경제성장도 사회양극화 대처에도 뚜렷한 성과를 내지 못했다. 필자가 보기에 이것이 2007년 대선과 총선에서 진보개혁세력이 맥도 못추고 무너진 이유이다.

아쉬움은 여기서 끝나지 않는다. 집권 후반기에 우리 사회의 현재와 미래를 비교적 정확히 진단하고 대안을 제시한 '비전2030'(Vision2030)과 아동발달 지원계좌(CDA) 등 새롭게 시도한 많은 진보적인 사회정책적 실험들이 정권교체와 함께 유야무야될 상황에 처하게 된 점이다. 사실 대선을 1년여

앞두고 발표된 비전2030은 정책의 타이밍을 한참이나 놓친 것이었다. 물러나는 정부보다는 차기를 준비하는 집권여당과 유력후보들이 들고 나왔어야 할 새 정책비전이었다. 물론 이 모든 것이 노무현정부만의 책임은 아니다. 대선과 총선에서 참패한 이후에도 미래비전과 정책을 가다듬기보다 이명박정부의 실정에만 기대어 반사이익을 노리는 민주당이나, 현실성없이 구좌파적 급진개혁을 주장하는 진보적 시민사회도 책임을 면할 수 없다.

이 글은 노무현정부를 정점으로 한 구여권이 왜 정권 재창출에 실패했는지를 노무현정부의 복지정책 분야에 대한 평가를 통해 알아보고자 한다. 이 글의 본문은 크게 세 부분으로 구성되어 있다. 첫째 절은 복지의 정치적 의미를 살펴본다. 둘째 절은 노무현정부가 해결하고 대비해야 했을 시대적 과제를 간단히 논한다. 셋째 절은 노무현정부의 복지정책적 대응의 내용을 검토한다. 넷째 절은 무엇이 잘못됐던 것인지를 분석하는 글로, 적극적 복지정책을 펼치고도 지지동원에 실패한 이유를 논한다.

2. 복지와 생산 그리고 정치적 의미

현대 대부분의 선진국가들은 복지국가로 불리운다. 세계화시대 복지국가의 위기론이 한참 맹위를 떨쳤을 때도 서구 복지국가는 큰 흔들림없이 발전하고 있다. 그만큼 복지는 정치적으로 지지기반이 확고하고, 경제적으로도 유의미한 사회공학의 산물인 것이다. 그런데 복지제도는 나라마다 성격을 달리하고 정치·경제적 성과도 다른 것으로 나타나고 있다. 스웨덴이나 덴마크 같은 북유럽의 강소국(强小國)들은 GDP 대비 30% 정도의 과도해보이는 사회지출(한국은 7~8%)이 우려되지만, 복지제도가 경제발전모델의 한 축으로서 경제와 선순환구조를 이루도록 설계되어 있어 오히려 경쟁력의 원천으로 이해되고 있다. 따라서 사회보장제도는 물론 복지국가를 건설해온 좌파정당에 대한 국민적 지지가 그 어느 나라보다 높다(Amable 2003; Huber and Stephens 2001).

한편 복지국가의 발전이 다소 뒤쳐졌다고 여겨지던 영국도, 블레어(T. Blair)와 브라운(G. Brawn)의 신노동당(New Labour)이 복지와 공공써비스 문제를 전면에 내세워 1997년 집권에 성공했다. 이후 약속대로 의료보장, 교육 그리고 아동빈곤 등 복지분야에 '사회투자'(social investment)라는 새로운 해법을 적용하여 전후 최장기 집권에 도전할 정도로 정치적 지지동원에 성공했다. 이때 주목해야 할 것이, 과거 방식대로 단순히 세금을 올려 실업자 등 복지수혜자에게 복지비를 나눠주는 데 그치지 않았다는 점이다. 그보다는 복지와 경제성장이 선순환될 수 있도록 아동과 복지수혜자의 근로동기와 능력을 키워주기 위한 새로운 제도들을 도입하고, 이를 위해 사회지출을 늘렸다는 데 있다. 그리고 공공써비스의 혜택을 원하면서도 복지비지출을 '낭비'라고 보는 중도지향의 중산층들에게 왜 사회지출을 늘려야 하는지를 '사회투자'라는 새로운 각도에서 설득하고 공감대를 넓히기를 게을리하지 않았다. 결국 야당인 보수당조차 집권하게 되더라도 2년간은 노동당정부의 복지프로그램과 지출은 그대로 유지하겠다고 공약할 정도로 사회투자에 대한 사회적 합의를 이루어냈다(양재진 2007).

장황하게 서유럽의 복지국가 얘기를 늘어놓은 이유는, 복지가 갖는 다차원적 함의 때문이다. 복지는 공동체의 유지와 발전을 위해 시장의 영역 밖에서 국가가 공동체 구성원간 상부상조를 제도화해놓은 것으로 공동체 유지를 위한 필수불가결한 기능으로 이해된다. 따라서 빈곤과 대량실업 등 공동체가 함께 해결해야 할 사회문제에 국가는 대책을 내놓아야 할 의무가 있다. 그러나 복지는 단순히 사회문제에 대한 기능적 대응물만은 아니다. 앞서 영국이나 북유럽의 예에서 볼 수 있듯이, 복지는 경제발전을 위한 발전모델의 한축이기도 하고, 나아가 정치적 지지를 동원하는 자원이기도 하다.

복지를 통해 정치적 지지를 동원하기 위해서는, 복지지출과 수혜자 수를 늘리면 될 것인가? 복지수혜자가 늘어나는 만큼 복지에 대한 지지표가 높아지겠지만, 복지비용을 부담하는 사람도 늘어나는 만큼, 단순히 복지지출과 수혜자를 확대한다고 해서 정치적 지지의 순증이 이루어지는 것은 아니다. 복지프로그램에 대한 국민적 이해와 동의가 전제되어야 한다. 이를 위해서는 복지프로그램이 사회보장의 목표를 효율적으로 달성해야 함은 물론, 그 나라의 생산체제와 호순환되도록 설계·운영되어야 한다. 경제발전과 생산력 증대는 그 자체가 중요한 정책목표이며, 진보좌파가 우선시하는 복지 또한 그 사회의 생산력이 뒷받침되지 않으면 장기적으로 지속될 수 없기 때문이다. 이러한 의미에서 집권을 꿈꾸는 정치세력은 복지를 단순히 빈곤구제와 소득보장 등의 문제로만 볼 것이 아니라, 발전모델의 한축으로서 경제와의 관계 속에서 어떻게 자리매김시킬 것인지를 고민해야 한다.

3. 노무현정부의 시대적 과제는 무엇이었나

노무현정부가 성립된 2003년은 외환위기로부터 한국경제가 탈출하여, 새로운 도약을 꿈꾸는 시기였다. 그러나 1997년 IMF 경제위기가 증명하듯이 '한강의 기적'을 가져온 개발연대식 발전모델은 수명을 다했으므로 새로운 발전전략이 필요한 상황이었다(양재진 2005). 김영삼정부 시기부터 '세계화'를 모토로 신자유주의를 적극 받아들이고, 김대중정부도 시장질서의 확립과 투명성 제고라는 질서자유주의의 틀에서 경제개혁에 나섰다.

그러나, 경제·노동·복지·교육 등을 포괄하는 새로운 발전패러다임 속에서 이루어진 것은 아니었다. 그러다보니, 부분적으로 효율과 합리성이 제고되었는지는 모르나, 경제와 복지 등 영역간 비정합성 문제가 발생했다. 대표적인 예가 양극화와 사각지대의 문제이다. 김대중정부는 노동시장의 유연화를 추구했고, 이로 인해 발생하는 양극화문제는 4대 사회보험의 전국민적 확대적용을 통해 1차적으로 해결하고자 했다. 그러나 IMF 경제위기 속에 퇴출당한 직장인들이 퇴직금을 털어 자영업자로 대다수 변신하여 영세사업장이 늘어나고 노동시장의 유연화로 비정규직이 늘어가는 상황에서 사회보험이 제 기능을 할 리가 없다. 왜냐하면 사회보험의 수혜자격은 기본적으로 사용자와 근로자가 일정기간 보험료를 납부할 때 주어지기 때문이다. 사용자가 보험료 지불능력이 있는 사업장의 정규직근로자인 경우, 큰 문제없이 사회보험의 혜택을 받는다. 그러나 그렇지 않은 경우, 사회보험은 '그림의 떡'이다. 게다가 고용불안정과 저임금에 허덕이는 비정규직이나 영세사업장 근로자는 전과 달리 일해도 빈곤을 벗어나지 못하는 '근로빈곤'(Working Poor)에 빠지고, 청년실업과 실망실업자가 늘어나며, 소득격차는 늘어만 가는 부조리에 대해서도 무기력하기만 했다. 경제와 노동시장의 구조가 급변하는데, 이에 걸맞는 사회보장체제를 고안해내지 못했기 때문이다(양재진 2003).

IMF 경제위기의 터널을 벗어난 김대중정부의 뒤를 이은 노무현정부의 시대적 과제는 새로운 경제발전모델과 이에 부응하는 복지모델을 제시하는 것이었다. 새로운 성장과 복지모델을 통해 경제의 활력과 사회안정의 기틀을 다지는 것이었다. 이 새로운 발전모델은 한국경제와 사회재생산 구조에 큰 위협으로 다가오고 있는 급격한 저출산·고령화의 문제에 대비할 수 있어야 함은 물론이었다.

4. 노무현정부는 무엇을 했는가

노무현정부의 대응은 시기별로 나누어볼 때, 크게 세 단계로 나뉜다. 집권 초중반기는 커다란 그림없이 복지의 각 분야에서 제기되던 개선과제를 나름대로 열심히 실천하는 시기였다. 둘째 단계는 집권 중반기로 저출산·

고령화에 대한 국가적 대응이라는 화두를 잡고, 사회적 대화를 통해 담론형성과 종합대책을 추진하던 시기이다. 셋째 단계는 집권 후반기로 비전 2030을 입안하며, 동반성장전략이라는 미래 발전전략을 구상하고, 이러한 큰 틀에서 복지정책을 새롭게 재구성하던 시기이다. 주요 내용을 간략히 하나씩 살펴보자(대통령자문양극화·민생대책위원회 2007).

1) 집권 초·중반기: 기존 제도의 개선과 확충

노무현정부는 김대중정부의 생산적 복지의 연장선상에서 기존 사회보장제도들을 확충하고 발전시켰다. 필자가 보기에 주목해야 할 부분은 공적부조와 건강보험의 보장성을 강화한 점이다. 빈곤문제 대처를 위한 대표적인 공적부조인 기초생활보장제도의 선정기준을 완화(부양의무자 기준을 1촌 직계혈족 및 그 배우자로 축소하고 부양의무자의 소득기준도 최저생계비의 120%에서 130%로 인상)하여, 도움이 필요한 사람은 최대한 도움을 받도록 만들었다. 그리고 최저생계비를 인상했으며 긴급복지지원제도를 도입했다. 그 결과 공적부조의 예산이 도입초에 비해 4배 가까이, 노무현정권 출범 때에 비해서는 두배가 늘어나게 되었다(1999년 1조 8,479억원에서 2007년 6조 5,336억원).

노무현정부는 건강보험의 보장성 강화를 위해, 암질환 등 중증질환에 대한 비용부담을 대폭 완화했다. 즉 암, 뇌혈관질환과 심장질환 수술의 진료비 본인부담률을 입원과 외래 모두 10%로 낮추고, 건강보험 급여항목을 증가시켰다. 또한 자연분만, 신생아 입원진료와 6세 미만 아동에 대한 본인부담을 면제했으며, 장애인의 활동을 도와주는 보장구(保障具)의 기준 금액을 인상했다. 또한 희귀난치성 질환자의 경우 본인부담률을 20%로 인하했고, 적용대상도 2006년 103개 질환군으로 확대 시행했다.

그밖에도 장애수당의 현실화 등 장애인복지와 차상위계층 의료급여지원

등도 주목할 만하다. 사회보험의 사각지대 해소를 위해 징수 및 관리능력의 제고를 도모했고, 그 결과 1차적으로 2005년부터 근로복지공단이 고용보험과 산재보험을 통합징수했으며, 추후 나머지 사회보험의 통합징수를 추진했다.

2) 집권 중반기: 저출산·고령화대책

노무현정부는 저출산문제에 대응하고자 2005년 저출산고령사회기본법을 제정하고 저출산고령사회위원회를 설치했다. 그리고 저출산종합대책으로 2006~10년 사이 32조원을 투입하는 '새로마지플랜 2010'을 수립하고 시행에 들어갔다. 여기서 주목할 것은 공보육 등 육아지원정책이 대폭 강화된 점이다. 차등보육료 지원대상을 도시근로자 월평균소득 100%(2007년 4인 가족 기준 월 369만원)까지 확대하고, 장애아 무상보육제도 도입(2003), 만5세 유아의 무상보육확대(2004), 두 자녀 이상 보육료지원제도(2005) 등이 시행되었다. 그 결과 육아지원예산은 김대중정부 마지막 해인 2002년 2,461억원이었던 것이 2006년에는 1조 574억원으로 4배 이상 증가했다.

인구고령화에 대비해, 퇴직연금제도를 도입하고 국민연금의 개혁을 단행했으며, 노인장기요양보험제도를 도입했다. 퇴직연금제도는 과거의 퇴직금제도를 연금제도로 전환하고자 도입된 것으로, 퇴직할 때 일시금으로 받는 퇴직금을 퇴직 후 일정 연령인 55세에 달한 때부터 연금으로 받게 했다. 연금재정안정화를 위해 2007년 여·야합의를 통해 보험료율은 유지하되 소득대체율을 단계적으로 저하시키는 개혁(현행 60%, 2008년 50%, 2028년 40%)을 단행했다. 연금사각지대 완화를 위해 기초노령연금제도를 도입하여, 65세 이상 전체 노인의 60%에게 매월 8만원가량의 수당이 지급되게 했다. 2007년 4월 노인장기요양보험법을 제정하여, 고령이나 노인성질병 등의 사유로 일상생활을 혼자서 수행하기 어려운 노인에게 복지써비스를 2008년 7월 1일부터 제공하도록 했다. 장기요양써비스는 크게 재가급여, 시설급여,

현금급여로 구성되며, 요양시설을 이용할 경우 개인은 전체 비용의 약 20% 정도만 부담했다.

3) 집권 후반기: 동반성장전략과 '비전2030'

집권 후반기에 들어서 노무현정부는 중장기적 시계하에 성장전략과 복지전략을 새롭게 마련하여 비전2030을 국민에게 제시했다. 서구 선진국처럼 근로능력 배양을 위해 인적자원 개발 중심의 새로운 사회정책들이 시도되고, 기존의 제도들도 새로운 전략에 입각한 개혁이 이루어졌다. 첫째, 노무현정부는 실업급여 중심의 사후적 조치가 아니라, 적극적 개념의 노동시장정책을 펼치기 위해 고용지원써비스 선진화정책과 직업능력개발 조치를 펼쳤다. 선진화방안에 따라 구직자 개인별 특성에 맞춘 취업지원계획을 수립하고, 고용지원쎈터에서 취업에 필요한 종합적인 써비스를 제공하며, 민간단체 위탁을 통한 고용지원써비스의 접근성 향상 등을 도모했다. 또한 청년직업지도 및 직장체험 기회의 확대, 직업지도 인프라 확충, 고용써비스 역량 강화 및 수요자 맞춤형 고용정보망 구축 등의 사업을 진행했다. 특히 주목할 것은 노동시장 진입과 적응에 어려움을 겪는 집단을 겨냥한 직업훈련 등 직업능력개발사업이 확대되었다는 점이다. 참여정부 자료에 의하면 실직자나 취약계층을 위한 직업훈련, 재직자훈련 그리고 비정규직훈련 예산을 총괄하는 직업능력개발지원 예산이 2002년 7,534억원에서 2006년 1조 794억원으로 늘었으며 같은 기간에 대상자 수도 188만명에서 약 300만명으로 증가했다.

둘째, 직업능력개발을 위하여 평생직업능력개발씨스템의 구축, 직업능력개발 인프라 혁신, 중소기업 근로자 학습조직화 지원 등의 사업을 진행했다. 이를 위하여 '평생직업능력개발 5개년 계획'을 확정하여 일자리복지의 기반을 마련했다. 그리고 한국산업인력공단을 기능인력양성 기관에서 근로자평

생학습지원 전문기관으로 재정립하고, 기능대학과 직업전문학교를 통합하여 4개 특성화대학 및 권역별 7개의 한국폴리텍체제로 전환했다. 또한 중소기업 근로자의 핵심직무능력 향상을 위하여 훈련근로자 인건비 제공, 훈련비 지원, 직업훈련 컨쏘시움 구성 등을 운영하여 중소기업의 직업능력 개발 기회를 확충했다.

셋째, 2006년 세법개정을 통해 근로빈곤층의 근로의욕 제고를 통해 빈곤 탈출을 지원하는 근로장려세제(EITC)를 입안하고 2008년 1월 1일부터 시행에 들어가게 했다. 정부가 일정소득 이하의 사람들에게 근로소득의 일정 비율을 세금으로 떼가는 것이 아니라 역으로 보조금을 지급함으로써 저소득층의 가처분소득을 높여주도록 한 제도이다.

넷째, 빈곤가구와 취약지역의 아동들에게 교육과 인성발달의 기회를 좀더 폭넓게 제공하여 기회측면에서 사회적 형평성을 높이고자 하는 제도들이 여럿 시행됐다. 여기서 빈곤의 대물림을 막기 위한 통합써비스인 희망스타트 프로젝트와 아동발달 지원계좌에 주목할 만하다. 희망스타트 프로젝트는 취약지역에 거주하는 0~12세의 아동을 대상으로 가정방문, 전문가회의 등을 통하여 학습, 정서발달, 건강 등 다양한 통합써비스를 제공하는 것이고, 아동발달 지원계좌는 빈곤층 아동이 18세 성인이 되었을 때 학비 등에 사용할 수 있도록 국가가 보호자(혹은 후원자)와 공동으로 일대일로 저소득아동의 명의로 저축을 해주는 제도이다. 이들 제도는 공히 빈곤아동의 신체·정서·사회적 잠재역량을 발달시키고 이들이 성인이 되었을 때 최소한의 '목돈'을 가지고 남들과 큰 차이가 나지 않는 출발기회를 보장받을 수 있도록 설계된 것이었다.

다섯째, 장애아동과 다문화가정의 자녀에 대한 지원도 강화되었다. 2008년 5월부터 특수교육대상자의 유치원, 초·중·고등학교 전과정 교육을 무상으로 하고, 만 3세 미만 장애영아에 대한 조기발견과 성인에 대한 평생교육 지원을 위해 '장애인 등에 대한 특수교육법'을 제정했다. 이주노동자 가정의 청소년들을 대상으로 하는 특별학습이 설치되고, 새터민 가정의 자녀들을 위한 대안학교나 방과후 학습보충 프로그램이 운영되기 시작했다.

5. 무엇이 잘못됐는가

앞에서 간단히 살펴본 대로, 노무현정부는 5년의 집권기간 내내 복지문제에 열린 마음을 가지고 있었다. 김대중정부 이상으로 기존 사회보장제도의 확대에 매진했다. 그리고 비전2030을 국민에게 제시하며 미래 발전전략의 일환으로 복지패러다임의 변화도 시도하고, 사회투자전략에 입각한 새로운 프로그램도 다수 도입했다. 그러나 노무현정부의 사회정책적 노력이 높은 평가를 받고 있는가? 사회복지에 대한 노무현정부의 노력이 정치적 지지를 동원해냈는가? 정답이 있을 수 없는 질문이긴 하지만, 정답은 '아니다'로 보인다. 왜 그런가?

1) 뒤늦은 비전제시

이유야 여러가지겠지만, 필자는 문제의 핵심을 사회정책 중심의 국가발전전략과 비전제시가 너무 늦었기 때문이라고 본다. 동반성장전략은 2005년, 비전2030이 국민들에게 제시된 것은 임기말로 접어든 2006년 8월에 이르러서였다. 이미 2007년도 예산편성이 시작된 시점인지라, 비전2030의 사회비전이 예산에 반영된 것은 2008년도였다. 노무현정부 최초로 "동반성장을 위한 사회투자 확대와 미래 성장동력 확충에 중점"(기획예산처 2007)을 두었다고 큰 의미를 부여한 예산은 2008년, 즉 새 정부가 들어오는 해에나 처음 반영된 것이다.

비전2030에 대해 보수진영은 '큰정부' '재정적자' 등의 문제를 들어 반대를 분명히했다. 그럼에도 불구하고, 정권을 장악하고 있었기에 떠나는 해인 2008년에도 비전2030을 예산에 반영할 수 있었다. 만약 2008년이 아니라 집권 다음해인 2004년부터라도 이러한 복지비전하에 예산이 마련되고 4년 정도 꾸준히 정책이 추진되었다면 과연 어땠을까? 사회보장 수준과 이에 대한 국민적 지지는 훨씬 높았을 것이며, 적어도 2008년 국고를 인수한 이명박정부가 불경기를 극복한다고 8조원을 생산적인 복지지출이 아닌 감세로 허공에 날리는 일 따위는 없었을 것이다.

서구의 정상적인 정치과정에서는 집권의 비전을 국민에게 제시하고, 선거에서 승리하면 이를 적극 추진하여 성과를 낸 후, 다음 선거에 임한다. 영국의 신노동당(New Labour)이 1994년 새 노동당의 비전을 담은 '사회정의—국가적 재건을 위한 전략'(social justice: strategies for national renewal)을 내놓고, 사회투자국가 담론을 주도한 후, 1997년 집권하여 비전을 하나씩 현실 정책으로 실현해가는 과정이 우리나라에서 실현되었다면 어땠을까? 노무현정부의 경우는, 집권 초기 '참여복지'라는 비전도 알맹이도 없는 구호만 던져놓고 김대중정부의 생산적 복지의 틀 안에서 복지문제에 대응하다가, 저출산·고령화대책을 통해 다소 종합적인 시야를 보여주더니, 임기말이 되어서야 사회비전을 제시하여 결국 예산에 제대로 반영해보지도 못한 채 물러나고 말았다. 복지에 따뜻한 마음을 가지고 있었기에 다른 정권보다 복지예산을 대폭 증액했지만, 국민 마음에 감흥을 불러일으키지도 정치적 지지동원에도 실패하고 말았다. 일의 순서만 바뀌었어도, 즉 경제·사회 비전제시로 먼저 정치적 관심과 논점을 만들어내고 이를 하나둘 프로그램화하여 실천하면서 성과를 축적해갔다면, 적어도 국민의 정치적 지지는 남았을 것이다.

2) 빈약한 사회철학적 성찰과 정치화(politicization)

물론 비전제시가 일찍 되었다고 만사가 형통하지는 않았을 것이다. 국민에게 제시된 비전 자체가 당시의 문제를 해결하고 미래발전을 도모할 수 있는 설득력을 가진 새로운 패러다임이었어야 했다. 이 점에서 노무현정부에서 시행된 사회정책과 비전2030은 다소 미흡하다. 즉 미래비전에 대한 국민적 지지를 높이려면, 장밋빛 청사진 못지않게 중요한 것이 현재에 대한 반성이다.

영국의 노동당정부는 사회투자전략의 이면에 깔려 있는 사회권에 대한 새로운 해석, 국가·시장관계에 대한 재설정, 기회의 평등에 대한 철학 등을 국민에게 제시하며 '낡은 좌파'의 이미지를 불식하기 위해 많은 노력을 기울였다. 전통 좌파와 전통적인 복지국가에서 벗어났다는 것을 국민에게 각인시키기 위해 '제3의 길'과 '사회투자국가'라는 개념을 도입하고, 이를 정치화(politicization)했다. 신자유주의적 반(反)복지는 아니나, 과거 낡은 좌파 복지로의 회귀 또한 아니라는 신뢰를 국민으로부터 획득하기 위해 노력한 것이다(양재진 외 2008, 3장).

그러나 동반성장전략과 비전2030에는 전통적 복지와 과거 한국사회의 보장제도에 대한 반성과 사회투자전략에 대한 사회철학적 이해나 확신도 부족했다. 따라서 한국 복지국가에 비판적인 여론주도층과 국민의 편견에 찬 비판에 제대로 대응하지 못했다. 중도에서 관망하고 있던 대다수 국민을 새로운 경제사회정책패러다임의 수용자로 만들지 못한 것이다. 피터 홀(Peter Hall)이 적절히 지적하듯이, 정책결정의 틀과 방향을 바꾸는 정책패러다임의 변화는 정치적 지지없이 성공할 수 없다. 동반성장모델과 비전2030에 담긴 수많은 정책적 내용을 가다듬는 것도 중요했다. 하지만 더욱 중요한 것은 새로운 정책패러다임의 내면에 담긴 사회철학을 관료 및 국민과 공유하는 것이었다. 이를 위해서는 '사회투자' 개념과 사회투자정책의 적극적인 정

치화 노력이 필요했고, 이것이 성공했다면, 우리 사회에 뿌리깊은 성장·복
지 이분법을 타개하고 굳건한 복지동맹을 만들어낼 수 있었을지도 모른다.

6. 교훈은 무엇인가

　노무현정부는 그 어느 정권보다 사회복지 분야에 따뜻한 마음을 가지고
사회지출을 크게 늘린 정부라는 점에서는 이견이 있을 수 없을 것이다. 기
존 사회보험의 적용률을 높이고(고용보험, 산재보험, 국민연금), 급부 수준
도 높였으며(건강보험, 고용보험), 제도의 지속가능성 확보를 위한 개혁도
단행했다(국민연금). 국민기초생활보장제도의 수혜자와 수혜폭을 대폭 늘려
빈곤문제를 완화했다. 장기노인요양보험과 기초노령연금을 비롯해 사회투
자전략에 입각하여 근로장려세제(EITC), 아동발달 지원계좌, 희망스타트 등
새로운 프로그램들을 다수 도입했다. 이런 관점에서 보면, 노무현정부의 사
회복지정책은 실패보다는 성공적이었다고 평할 수 있을 것이다. 부족하고
아쉬운 점이 많지만, 그래도 어떤 정부보다 많은 일을 한 것이다.
　그럼에도 불구하고, 노무현정부에게 후한 점수를 줄 수 없는 이유는 무엇
일까? 그것은 노무현정부에 주어졌던 시대적 과제인 새로운 발전전략과 복
지패러다임을 이 사회에 안착시켜내지 못했기 때문이다. 국민 대다수가 판
단하기에, 박정희정부가 성공한 정부라는 것은 시대적 과제인 산업화를 통
해 빈곤문제를 해결하고 도약의 발판을 마련했다는 점에 있다. 김대중정부
가 보수진영의 비판에도 불구하고 국민에게 높은 평가를 받는 이유 또한,
정부수립 이후 최악의 경제위기를 극복하고 유일한 분단국가의 냉전구도를
허물어 평화체제의 기반을 마련했기 때문이다. 노무현정부는 노태우나 김영
삼정부보다 분명히 성공한 정부임에는 틀림없다. 그러나 시대적 과제를 완
수하지 못했다는 점에서 성공하지 못한 정부이기도 하다. 그러하기에 대선

과 총선에서 패배할 수밖에 없었다고 봐야 할 것이다. 물론 선거는 수많은 변수에 좌우되지만, 진보진영 전체가 몰락했다는 평가를 받을 정도의 참패와 수모를 당한 이유는 시대적 과제를 제때에 해결하지 못한 무능 때문이라 할 수 있다.

문제는 노무현정부의 과오가 앞으로도 계속 반복될 가능성이 크다는 데 있다. 진보진영은 현실에서 작동 가능하며 국민들의 감흥을 불러일으킬 만한 국가발전전략과 미래비전을 가지고 있는가? 여러 전략이 난무하지만, 그렇지는 못한 것 같다. 그리고 진보진영이 준비된 수권(受權)정당을 가지고 있는지도 의문이다. 물론 이는 진보진영만의 문제는 아니다. 비전과 정책은 없이 정쟁만 난무하고, 흠집내기와 반사이익 추수에 몰두하고, 급조된 공약으로 선거에 임하고, 공약(公約)은 공약(空約)으로 끝나는 한국 정치사회의 전반적인 문제일 것이다.

그렇다면 앞으로 무엇을 어떻게 해야 하는가? 각자의 영역에서 차분히 준비하는 수밖에 없을 것이다. 지식인들은 우리 사회의 문제를 냉철하게 분석하여 원인을 탐구하고, 이를 해결할 방법을 찾아내야 할 것이다. 기존의 틀 안에서 해결이 안되면 새로운 비전과 패러다임을 구상하고, 이에 따른 새로운 정책을 창조적으로 만들어내야 할 것이다. 새로운 비전을 함께하는 정치가들은 이 모든 것을 국민과 공유하고 설득하는 지난한 노력을 펼쳐야 할 것이다. 그리고 희망컨대, 이러한 노력을 이끌어내고 결집시킬 수 있는 리더십이 함께하기를 꿈꾸는 바이다.

| 양재진 |

노동정책, 사회통합을 위한 노동개혁의 실종[1]

1. 문제의 제기

노무현정부가 출범할 당시만 하더라도 많은 사람들은 '노동개혁'이야말로 노무현정부의 정체성을 살릴 수 있는 대표적인 브랜드의 하나가 되리라고 기대했다. 그러나 임기가 끝난 지금 되돌아보는 노무현정부 노동정책의 '브랜드효과'는 한마디로 참담하다.

노무현정부의 노동정책을 성공과 실패의 이분법으로 접근하기보다 정권이 얼마만큼 시대정신을 제대로 인식하고 구현했는지로 모아질 수밖에 없을 것이다. 정권 재창출에 실패했다는 관점에서만 바라볼 이유는 없다.

결과적으로 노무현정부의 노동정책은 '개혁으로 포장한 갈등정책'이자 나아가 "사회통합을 내건 신자유주의정책"으로 규정지을 수밖에 없어 보인다.

---

1) 이 글은 2007년 1월, 민주화운동기념사업회 등 7개 단체가 주최한 씸포지엄인, '한국의 선택, 민주진영의 진로'에서 발표한 글을 수정·요약한 것이다.

이는 전통적인 노사갈등에 덧붙여 첨예하게 전개된 노정갈등에 그치는 것이 아니다. 노동시장 역시 양극화가 심화되면서 비정규직 보호는 '쇼윈도에 진열된 양고기'에 머물고 말았다. 거침없이 신자유주의 경제정책을 밀어부치면서 사회통합은커녕 사회해체의 위기를 유산으로 남겼다고 해도 지나친 말이 아니다.

왜, 무엇 때문에 이런 일이 벌어졌을까? 그렇다면 대안은 무엇이 있을까? 이 글은 간략하나마 이러한 질문에 대답하기 위해 마련됐다. 하나하나가 만만찮은 주제들이지만 제한된 분량으로 인해 줄거리만 훑어보며 지나갈 수밖에 없어보인다.

2. 노동개혁의 목표, 사회통합?

이제는 기억조차 희미해진 2002년 대통령 선거공약 그리고 책상서랍 속에 묻어둔 대통령직 인수위원회보고서(2003)를 다시 꺼내는 일이 허망할지도 모른다. 거기에는 분명히 노무현정부 노동정책의 목표가 '사회통합'으로 못 박혀 있다.

사회통합을 목표로 삼은 것은 세계화와 양극화가 중첩된 시대상황을 인식한 결과였다. 세계화의 도래는 그중에서도 핵심적인 화두였다. 세계화시대의 치열한 국제경쟁에서 살아남으려면 노사관계의 안정화와 노동시장의 유연화는 불가결한 과제였다. 이를 위해서는 우선 노사가 승복할 수 있는 법제도의 개선이 우선적인 과제로 떠올랐다. 이런 상황에서 국제노동기준은 노사 양측을 설득할 수 있는 지렛대의 역할을 할 것으로 기대되었다.

노무현정부는 그것을 담을 수 있는 그릇인 대화와 타협을 위해 '중층적 구조의 사회적 파트너십'의 구축을 제시했다. 중층적 구조의 사회적 파트너십이란 전국차원의 사회적 대화기구인 노사정위원회를 정점으로 삼고 산별

노조와 지역·업종별 노사정위원회를 업종(산업)별 차원에서 배치하는 안이었다. 그 하부구조는 기업별 체제가 뒷받침한다. 여기에서 초점은 사회적 대화기구를 정상으로 되돌리는 데 놓여졌다. 이를 통해 노동관련 법제도의 정비는 물론 후술하는 사회적 양극화의 해소방안, 나아가 노사간의 주요한 갈등이 해소되기를 기대했다. 이는 '대화와 타협'을 우선하되 '법과 원칙'이 규율하는 씨스템과 맥이 닿아 있었다.

마지막은 사회양극화 해소를 위한 노동시장정책이었다. 세계화는 노동시장 규제를 완화하고 노동시장을 유연화함으로써 사회양극화를 촉진할 수 있다. 그렇잖아도 '20 대 80의 사회'가 들먹여지는 마당에 사회적 양극화의 방치는 서민들의 삶을 무너뜨리는 것은 물론 사회를 균열시키고 경제성장 및 세계화를 발목잡는 악순환을 낳을 수 있었다. 노동시장 측면에서 볼 때 이러한 사회양극화의 중심에는 비정규직이 놓여 있었다. 고된 노동과 질긴 가난을 견디면서도 위로 올라가는 사다리조차 끊겨버린, 비정규직 그 자체가 덫(trap)으로 나타나는, 경제사회적 배제의 대상이 그들이기 때문이었다.

노무현정부는 이른바 "5대 차별해소를 통한 평등사회구현"을 기치로 내걸고 성, 학벌, 장애인, 비정규직, 외국인근로자에 대한 차별해소 방안을 제시했다. 특히 비정규직과 관련해서는 남용을 규제하고 균등대우의 원칙을 확립하는 것을 목표로 삼았다. 구체적으로는 △ 공공부문에서 선도적인 균등대우 원칙의 확립 △ 근로감독 등 현행법의 준수노력 강화 △ 노동시장 이중구조 완화 △ 노동운동의 관행개선을 내세웠다. 또한 비정규직 보호를 위해 법제도를 보완의 차원에서 △ 차별금지원칙을 강행규정으로 명기하고 △ 차별시정기구를 설치하며 △ 합리적 사유없는 기간제 근로의 반복사용을 제한하는가 하면 △ 불법파견에 대한 사용사업주의 책임을 강화한다고 명시했다(대통령직 인수위원회 2003).

그러나 노무현정부의 노동'개혁'정책이 실종되는 데는 그리 긴 시간이 필요하지 않았다. 노무현정부가 내세운 개혁구상은 장밋빛 수사로 바뀐 채 실행과정에 접어들면서 호도되거나 잊혀지고 말았다. 노동정책이 더이상 경제정책의 하위개념이 아니라 독자적인 사회정책으로서의 위상을 확립해야 한다는 대통령직 인수위원회의 거듭된 확인도 현실에서는 세상물정 모르는 잠꼬대에 지나지 않았다.

3. 노사관계의 실상

노무현정부의 노동정책은 두 시기로 구분이 가능하다. 2003년 6월 28일 이전의 4개월과 이후의 긴 시간이 그것이다. 그날은 철도노조의 파업에 공권력이 투입되면서 대량 구속사태가 빚어진 날이다. 전기가 노동개혁의 모색기라고 한다면 후기는 노동개혁의 전복기(顚覆期)쯤에 해당된다.

이렇게 본다면 노무현정부의 노동개혁은 시동도 채 걸기 전에 엔진이 꺼져버렸다고 할 수 있다. 물론 당시 철도노조의 무모한 파업에 화살을 돌릴 수도 있다[2]. 넓게는 2003년 폭발처럼 분출한 노사분규와 이를 호재로 노무현정부의 '친노동자 정책'을 비판하고 나선 보수언론을 탓할 수도 있다. 그러나 철도노조의 파업에 번개같이 공권력이 투입되면서 "자율과 책임의 노사자치주의 확립"은 물거품이 되고 말았다. 노동정책에서 대화와 타협을 밀어내고 법과 원칙이 전면에 나선 것도 이때부터라고 할 수 있다. 노정간 긴장 속에서 잠복했던 불신이 물리적인 충돌로 현재화되면서 암중모색되던 사회적 대화 논의도 주춤해지고 말았다.

---

2) 철도노조는 2003년 4월 20일, 민영화 철회와 인력충원 그리고 해고자 복직을 '쟁취'하면서 파업의 위기를 넘긴 적이 있다. 두달 후인 2003년 6월, 철도노조는 국회에서의 관련법안 처리과정에 대한 불만으로 파업에 돌입했다.

1) 이원화된 노사분규와 불거진 노정갈등

노무현정부의 노사관계를 특징짓는 일은 노사분규가 상대적으로 진정된 가운데 노정갈등이 전에 없던 수준으로 첨예화되고 동시에 비정규직 투쟁이 폭발적으로 증대했다는 사실이다. 노사분규는 노무현정부에 들어 빠른 속도로 줄어들었다. 특히 2007년에 들어서는 파업으로 인한 노동손실일수는 50만일 수준으로 떨어졌다. 1997년 외환위기 이래 가장 낮은 수치이다. 이렇듯 노사분규가 상대적으로 줄어든 이유는 '법과 원칙'의 적용이 효과를 냈다기보다는 침체된 경기로 인한 노동계의 기대수준 저하와 '노동운동의 위기'를 들 수 있다. 일정부분 파업친화적인 부문에서 산별교섭이 이루어지면서 노사안정화효과를 거두었다고도 할 수 있다.

비정규직 노조의 투쟁은 사회양극화를 반영하는 지표이자 다른 한편으로는 비정규직이 아직도 우리 사회로부터 소외되고 있다는 사실을 드러내는 상징이다. 비정규직 노조의 투쟁이 불법화·장기화되는가 하면 걸핏하면 극단적인 형태를 띤다는 사실이 이를 말해준다. 2003년의 화물연대 투쟁을 필두로 대형화하기 시작한 비정규직 투쟁은 2005년의 울산건설 플랜트노조의 투쟁에 이어 2006년에는 포항전문건설노조 및 화물연대의 투쟁에서 정점에 달했다. 2003년은 비정규직 노동자의 연이은 분신으로 인해 '열사정국'으로 불리기까지 하였다. 뿐만 아니라 하이닉스-매그나칩 사내하청, 기륭전자, KTX 여승무원 그리고 KM&I 사내하청의 투쟁이 1년 넘게 지속되는가 하면 그 일부는 새 정부에 유산으로 남겨주게 된다.

노무현정부에 들어 노사분규가 상대적으로 진정국면을 보인 것과 대조적으로 노정갈등은 유례없을 만큼 첨예하게 나타났다. 노정갈등은 우선 정부의 입법(개혁)노력과 직접적으로 맞물려 있었다. 여기에는 △ 비정규직 보호법의 제정 △ 특수고용형태 노동자의 보호 △ 공무원노조의 인정 △ 노사관계 법제도 선진화방안 등으로 나타났다. 이슈마다 노정갈등이 내포된

사항이었고 한미 자유무역협정(FTA)의 체결이라는 이슈가 추가되면서 더욱 날카로워지고 말았다.

　정부의 입법과정에서 공무원노조법은 일찌감치 국회를 통과했다(2004년 12월). 그런데 단체교섭구조에 대한 정밀한 설계였음에도 불구하고 공무원노조법은 단결권에 대한 지나친 제약으로 공무원 노동자를 설득하는 데 실패하고 말았다.[3] 법·제도 개선의 절정은 비정규직 보호법안과 노사관계 법·제도 선진화 방안(로드맵)이었다. 비정규직 보호법은 2004년 10월 국회에 상정된 이래 노정갈등의 핵심으로 부각되었으며 민주노총에 이어 한국노총마저 노동부장관의 퇴진과 노동위원회 및 노사정위원회 불참을 선언하는 형태로 전개되었다. 비정규직 보호를 위한 3개의 법안은 2006년 11월 30일 국회를 통과했다.

　2006년 9월 11일, 민주노총을 제외한 5개 단체(정부, 한국노총, 경총, 전경련 및 노사정위원회)는 복수노조 및 전임자 임금지급 금지 3년 유예 등을 합의했다. 그러나 합의문의 "이번 합의는 노사간 대화와 타협을 통한 자율적 합의정신을 존중하고 보편적 국제노동기준과 우리나라 노사관계 현실을 고려해 마련된 것"이라는 주장과 달리 사회적 공론화의 과정이 미흡했음은 물론 결과적으로 '우리나라 노사관계 현실'만이 일방적으로 관철됐을 뿐 국제노동기준은 실종되고 말았다.

　더욱 중요한 문제는 정부는 노사관계 개선의 방향을 법제도의 개선에 초점을 맞추었다는 점이다. 법제도의 개선이 노사관계의 틀을 얼마나 바꿀 수 있는지는 차치하더라도 그 자체가 갈등의 진원지가 되어온 것이 그간의 과정이었다. 더욱이 노사관계의 개선을 법제도의 개선으로 축소시킴으로써 노무현정부는 노동정책에서의 타협모델을 법치주의로 전환시키고 말았다. 이

---

3) 이는 결국 공무원 노조 사무실의 강제폐쇄로까지 치달아 공무원 '노조'를 인정한 취지를 무색케 하는 것은 물론 국제노동기구(ILO)로부터 항의를 받았다.

는 노사관계정책에서 '대화와 타협'보다는 '법과 원칙'이 전면에 나선 것과
맥을 같이한다.

2) '불임'으로 마감된 사회적 대화

노무현정부의 노사관계를 특징짓는 둘째 요인은 사회적 대화의 정상화를
실패했다는 사실이다. 노무현정부가 사회적 대화를 노동정책의 핵심에 두었
다는 사실로 인해 그 실패는 더욱 두드러진다. 노무현정부가 출범초에 사회
적 대화를 노동정책의 핵심수단으로 삼은 것은 변화된 정치경제환경에 대응
할 필요성이 있었기 때문이었다. 민주화와 세계화가 진행되는 가운데 정부
가 일방적으로 '위로부터의 변화'를 추동한다는 것은 불가능하다는 인식이
자리하고 있었다.

노사정위원회에 대한 민주노총의 불참은 예견된 상황이었다. 그렇지만 정
부가 자율노사관계를 실천하고 노동개혁을 추진하는 과정에서 민주노총이
변화하리라는 기대는 없지 않았다. 초기 보수언론의 엄청난 비판을 감내하며
불법노사분규에 대한 공권력의 투입을 자제한 주요한 이유도 출범 첫해의 노사
분규만 넘기면 민주노총에 대한 설득도 탄력을 받을 것이라는 기대 때문이었
다. 그러나 이러한 기대는 철조노조의 파업에 대한 공권력의 투입으로 한풀
꺾이고 말았다. 정부가 감내할 수 있는 인내의 한계가 의외로 빨랐던 셈이다.

2004년 1월, 민주노총 임원선거에서 '노사정위원회 복귀'를 공약으로 내
건 이수호 집행부의 당선은 사회적 대화를 정상화할 수 있는 또하나의 기회
였다. 대통령 탄핵의 시기에 민주노총이 탄핵반대에 앞장선 것은 의미심장
한 정치적 상징성을 띠고 있었다. 그러나 탄핵 이후 민주노총의 짝사랑은
물거품으로 끝나고 말았다. 그해 여름 노사정대표자회의를 거치고 보건의료
노조의 직권중재 연장으로 숨통을 틔는가 싶던 노정관계는 서울지하철 노조
와 LG칼텍스 노조의 파업에 대한 직권중재 결정으로 다시 얼어붙고 말았

다. 사회적 대화에 최종 못질한 것은 2004년 10월, 비정규 보호입법안의 국회상정이었다. 이듬해 민주노총이 세 차례의 대의원 대회를 폭력사태로 얼룩지게 만들면서 지도력의 한계를 드러낸 것은 '차 떠난 후에 손 흔들기'라는 에피쏘드에 지나지 않는다. 대의원대회의 파행을 겪은 민주노총은 노사정대표자회의를 통해 노사정 대화를 시도했지만 이마저 2006년 9월, 민주노총이 불참한 가운데 한국노총과 사용자단체 및 정부가 노사관계 법제도 선진화방안을 합의하면서 불발로 끝나고 말았다. 민주노총은 '초대받지 않은 손님'이라는 사실만 확인한 꼴이었다. 2006년말에는 노사정위원회의 명칭을 경제사회발전 노사정위원회로 바꾸었지만 그야말로 간판만 바꿔달았을 뿐, 노사정위원회의 기능부전(不全)은 역사적 유산으로 남았다.

노무현정부에 들어 사회적 대화가 여전히 파행을 벗어나지 못한 바탕에는 정부의 의지와 전략의 부재가 자리하고 있다[4]. 무분별한 신자유주의 수용뿐 아니라 비정규직 보호법안이나 노사관계 로드맵에서 보듯 개혁에 대한 조급증이 사회적 대화라는 '긴 여정'을 포기하고 '정부의 일방적인 추진'(비정규법안) 내지 '사회적 대화의 우회로'(로드맵)를 선택하게 만든 것이다. 더욱이 '대화와 타협' 대신 '법과 원칙'을 전면에 내세운 노무현정부의 노동정책 앞에서 사회적 대화가 자리할 공간은 넓지 않았다. 신자유주의적·노동배제적 노동정책을 채택한 정부에게 사회적 대화란 한낱 정치적 장식품이거나 노동조합을 포섭하기 위한 수단에 지나지 않았다.

결론적으로 노무현정부의 노사관계는 노사분규의 상대적인 안정 속에서 노동쟁의의 양극화를 드러냈다고 할 수 있다. 뿐만 아니라 법제도 개선의지와 법과 원칙의 전면화는 노사갈등을 노정갈등으로 대체하고 말았다. 그리하여 어느 정권에서도 경험하지 못한 노정갈등을 드러냈건만 그 결과는 '소

----

4) 사회적 대화가 정착되지 못한 밑바닥에는 노동운동 지도부의 리더십 부재와 정파간 갈등이라는 현상적인 요인이 있다는 사실을 간과할 수 없다. 그러나 사회적 대화에서는 정부가 '핵심적인 설계사'(principal architect, Rhodes 2000)로 나타난다.

문난 잔치에 비지떡이 두레반'으로 귀결되고 말았다.

노무현정부에서 비정규직의 투쟁이 노동운동의 중심으로 진입한 이면에는 노동시장의 양극화가 자리하고 있다. 고용불안과 차별이라는 노동시장의 문제가 노사갈등으로 전화된 것이다. 노동시장정책과 노사관계정책은 이처럼 동전의 양면을 이루면서 노무현정부의 노동정책을 과거로 되돌리고 있었다. 그러면 노무현정부에서 노동시장정책은 어떠했을까?

4. 노동시장의 실상

노무현정부에 들어 노동시장은 우선 낮은 실업률과 높은 취업위기를 특징으로 한다. '완전고용 속의 취업대란'이라고 할 수 있는 것이 그것이다. 그러나 낮은 실업률의 이면에는 청년실업의 급증과 유휴인력의 확산, 낮은 고용률과 경제활동참가율, 심각한 임금격차와 광범위한 저소득 근로자의 존재 그리고 과도한 비정규직의 비율로 인한 고용구조의 양극화 등이 자리하고 있다. 고용률은 2002년 60%에서 2007년 59.8%로 거의 정체상태에 빠졌고, 대기업과 중소기업, 정규직과 비정규직의 임금격차는 확대되었으며, 저임금 근로자 비율은 25%를 넘어서 OECD내 거의 최고 수준을 유지했다.

정치적으로 볼 때 일자리 창출정책만큼 매력적인 구호는 없다. 청년실업이 넘쳐나는 데다 고용불안과 겹쳐 취업위기가 사회 전반에 낮은 안개처럼 깔리는 분위기에서 일자리 만들기 정책을 펴지 않을 재간은 없었다. 실제로 노무현정부는 출범과 더불어 일자리 창출 종합대책을 통해 200만 일자리 창출을 공약했다. 2004년 2월, 비록 민주노총이 불참했지만 노사정위원회에서 '일자리 만들기 사회협약'이 성립된 배경도 이것이라고 할 수 있다.

노무현정부는 일자리 창출의 주체를 기업의 투자와 성장에서 찾았다. 이 정책의 핵심적 수단은 기업에 대한 규제완화와 노동시장의 유연성이었으며 최종 목적지는 경제성장이며 '기업하기 좋은 나라'였다. 세계화시대를 맞이하여 외자를 유치하기 위해서는 노동권에 관한 한 '바닥으로의 경주'(race to the bottom)가 필요하기도 했다. 동시에 대기업 노조 양보론을 내세우면서 노조를 압박했지만 고용없는 성장과 더불어 복지없는 노동의 징후는 깊어만 갔다. 물론 주 40시간제와 사회적 기업육성법의 제정은 성장에 대한 대안적인 일자리 만들기로서 의미를 갖는 일이었다. 그러나 법정노동시간의 단축이 실노동시간 단축으로 이어지지 못했으며 사회적 일자리는 비정규·저임 노동자의 창출이라는 비판으로부터 자유롭지 못했다. 외국인 고용허가제를 도입한 것도 성과이지만 그것도 이주노동자 문제의 해결과는 거리가 있었다.

2002~07년 사이에 일자리는 총 126만 4천개가 창출되었다. 연평균 25만 2천개로 이는 노무현정부가 출범하면서 밝힌 연평균 40만개 목표에는 턱없이 모자라는 수치였다. 그 결과 낮은 실업률에도 불과하고 경제활동참가율이나 고용률은 제자리걸음을 보였다. 또한 2002년말 32만 4천명(6.4%)에 이르렀던 청년실업은 2007년말 현재 36만 4천명(7.2%)에 이르지만 청년 취업준비생은 이보다 많은 54만 6천명에 이르고 있다. 청년들이 '잃어버린 세대'(lost generation, Piachaud 1997, 56면)로 진입하고 있는 셈이다.

한편 비정규직은 2002~07년간 771만명에서 858만명으로 늘어났다. 전체 임금노동자에서 차지하는 비율은 같은 기간중 56.6%에서 54%로 줄었지만 50% 중반대에 고착되는 현상을 피할 수 없었다. 이들의 임금은 정규직의 절반에 지나지 않는다. 2002년에 정규직 대비 비정규직의 임금은 52.7%였으나 2007년에는 49.9%까지 떨어졌다. 비정규직의 과도한 숫자와 열악한 근로조건은 근로빈민(working poor)의 양산으로 이어졌다. 노동연계적 복지를 강조해왔음에도 불구하고 "지나치게 낮은 임금 때문에 노동이 가난에서 벗어날 수 있는 수단이 되지 못하는 상황"이 펼쳐지고 만 것이다. 당연히 일자리 창출이 저임금 일자리와 근로빈곤층만을 만들어내는 데 그친다면 이러한 노동시장정책을 효과적이라 평가하기는 어렵다.

비정규직의 증가와 이들에 대한 차별은 노동정책은 물론 노동운동의 방향을 둘러싸고 다양한 쟁점을 만들어냈다. 노동시장의 유연화, 즉 비정규직의 증대는 불가피한 현상인가가 그것이다. 이는 곧바로 '비정규직은 고용증대의 수단인가'라는 질문으로 이어진다. 나아가 비정규직 보호의 수단은 '비정규직의 정규직화'인가 아니면 '차별의 해소인가'라는 질문은 한번에 근본적으로 해결할지 아니면 단계적인 해결을 지향할지의 질문과 맞닿아 있다. 이러한 질문들은 당연히 비정규직 보호법에 대한 평가와 맞물려 있다.

이와 관련하여 노무현정부의 비정규직대책은 '현실과의 어정쩡한 타협'을 선택한 것으로 보인다. '세계화된 경제에서 노동시장의 유연화는 불가피하다' '비정규직의 활용이 필요하다고해서 차별까지 합리화될 수 없다' 그렇다고 '실업이 사회문제로 등장하는 마당에 비정규직은 고용창출의 수단인데 차별을 하루아침에 해소할 수는 없다'는 게 그것이었다. 우리나라의 노동시장은 충분히 유연화되어 있으며 추가적인 유연성이 필요하다면 그것은 내부적 유연성이어야 한다는 인식이나 청년실업의 주범이 비정규직의 열악한 근로조건이라는 사실은 논의 바깥에 있었다. 기업들은 노동시장의 유연화를 위해서가 아니라 인건비 절감을 위해 비정규직을 활용하고 있으며 비정규직으로 창출되는 고용은 정규직 보완형이 아니라 정규직 대체형이라는 현실은 무시되고 있었다(장지연 외 2008, 140면).

이러한 정부의 인식은 구절양장(九折羊腸) 같은 복잡한 과정을 거쳐 2006년 11월 30일 국회를 통과한 비정규직 보호법안('기간제 및 단시간 근로자보호 등에 관한 법률'과 '파견근로자 보호 등에 관한 법률')에 고스란히 담겼다. 기간제나 파견노동자의 사용기간을 2년으로 제한하되 사용사유는 제한하지 않고 또한 차별금지 규정을 신설하되 차별시정의 주체나 판단의 기준은 제한하는 방식이었다. 더욱이 이 법마저 불편하다고 느낀 사용자들이 계약해지나 무기계약(직군분리제 등) 또는 외주화 등을 통해 빠져나갈 수 있는 문은 단속하지 않았다.

‘성장과 분배의 동반성장’은 노무현정부가 내세운 경제사회정책의 주요한 기조였다. 성장의 과실이 분배로 이어지고 분배가 성장을 뒷받침하면서 경제적 효율성과 사회적 형평성을 동시에 추구하는 구조를 말한다. 그런데 이러한 동반성장론을 노동시장의 입장에서는 ‘고용의 질과 고용의 양의 동행(同行)’으로 해석할 수 있다. 그런데 결과적으로 이러한 동반성장론은 노동시장으로 옮겨오면서 고용의 질을 포기한 채 고용의 양에만 초점을 맞추고 말았다.

결론적으로 노무현정부는 비정규직 보호보다 일자리 창출을 우선함으로써 고용을 늘리기 위하여 노동시장의 유연성을 높여야 한다는 주장을 수용했다. 그 결과 노동시장에서 성장과 고용의 동행구조는 약화되고 양질의 일자리는 감소하고 말았다. 뿐만 아니라 성장의존적이고 노동유연성을 지향하는 노동시장정책은 노동시장내에서 ‘성장이 잊어버린 사람’을 증가시키는 결과를 낳았다. 그리하여 사회통합이라는 구호와 정책은 따로 놀게 되었고 노동시장에서는 근로빈민이 증가하는 등 오히려 사회의 해체는 가속화되고 말았다(윤진호 2008). 특히 노동시장 유연화의 주술에 걸려 인적자원개발이나 직업능력의 향상을 통한 고용의 양과 질이 갖는 선순환 구조의 실현에는 상대적으로 소홀했다고 평가할 수밖에 없을 것이다.

5. 평가

노무현정부의 노동정책은 ‘사회통합적 노동정책’을 내세웠지만 ‘노동의 위기’로 귀결되고 말았다고 한마디로 평가할 수 있다. 당연히 복지로 이어지지 못한 노동은 곧바로 삶의 위기를 가져왔다. 이는 비정규직 나아가 근로빈민의 문제와 직결된다. 노사관계 역시 노사갈등에다 노정갈등이 겹치면서 사회적 갈등의 폭만 넓혀왔다.

물론 노무현정부의 노동정책을 둘러싼 환경적 제약을 간과하기란 힘들다.

가라앉은 경기에다 여소야대 상태에서 출발하여 탄핵정국을 거치며 여대야소의 정국으로 바뀌었지만 정치력의 부재는 고질병이었다. 보수진영은 언론과 정당, 학계, 종교계와 시민단체를 넘나들며 '보수의 반란'을 준비하고 있었다. 대통령과 정부여당에 대한 낮은 지지율은 개혁 불씨마저 꺼뜨리고 있었다.

노동조합의 전략적 오류를 지적할 수도 있다. '투쟁관성'의 지속과 사회적 대화에 대한 거부가 그것이다. 사실 노동조합은 채워지지 않는 기대 속에서 투쟁에 온힘을 기울였다. 이는 보수언론과 재계가 노동'개혁'에 저항할 수 있는 빌미가 되기도 했다. 이 점에서 노무현정부의 노동개혁은 보수에 포위된 개혁이자 진보와 맞닥뜨린 개혁이었다. 원군은 멀었고 적은 강했다. 맷집으로 버티던 '오기'도 허물어지기 시작했고 인내심도 바닥을 드러냈다.

이러한 환경적 요인 이외에도 제도적 미비를 지적할 수도 있다. 청와대 노동개혁 태스크포스팀(정책실)의 때이른 해체가 노동비서관제(사회정책수석실)의 도입으로 이어지면서 중장기적인 노동개혁이 국정과제에서 배제되고 말았다. 노동정책을 둘러싼 인사의 문제를 지적할 수 있겠으나 이는 이 글에서 다룰 주제는 아닌 듯하다. 다만 노무현정부의 이른바 '코드인사'는 그 좁은 인재 풀(pool)로 인해 스스로의 폭을 좁혀버린 데다 그나마 개혁과는 거리가 먼 '개혁주변인사' 내지 '관료출신'으로 채워버렸다는 사실은 지적할 수 있다. 개혁진영의 무능과 고립을 지적할 수도 있다. 학자적 전문성은 종합적인 시각의 결여로 나타났으며 실무에 대한 무지와 열정의 부족은 관료에 대한 의존을 부채질했다. 이러한 과정이 반복되면서 정부내의 개혁진영은 안팎으로 구속되면서 스스로조차 소외되고 말았다.

제도문제 못지않게 중요한 것은 노무현정부의 노동조합에 대한 인식문제다. 노무현정부가 초기에 가졌던 노동조합에 대한 짝사랑이 미움으로 변하면서 노동조합은 더이상 사회적 약자의 대변인이자 복지 분배정책의 파트너가 아니었다. 오히려 국민경제를 볼모로 배부른 파업이나 되풀이하는 집단이기주의의 포로이자 내부의 비리와 부패로 얼룩진 '위기의 공룡'이었다. 그러나 이는 사회적 파트너십에 대한 인식의 부족이자 노동개혁의 주체에 대한 설정이 잘못된 데서 비롯되었다고 할 수 있다. 사회적 파트너십은 노조를 약화시키거나 포섭하기 위한 작업이 아니라 오히려 노조의 건강한 발전을 기반으로 노동개혁의 주체로 삼아가는 과정을 말한다. 더욱이 노무현정부 집권 후반기로 접어들면서 노동정책의 목표는 일자리 창출로 바뀌었고 그 기반을 신자유주의 세력에게 내주고 말았다.

결과적으로 노무현정부의 노동정책은 노정갈등의 격화와 사회적 대화의 파탄 그리고 비정규직문제의 전면화로 귀결되고 말았다. 개혁 조급증이 '나홀로 개혁'을 추진하게 만들었고 그것이 벽에 부딪히자 노동배제적 노동정책으로 그리고 신자유주의적 시장기능에 대한 의존으로 되돌아가고 말았다. 이러한 문제는 단순히 노동문제에 그치는 것은 아니다. 노동이 삶의 중심을 차지할 뿐 아니라 사회경제정책의 출발점인 사회에서 이러한 노동정책의 파탄은 삶의 위기, 민주주의의 위기로 이어졌다. 민주화와 세계화의 동시 진행을 경험하면서 '노동없는 민주주의의 위기'(최장집 2006, 161면)를 낳고 나아가 '위험사회'(벡 2006)의 도래를 알리는 징후였다.

6. 맺음말—대안은 무엇인가

노무현정부의 노동정책을 되돌아보면 '개혁보다는 개혁을 둘러싼 논란만 무성했던 정책'이라 표현해도 과하지 않을 것이다. 노동정책에 대한 비전은 없으면서 로드맵에 매달림으로써 '로드맵없는 로드맵정권'이라는 비판마저 나옴직한 상황이다.

그렇지만 노무현정부가 초기에 설정한 개혁과제는 여전히 유효하다. 제대로 실현되거나 검증되지 않은 과제이지만 그렇다고 폐기의 대상은 아니다. 한국의 노사관계는 상대적으로 줄어든 노사분규에도 불구하고 노사분규의 이원화, 특히 비정규직의 투쟁이 격렬해지고 동시에 노정갈등이 증폭되는 양상을 보이고 있다. 이러한 원인에는 무엇보다도 사회적 대화의 단절이 거론될 수 있다. 사회적 대화가 갖는 중요성은 최근 세계화의 진전과 정치적 민주화의 공고화와 관련을 가진다. 권위주의의 해체와 더불어 세계화의 바람은 시장의 힘을 강화하는 한편 국민국가의 힘을 축소하기 때문이다. 또한 내용적으로 사회적 대화는 신자유주의의 계승자(successor)이자 동시에 대안(alternative)으로서의 의미를 지닌다. 이러한 사회적 대화는 다시 산별체제로 이어지는 중층적인 교섭체제의 달성으로 나타날 것이다.

성장의존적인 일자리 창출은 불가피하다. 그렇지만 저성장체제에서 성장대안적인 일자리 창출의 노력 역시 중요하다. 특히 공공부문의 고용증대와 사회적 일자리의 창출 그리고 노동시간 단축을 통한 일자리 나누기 정책이 중요한 수단이다. 또한 일자리 창출에서 중요한 것은 비정규직 보호가 갖는 기능을 확인하는 일이다.

사회통합의 과정에서 비정규직에 대한 보호는 여전히 권력자에게는 위태로운 '다모클레스의 검'(the sword of Damocles)으로 남아 있다. 비록 비정규직보호법을 마련했지만 그것 역시 보완 내지 수정의 과제를 남기고 있다. 여기에는 특히 차별시정의 주체를 확대하는 방안이나 차별판단의 기준을 초기업화하는 방안, 외주화(불법파견)에 대한 규제 그리고 사용사업주에 대한 고용관계의 책임성 강화 등이 포함된다. 또한 유연성이 필요하다면 그것은 수량적 유연성보다는 기능적 유연성에 초점을 맞출 필요가 있다. 숙련의 형성이라는 적극적인 인력정책을 고용보장의 기초로서 활용하는 방안을 말한다. 굳이 지식정보사회라는 표현을 쓰지 않더라도 "사람이 경쟁력"이라는 말처럼 다른 어떤 자원보다 뛰어난 경쟁요소인 인적자원에 대한 강조는 단순한 레토릭을 넘어선다.

결국 노동정책의 입안과정이란 "세계화·양극화 시대에 '경쟁력과 사회통합'의 동행발전은 불가능한가?"라는 물음에 답을 찾아가는 과정이라고 할 수 있다. 노동정책은 무수히 많은 정책들의 유기적인 결합으로서 정책적인 혼합(policy mix)으로 나타난다. 그런데 이러한 미시정책들은 그 바탕이 되는 사회경제모델이나 그것을 관통하는 철학을 필요로 한다. 신자유주의 시대에 그 대안은 무엇일까? 글을 마무리하는 이 지점에서는 대안적 사회경제모델로서 유럽식의 사회적 시장경제(European social market economy)를 제시하고자 한다.

세계화시대에 사회적 시장모델을 대표하는 독일이 '유럽의 환자'로 떠오름으로써 유럽식 모델의 생명력과 시의성에 의혹이 제기되고 있는 것도 사실이다. 그럼에도 불구하고 노사관계 측면에서 '독일 모델'은 코포라티즘(Corporatism)적 의사결정과 상대적으로 균질적인 분배구조 그리고 이를 뒷받침하는 산별체제를 통해 사회적 갈등을 완화하고 노동자들을 사회적인 차원에서 통합하고 있다는 사실을 간과할 수 없다(김면회 2004). 다시 말해 자본·노동간 계급타협을 통해 참여민주주의는 물론 경제효율성과 사회형평성의 조화로운 추구가 가능한 것이다.

이를 위해서는 무엇보다도 사회적 대화의 복원과 산업별 노동체제의 정착이 주요한 디딤돌이 될 수 있을 것이다. 특히 산업별 노동체제는 1987년 이래 '기업별 체제'를 중심으로 형성된 '87년 노동체제'의 붕괴를 의미할 뿐 아니라 세계화·양극화 시대에서 중위 수준의 조율을 담당함으로써 사회적 대화체제의 허리 역할을 한다. 뿐만 아니라 산업별 체제는 그간 노동인권의 사각지대에 놓였던 중소기업 노동자나 비정규직을 껴안아 노동시장의 불평등과 불안정 해소를 스스로의 과제로 삼기 때문에 사회적 통합에 대한 자구 노력을 가능하게 만든다. 그리고 이 과정에서 사회적 대화는 합의에 의한 변화(change by negotiation)를 가능하게 함으로써 궁극적으로는 '조율된 시장경제'로 이어지는 징검다리가 될 수 있을 것이다.

| 박태주 |

제8장

비정규직정책, 안일한 인식과 무력한 대응

1. 들어가는 말

차별과 빈곤, 고용불안정과 비정규직화는 어제 오늘의 일이 아니다. 노무현정부 때 생긴 문제가 아닐 뿐 아니라 한국에만 국한된 현상은 더더욱 아니다. 이미 1970, 80년대에 정보기술의 발전, 제조업에서 써비스업으로의 이행 등의 지구적 변화가 노동에 끼친 효과에 대한 전세계적인 뜨거운 논쟁이 있었다[1]. 또한 고용의 질(quality at work)에 대한 유럽 차원의 전략이 모색된 것이 1990년대라는 점에서, 외국에서도 비정규직문제에 대한 정책적 대안이 제시된 것도 최근의 일이다(전병유 외 2005).

하지만 노무현정부 시기에 노동시장의 비정규직화는 멈추지 않았고 심지어 악화되었다는 사실에 눈을 감기는 어렵다. 2007년 OECD 자료에 따르면

---

1) Bravermann 1974; Bell 1976; Piore & Sable 1984; Boyer. et al 1988; Lipietz 1988; 1992; Murray 1989.

한국의 임시직 비중이 스페인 다음으로 높으며 노무현정부 5년간 비정규직은 지속적인 증가추세였다. 게다가 비정규직 노동쟁의로 심한 몸살을 앓는 몇몇 국가 중 하나이고 특히 간접고용의 증가추세는 세계적으로 그 예를 찾아보기 힘들다.

불가피한 것이었을까? 그럴지도 모른다. 어느 나라에서도 만족할 만한 해결책을 제시하지 못하고 있는 현실에서 임기 5년의 정부가 손을 대기는 어려웠을 수 있다. 더군다나 '비정규직 현상' 자체가 갑작스러워 사회적 논의도 성숙하지 못했다. 한국의 많은 사람들은 여전히 정규직 고용형태에 익숙할뿐더러 대부분의 법제도와 관행도 여기에 맞추어져 있어 비정규직 현상을 자신의 현실로 받아들이기 쉽지 않다. 심지어 경제성장이 이뤄지면 비정규직문제는 자연스럽게 해결될 것이라는 의견이 지배적이고 정책 효과를 검증하려면 시간이 필요하다. 또한 비정규직문제의 해결을 결정짓는 목표나 기준점조차 없다.

그럼에도 불구하고 노무현정부가 책임으로부터 자유로울 수 없다. 무한책임을 지울 수는 없지만 유한책임의 내용과 범위 즉 노무현정부가 무엇을 해결해야 했고 무엇을 해결하지 못했는지에 대한 규명은 필요하다. 또한 그 원인을 정확하게 분석할 때만 향후 정책적 대응방향이 분명해질 수 있다. 더군다나 비정규직 입법통과 등에서 확인되듯이 노무현정부 시기는 문제해결의 시작점이었다. 따라서 정부가 최소한의 기본방향이나 틀거리를 제시한 것인지, 예측 가능한 궤도는 보여주었는지, '시작'이라고 할 만한 효과는 있었는지 등은 중요한 관심사가 아닐 수 없다.

이같은 문제의식에 기초하여 이 글은 노무현정부의 비정규직 관련정책을 살펴보면서 비정규직문제에 대한 인식, 정책, 효과의 세가지 측면을 종합적으로 검토할 것이다.

2. 노무현정부의 비정규직정책을 어떻게 볼 것인가

1) 비정규직 보호를 위한 입법은 효과적이었는가

비정규직법은 불합리한 차별과 비정규직의 오남용을 막는 것을 목적으로 2007년 7월 1일부터 시행되었다. 비정규직 사용을 인정하되 노동권적 측면의 보호에 그 초점이 맞추어져 있다.

하지만 이것조차도 쉽지 않아 2006년 11월 30일 국회를 통과하는 데까지 무려 6년이 걸렸으며 이로 인한 노사정 갈등도 만만치 않았다. 또한 시행된 지 4개월도 안되어 경제 5단체가 비정규직법의 개폐를 제기했고, 2008년 상반기부터 노동부와 재경부 등에서 규제완화 태스크포스를 구성하여 비정규직법 개정을 논의하고 있다. 비정규직법이 일자리를 줄이고 비정규직 노동자의 처우를 악화시켰으며 비정규직법 시행 2년이 되는 2009년에는 대량해고가 예상된다는 것이 중요한 근거이다. 한마디로 비정규직 일자리라도 오랫동안 근무하면 되지 않느냐는 것이 법개정의 검토 이유이다. 하지만 이같은 주장은 실증적 근거가 없다는 것이 밝혀졌다.

첫째, 노무현정부의 비정규직법은 정규직 숫자를 늘린 반면 비정규직은 줄이는 효과를 가져왔다. 정규직의 규모와 비중이 비정규직법 논의가 본격화된 2006년 이후 증가한 반면, 비정규직 비중은 2005년 36.6%에서 2008년 35.2%로 감소하였다.

둘째, 비정규직의 정규직 전환효과도 부분적으로 나타나 기간제의 14.4%, 반복갱신 노동자의 56.4%가 정규직으로 전환되었으며 2005년 이후 정규직은 감소에서 증가로, 비정규직은 증가에서 감소로 바뀌어 일자리가 늘면서 비정규직부터 커지던 '바닥을 향한 경쟁' 현상은 일단 멈춘 것으로 보인다. 비정규직법이 비정규직의 고용을 부분적으로 개선시킨 것이다.

셋째, 비정규직의 일자리를 줄이는 효과는 없으며 일자리 전체의 증가율이 둔화된 것은 경기악화 때문이다. 경기가 악화되면서 100인 미만 중소영세사업장에서 신규채용(취업유입)을 대폭 줄여 일자리증가율이 감소했다. 또한 대량 해고나 실직(취업유출)은 크지 않아 비정규직법이 일자리를 줄이거나 대량해고를 양산하였다는 것은 통계적으로 근거가 없다.

넷째, 하지만 차별시정 효과는 제한적이다. 우선 비정규직 전체 임금격차가 조금 더 커졌다. 이것은 기업이 임금을 직접적으로 좀더 지급하기보다는 정규직 전환을 통해 임금의 간접적 인상효과를 꾀했기 때문이다. 따라서 정규직으로 전환하지 않은 남은 비정규직 대비 정규직과의 임금격차는 오히려 커졌다. 또한 정규직 전환이 매우 적은 파견, 용역 등에서의 임금격차만 완화되었다. 그리고 사회보험이나 기업복지도 부분적으로 개선되었다. 또한 차별시정 제도도 제대로 작동하고 있지 않다. 대상 근로자의 0.9%만이 차별시정을 신청했으며 중앙노동위원회에서 차별시정명령이 내려진 것은 2008년 6월 현재 한국철도공사의 성과급 차별 한가지 유형에 불과하며, 나머지 71%가 기각되거나 조정으로 끝이 났다. 노동자의 40%, 사업체의 30%가 차별적 요인이 있다고 응답한 설문조사 결과와는 상당한 차이가 있는 것이다.

다섯째, 비정규직 중에서도 기간제나 반복갱신 근로자 등이 감소한 반면, 상대적으로 취약한 단기근로(계속근무의 기대불가), 용역, 일일, 시간제 노동자들이 늘었다. 이 역시 경기악화의 영향과 비정규직 입법효과가 동시에 나타난다는 점에서 비정규직법만의 효과라고 보기는 어려우나 최소한 간접고용 및 일일, 시간제 노동자들의 증가 추이 자체를 막지는 못했다. 또한 기간제노동자의 10% 정도가 용역으로 전환된 것도 확인할 수 있다.

여섯째, 단체협약을 통해 기간제의 정규직 전환을 추진한 사례가 눈에 뜨인다. 특히 금속 및 보건, 금융 등 산별교섭에서 비정규직의 정규직 전환과 차별시정이 중요한 쟁점으로 떠올랐다. 하지만 노조조직률이 10.3%에 불과하며 비정규직 노동조합의 조직률은 2~3%에 머물러 사업체의 지배적 현상이라고 보기는 어렵다.

결국 비정규직법은 기간제 및 반복갱신의 일부 노동자에 한해 긍정적 영
향을 끼쳤으나, 향후 경기가 더 악화되고 비정규직법에 대한 부정적 여론이
형성되어 기간제노동자의 사용기간이 2년에서 3년 혹은 4년으로 확대되고
파견이 모든 업종에 전면 허용될 경우 비정규직법은 사실상 무용지물로 변
할 가능성이 높다. 노동권적 보호조차 충분하게 정착되지 못한 것이다.

2) 공공부문의 비정규직대책

노무현정부에서는 2004년 5월과 2006년 8월, 두번에 걸쳐 공공부문 비정
규직대책을 시행했다. 특히 2차 대책인 「공공부문 비정규직 무기계약 전환
및 외주화 개선계획」은 "비정규직의 원칙없는 사용을 제한"하고 "공공부문
이 모범적인 사용자로서 비정규직문제해결에서 민간부문을 선도"하는 것을
목적으로 "10,714개 공공기관에 종사하는 71,861명의 비정규직 근로자의 무
기계약으로의 전환"이라는 결과를 낳으면서 관심을 불러일으켰다.

1차대책에 비해 2차대책은 긍정적인 측면이 있다. 왜냐하면 ① '공공부문
비정규직 대책추진위원회(위원장은 노동부장관)' 및 이를 위한 실무위원회, 그리
고 실무태스크포스를 설치 운영하여 기획 및 집행에서의 통일성과 일관성을
꾀했다. ② 1차대책에서 제외된 민간위탁 등 외주화까지 조사대상으로 포함
시켰다. 민간부문뿐 아니라 공공부문에서도 간접고용이 급증하고 있기 때문
에, 이것을 완화하고 일자리의 질을 높일 수 있는 모델 개발이 가능한지에
대한 관심이 커졌다. ③ 1차대책이 상시, 핵심 업무를 무기계약 전환의 기준
으로 삼은 반면 2차대책은 상시업무로 그 기준을 바꿈으로써 무기계약 전환
의 대상을 넓혔다.

하지만 시행 후 몇몇 한계가 지적되었는데 가장 큰 문제는 외주화대책이
다. 첫째, 대책의 범위와 대상에서 사실상 민간위탁을 제외하여 간접고용의
확산에 대한 면죄부를 주었다. 외주화 타당성을 검토하여 직접 수행으로 전

환한 업무가 총 277개 기관 1,371개 외주업무 중 14개 기관의 18개 업무에 불과하며, 이미 외주화한 고유업무의 경우 대부분 그 사실을 인정하여 기존의 외주화전략을 그대로 인정했기 때문이다. 둘째, 외주화 여부를 판단하는 기준인 '고유(핵심)와 지원(주변)' 업무성격에 대한 판단이 객관적인 직무분석에 기초하는 대신 해당기관의 자체적인 판단이나 관행에 의존했다. 고유업무라 해도 해당기관에서 합리적이라고 판단할 경우 외주화를 막을 길이 없는 것이다. 또한 무기계약으로 전환된 노동자라도 이후 외주화가 결정되면 신분의 변화를 막을 조치가 없는 것 역시 약점이다. 셋째, 외주화 여부를 결정함에 있어 공공성의 훼손을 판단할 기준이나 지표가 없다. 넷째, 위반업체에 대한 패널티(penalty)가 약해서 실효성이 의심스럽다.

이외에도 몇가지 문제점이 제기되었다. 일용직의 경우 사실상 제외되었으며, 공공부문에 대한 정의 역시 제한적이어서 1차대책에 비해 대상확대가 충분히 이루어지지 않았다. 또한 차별시정을 위해 필요한 예산 확보가 미흡하여 정권이 바뀔 경우 유명무실해질 가능성이 존재한다는 점 역시 지적되었다. 고속전철(KTX) 여승무원이나 코스콤 비정규직문제처럼 공공부문에서 발생한 장기 노동쟁의를 해결하지 못한 것 또한 이같은 한계를 반영하는 것이라 하겠다.

공공부문의 비정규직대책과 유사한 시기에 발표된 비정규직 고용개선 종합계획(이하 종합계획) 역시 비슷한 문제를 드러냈다. 2006년 9월 노동부가 발표한 종합계획은 향후 5년간 달성해야 할 목표를 설정하고 이를 실현시켜나갈 61개 과제에 대한 범정부적 실행계획이다. '비정규직 보호법안'을 보완하기 위해 마련된 종합계획의 주요한 내용 첫째, 비정규직 노동자에 대해 직업능력개발 및 고용지원써비스를 통해 정규직으로 전환할 수 있도록 지원하고 둘째, 비자발적 비정규직에 대한 사회안전망을 강화하며 셋째, 임금직무체계와 하도급 거래질서 개선 등을 통해 구조적 유연성을 완화하고, 기업의 학습조직화를 지원하여 기능적 유연성은 제고함으로써 비정규직을 불합리하게 사용하는 요인을 제거하는 것 등이다.

종합계획은 수량적 유연성으로부터 구조적, 기능적 유연성으로의 전환을 통해 비정규직문제를 해결하겠다는 의지를 표명했다는 점에서 의미가 있지만 몇가지 측면에서 한계가 있다. 우선 임금직무체계 개선이나 하도급 거래질서 개선 등은 노동시장 및 노사관계 구조에 대한 근본적인 전환에 관한 노사정 합의가 이루어져야 하는데 이것이 쉽지 않다는 사실이다. 첫째, 임금체계 및 하도급 거래질서 개선은 노사정이 서로를 대화의 상대로 인정해야 하나 노동자의 경영참여에 부정적이며 사회적 합의의 성공사례 및 관행이 정착되지 않은 한국에서 이같은 협력을 기대할 수 있겠는지에 대한 검토가 필요하다. 또한 지난 10년간 노사정간의 사회적 합의가 성공적이지 못했던 원인에 대한 규명 역시 요구된다. 둘째, 예측가능성의 문제이다. 임금체계 전환이 비정규직 활용을 줄이는 방향으로 나갈지 아니면 비정규직뿐 아니라 정규직의 인건비를 줄이는 수준에 그칠지를 예측할 수 없을 경우 종합계획은 사문화될 소지가 크다. 셋째, 임금체계 개선은 주택비나 교육비를 낮추고 사회보장씨스템을 재편하지 않을 경우 인건비만 줄이는 선에서 끝날 수 있다.

다음으로 하도급 거래질서의 개선은 끊임없이 제기된 문제이지만 오히려 악화되고 있다. 때문에 불공정 거래질서의 현황 및 문제점, 불공정 거래질서가 지속되는 원인이 정확히 규명될 뿐 아니라 이에 대한 노사정의 합의가 선행되어야 한다. 물론 정부의 의지가 매우 중요하기는 하나 노사의 동의없이는 제한적일 수밖에 없기 때문이다. 종합계획에는 이같은 측면이 부족하여 근본적인 전환보다는 보완적인 지원수준에 그칠 가능성이 높다.

마지막으로 종합계획의 효과와 한계에 대한 지속적인 모니터링이 이루어지지 않았다는 것 역시 중요한 한계로 지적되었다.

3) 전반적 평가

앞에서 살펴본 것처럼 노무현정부 비정규직 관련정책은 충분한 효과를 거두지는 못했다. 비정규직법 및 공공부문 비정규직대책이 제한적인 효과만을 나타내었고 무엇보다 직접고용에서 간접고용으로의 전환이라는 노동시장의 변화를 거스르기 어려웠기 때문이다.

또한 공공부문의 비정규직대책이나 종합계획은 상당수가 노사관계를 통한 조율이 필요함에도. 비정규직 노동자의 조직률이 2~3% 수준인 국내현실에 적합한 대안이 제시되지 않았다는 것 역시 간과해서는 안된다. 물론 노무현정부에서는 사회양극화 해소를 위한 사회합의나 산별전환 및 비정규관련 산별협약에 대한 부분적 지지를 통해 이를 해결하려 했지만 그 효과 역시 크지 않다.

그렇다 하더라도 노무현정부의 비정규직정책이 "비정규직문제에 관한 사회적 담론형성"에 긍정적 기여를 했다는 사실 자체를 외면해서는 안된다. '제한적 효과＋사회적 담론 형성'은 비정규문제 해결을 위한 '시작'으로서의 의미를 갖기 때문이다.

1997년 이후 비정규직 관련 노동쟁의가 지속되었지만 비정규직문제는 사회적 관심사로 대두되지 못했고 비정규직의 규모 및 임금격차는 커졌다. 2000년대 상반기까지 일자리는 늘어나지만 비정규직이 먼저 늘어나는 '바닥을 향한 경쟁'이 계속되었다. 하지만 비정규직법이 본격적으로 논의된 2005년 이후 이러한 현상이 완화되었을 뿐 아니라 사회적 담론이 확장되었다. 비정규직법에 대한 논의를 전개하는 과정에서 불법파견 및 간접고용(사내하청), 원하청 연대책임, 비정규직의 노동쟁의, 동일노동 동일임금, 청년실업, 여성비정규, 사회보험 등 다양한 문제가 제기되어 비정규직 처우에 대한 부정적 사회여론이 형성되었다.

이것이 노무현정부만의 노력으로 이루어진 것은 아니다. 법통과 이후 시작된 뉴코아 및 이랜드 노동쟁의나 불법파견이 확정된 코스콤 사례는 비정규직 노동자 스스로의 투쟁의 결과이기 때문이다. 하지만 노무현정부의 비정규직 관련정책이 이같은 정치사회적 논의공간을 제공하고 담론을 형성시킨 것은 분명하다.

물론 '시작'으로서의 의미를 가진다는 것이 '유지 혹은 진전'으로 나아간다는 사실을 뜻하지는 않는다. '시작'과 '유지 혹은 진전'의 간극은 단지 정권의 변화 때문만이 아니다. 노무현정부의 비정규직정책이 고용의 질에 대한 근본적인 인식전환, 즉 패러다임의 전환이라는 큰 틀거리 속에서 모색된 것이 아니라는 사실에 근본원인이 있다.

3. 비정규직문제에 대한 노무현정부의 인식

비정규직문제에 대한 노무현정부의 인식은 매우 제한적이다. 노무현정부는 비정규직문제를 인권 특히 노동권의 측면에서 제한적으로 다루었다. 그러나 비정규직문제는 좀더 근본적이고 구조적인 성격을 갖는다. 비정규직 증가가 전세계적 현상인데도 유독 한국만 심한 몸살을 앓고 있다. 비정규직 문제에 대한 인식의 전환이 필요할 뿐 아니라 산업구조, 노동시장, 노사관계 전반에 걸친 패러다임의 변화를 요구하는 문제이다. 이것은 비정규직 현상의 한국적 특징에서 나타난다(은수미 외 2008).

첫째, 한국은 비정규직 규모가 상대적으로 많고 증가 속도 역시 빠르다. OECD에 보고된 임시직(temporary work)과 시간제(part-time)의 비중에서 한국은 파트타임 비중이 낮은 반면 임시직 비중은 정부통계로 스페인 다음이고 노동계 통계로는 세계 1위이다. 2001년 대비 2006년의 증가 정도는 임시직이 유럽 15개국 평균 1.3%, OECD 평균 3.8%인 반면 한국은 8.9%로 높은 편이다.

둘째, 비정규직의 급증 시기가 1997년 이후 10년간으로 집중되어 있으며 이 시기에 노동시장의 이중구조가 빠르게 정착되었다. 즉 대기업이 줄고 중소영세기업이 급증했으며 내부 노동시장 관행이 무너지고 외부 노동시장이 확대되었다. 이같은 중심·주변으로의 노동시장 재편은 고용의 질과 양을 모두 바꾸었고 따라서 노동시장의 구조개선이 이루어지지 않고는 비정규직 양산의 문제를 해결하기 힘들다.

이전에도 비정규직이 없었던 것은 아니나 이 시기에 접어들면서 비정규직의 정규직으로의 이동이 사실상 불가능해지고 정규직 일자리를 '대체'하는 방식으로 비정규직 일자리가 늘어났다. 또한 일자리가 늘면 비정규직이 먼저 늘어나는 등 주변부 노동시장이 안정화되었다. 특히 수십년 전부터 존재한 간접고용이 IMF 이후 두배 가까이 증가했는데 이는 기업의 지배적인 인사노무전략이 간접고용, 외부 노동시장에의 의존으로 바뀌어 주변부 노동시장 형성의 주요한 원인으로 작용했기 때문이다.

셋째, OECD 국가 중에서 비정규직은 단시간 근로와 여성인 경우가 많은 반면 한국은 장시간 근로와 남녀에서 모두 발견된다. 전체 비정규직에서 남성 비중이 50%에 달하여 가정생활을 영위하는 것이 사실상 불가능한 경우도 있다. 사회적 위험의 완충장치인 가정의 역할이 사라지면서 새로운 완충장치가 필요해졌다.

넷째, 임금 및 근로조건에서의 격차가 크고 사회보험 적용률도 낮아 '비정규직＝사회적 배제집단'인 경우가 많다. 유럽에서 비정규직 증가의 정책은 실업률 완화의 일환으로 추진되었다. 때문에 실업급여보다 좋은 일자리가 보장되었고 임금 및 근로조건에서의 평등대우가 초기부터 확립되었다. 한국에서의 비정규직 활용은 IMF 이후 기업의 효율성 차원에서 이루어졌기 때문에 임금 및 근로조건에서의 평등 대우라는 개념 자체가 존재하지 않는다. 비정규직법 역시 이러한 정신이 명문화되어 있지 않다. 또한 사회보험 중심의 사회보장씨스템이 지속되는 한, 사회보험에서 배제되는 집단이 반복적으로 재생산되는 것을 가로막기 힘들다.

다섯째, 노동시장이 직접고용에서 간접고용으로 양자(고용주와 노동자)
간 근로계약에서 삼자간(원청 사용주, 하청 고용주, 노동자) 혹은 다면적
근로계약으로 바뀌고 있으나 노동법 및 노사관계는 여전히 양자간 직접고용
에 맞추어져 있어 비정규직을 양산·방치하는 문제를 낳는다. 특히 일본을
제외하고는 볼 수 없는 한국의 독특한 기업별 노사씨스템 및 관련 법제도는
간접고용을 증대하는 중요한 요인이라는 점에서 노사씨스템 및 법제도의 개
혁이 시급하다.

결국 한국의 비정규직문제는 "이중적 노동시장—사회보험 중심의 사회보
장씨스템—기업별 노사관계"의 혼합물이다. 따라서 비정규직문제 해결을 위
해서는 구조적 변화가 함께 이루어져야 한다. 노무현정부의 비정규직문제에
대한 인식이 산업구조, 노동시장, 노사관계라는 전반적인 구조개혁에까지
확장되어 있지 않다는 것은 비정규직정책의 효과를 떨어뜨리는 한편, 비정
규직문제를 패러다임으 전환이라는 시각으로 접근하는 것을 어렵게 한다.
노무현정부의 노력에도 불구하고 비정규직 관련대책의 효과가 제한적이었
을 뿐 아니라 문제해결의 토대를 놓았다고 평가하기도 어려운 이유도 여기
에 있다.

4. 비정규직문제 어떻게 해야 하나

한국의 비정규직문제는 '패러다임'의 전환을 제기하는 일종의 사회적 징
후이다. "이중적 노동시장—기업수준 노사관계—사회보험 중심의 사회보장씨
스템"은 성장→고용→복지로 이어지는 기존의 성장중심 패러다임의 작동
을 어렵게 하는 내부적 요인이며 경제가 성장할수록 사회양극화가 강화되는
부작용을 낳고 있다. 따라서 고용의 질적 제고를 중심으로 이중적 노동시장,

기업수준 노사관계, 사회보험 중심의 사회보장씨스템 전체를 바꾸는 중장기 전략이 필요하다. 동시에 <표 1> 같이 기존의 성장중심 패러다임에 대한 전면적인 재검토가 요구된다. 특히 '비'정규직——'비'임금근로(영세자영업) ——'비'경제활동(이른바 백수)로 이어지는 악순환의 3'비' 삼각형을 벗어나 좋은 일자리와 중소기업 성장, 국가복지씨스템이 결합한 새로운 패러다임의 형성을 모색해야 할 시점이다.

표1 중장기전략 프로그램

목적	3비 삼각형 탈피 → 고용을 매개로한 선순환구조의 형성
성장의 초점	중소기업 육성전략 1. 대·중소기업간 불공정거래 해소 2. 내수시장에 대한 강력한 독과점규제 3. 다단계구소의 해소 4. 사회적기업의 확산 5. 새로운 지역모델의 형성
고용의 초점	고용의 질 개선 1. 공공성 지표에 기초한 공공부문의 구조개혁 2. 대기업의 사회적 책임 강화와 정규직 전환 프로그램 개발 3. 엄격하고 광범위한 차별시정제도 4. 직업훈련-고용연계 씨스템의 강화 5. 고용안정을 전제로한 임금유연화 전략 등의 사회적 합의 및 초기업별 노사관계 확립
복지의 초점	국가복지로의 전환 1. 사회보험 중심의 사회보장씨스템에서 공공복지 중심의 사회보장씨스템으로의 이동 2. 업종, 산업별 복지씨스템 구축 3. 기여에 의한 복지씨스템의 개선 4. 복지써비스 전달체계의 개혁

또한 기존의 비정규직정책의 폭과 범위, 실효성을 넓히는 중단기전략이 함께 이루어질 경우 당장의 비정규직문제를 완화하고 새로운 패러다임 형성의 기초가 될 것이다. 이러한 중단기 전략은 다음과 같은 것이 있다.

첫째, 기존 비정규직법을 준수하고 최소한 2년 이상은 법의 큰 틀을 흔들지 않은 상태에서 노사정의 모니터링이 필요하다. 무조건적인 비정규직법의 후퇴나 변경은 오히려 비정규직문제를 악화할 것이다. 또한 노사정합의가 이루어지지 않을 경우 노사정간의 갈등과 그에 따른 사회비용도 높아질 것이다. 때문에 차별시정 제도까지를 포함한 비정규직법에 대한 엄격한 모니터링이 특히 여성 같은 취약계층이나 상대적으로 더 취약한 고용형태(일용직, 단기고용, 사내하청 등 간접고용, 시간제)에 초점을 맞추어 이뤄져야 한다.

둘째, 복합적 대응전략이 요구된다. 비정규직의 80% 이상이 존재하는 외부 노동시장, 중소기업 노동시장의 개선을 위해서 차별해소와 사회보장씨스템을 기본 방향으로 하되 대기업 및 공공부문에서 정규직전환 프로그램을 갖출 필요가 있다. 기업규모별 대처 외에도 성별, 연령별 취약집단에 대한 대책이 있어야 한다. 예컨대 청년(남성) 실업 및 유휴인력의 확대는 괜찮은 일자리가 줄어든 것이 가장 큰 요인이라는 점에서 청년세대 고용률 제고를 위한 고용의 질 개선이 중요하다. 또한 청년여성의 경우에는 직장생활이 육아 등으로 단절되는 현상을 개선하지 않을 경우 30대 이후 고용에 있어 양과 질의 제고가 어렵다. 더불어 단시간 근로 확대정책은 법제도 개선을 전제로 하지 않는 한 나쁜 일자리의 양산에 그칠 가능성이 높기 때문에 재검토되어야 한다. 마지막으로 공공부문에서의 민영화나 구조조정이 오히려 고용의 질을 저하할 수 있다는 점 역시 주목해야 할 것이다.

셋째, 노무현정부 정책의 사각지대인 간접고용에 대한 대책이 필요하다. 특히 사내하도급과 관련하여 지금까지 제안된 대책은 차별시정 확대, 원하청 연대책임, 외주화 협의 노사간 자율조정 등의 간접고용으로까지의 확대이다. 간접고용은 중심부와 주변부 노동시장 간의 돌아올 수 없는 강을 만들어 사회양극화를 심화하는 문제가 있다. 때문에 두가지 방식의 규제가 가능한데 하나는 간접고용을 직접적으로 규제하는 것이고 다른 하나는 간접고용을 인정하되 임금 및 고용을 개선해 간접고용의 사용유인을 억제하는 것이다. 간접고용에 대한 차별시정이나 원하청 연대책임은 간접고용이 확대되는 현실을 인정한 후자의 논리라 할 것이다. 또한 최근 경영계가 제기하는 일부 업종에서의 파견허용은 간접고용 확대를 강화할 가능성이 높아서 간접고용 전체에 대한 규율이 전제되지 않는 한 사회적 동의를 받기 어려운 입법이라 할 것이다.

넷째, 저임금 노동시장 대책이 필요하다. 임금노동자의 25%가 저임금 근로자이며 비정규직의 60% 이상이 저임금근로인 현실에 비추어 볼 때 저임금 노동시장에 대한 대책은 빠를수록 좋다. 우선 저임금 근로의 사회보험률의 제고 및 사회보험 중심의 사회보장씨스템을 국가복지로 전환하는 대책이 필요하다. 또한 저임금 노동시장의 임금 및 근로조건 개선을 위한 다양한 조치들 예컨대 직업훈련 연계씨스템의 확보 등이 요구된다.

지금까지 노무현정부의 비정규관련 대책이 '제한적 효과+사회적 담론 형성'의 시작이라는 효과에도 불구하고 근본적인 인식전환 및 고용의 질에 중점을 둔 패러다임의 모색으로까지 확장되지는 못한 대책이었음을 비판했다. 노동시장이 급변하고 저임금 근로가 확대되는 현실에서 노무현정부 5년간에 대한 아쉬움이 큰 것은 바로 이 점에 있다.

대연정구상 성장중심적 패러다임의 근본적 전환, 노동시장 이중구조 및 기업별 노사관계씨스템 그리고 사회보험 중심의 사회보장씨스템의 혁신 위에서 다시 한번 검토되어야 할 것이다.

| 은수미 |

제9장

주택정책, 집값 안정은 시시포스 신화인가[1]

1. 서론

한국사회에서 집값 안정은 냉탕과 온탕을 반복할 뿐 달성할 수 없는 것인가? 부동산정책은 경기부양책의 단골메뉴로 자주 이용되어왔다. 이처럼 반복되는 게임에 전면적으로 도전장을 내건 것이 바로 노무현정부다. 소위 부동산 '불패신화'를 끊기 위하여 시장질서의 투명화와 과세의 형평성 제고를 시행했다(국정브리핑 특별기획팀 2007). 하지만 일반국민의 평가는 싸늘했다. 노무현정부 시기에 사교육비와 부동산가격의 폭등은 민생의 어려움을 가중시키고 사회양극화를 상징하는 키워드로 국민 가슴속에 깊이 각인되어 있다. 이는 노무현정부의 개혁적인 정체성을 훼손하고 정권교체로까지 이어지는 도화선이 되었다.

---

1) 본고는 『동향과전망』 2008년 가을·겨울호에 실린 논문의 내용을 축약, 수정, 재구성한 것이다.

노무현정부의 부동산정책에 비판적인 이들은 시장에 대한 과도한 국가개입이 문제이고, 시장기제의 작동을 방해하는 각종 규제를 완화해야 한다고 주장한다(김경환·신혜경 2008; 김경환·김홍균 2007; 서승환 2007; 손재영 2007). 특히 노무현정부 시기의 집값 상승이 서울 강남권에 국한된 현상이라는 점을 강조하며 이에 대한 대응으로서 조세·금융 또는 통화정책수단 같은 포괄적인 정책수단을 사용하는 것에 상당히 비판적이다(김경환 2003). 반면에 변창흠(2006) 및 김용창(2008) 등은 노무현정부의 정책에 대해 시장투명성을 제고한 점은 긍정적으로 평가하지만 과도한 개발이익의 환수 등을 위한 종합적인 제도적 장치의 구축은 다소 미흡한 것으로 평가한다. 이러한 평가들은 주로 시장의 수급조절 또는 이를 둘러싼 제도에 논의가 국한되어 있다.

반복되는 집값 상승의 시시포스 신화에서 벗어나기 위한 여러가지 정책적 대응들이 때늦은 정부개입과 적절치 못한 정책수단들의 조합, 호의적이지 않은 언론환경, 건설자본에 전향적인 일부 관료집단 등 때문에 일정부분 무기력할 수밖에 없었다는 점은 인정할 수 있다. 그러나 외환위기 이후의 기존 은행 중심의 금융씨스템의 변화(박종현 2003)가 구조적으로 가격앙등을 촉발했다는 문제인식은 미흡했다. 현재의 한국경제는 외환위기 전과는 다른 발전경로를 따르고 있으며, 그로부터 파생되는 문제들은 과거와 다른 인식과 처방이 요구되고 있다.

이러한 점을 염두에 두고서, 본고는 우선 노무현정부 시기의 집값 상승의 동향, 그 요인 그리고 이에 따른 정책적 대응을 검토한다. 이러한 논의하에서 노무현정부의 부동산정책에 대한 비판적 평가를 시도하고자 한다.

2. 노무현정부 시기 집값 상승요인과 그 대책

1) 집값 동향

노무현정부 시기의 주택시장은 두 차례의 호황기를 경험했다. 이는 2003
년 전후 그리고 2007년 전후의 시기이다(<그림 1> 참조). 이 시기 가격상승은
1990년 초반에 비해서는 낮은 편이다. 1991년 11월 주택의 실질전국매매가
격은 161.5로 정점이었는데, 노무현정부 동안에 서울강남권 아파트매매지수
는 2007년 1월 131.5로 최고를 기록하였다. 명목가격 기준으로 보면 전국주
택가격지수는 2003년 3월 95.5에서 2008년 2월 117.7로 상승했다. 이를 연율
로 환산할 경우 4.2% 증가한 셈이다. 반면에 동 기간에 서울전역과 서울강남
권 아파트의 주택가격지수는 연율로 환산하면 각각 7%와 10.2% 상승했다.

그림 1 부동산시장의 가격변동: 주택시장을 중심으로

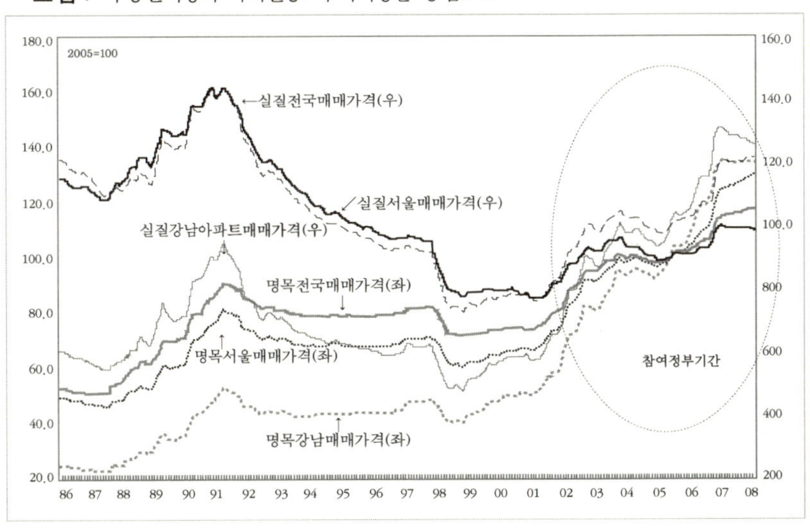

■출처 국민은행.
■주 실질가격으로의 변환은 전국소비자물가지수(CPI)를 가지고 조정한 것임.

반면에, 실질가격 측면에서 보면 연율로 환산된 전국주택가격지수는 동
기간에 1.6% 상승했으며, 서울전역과 강남권 아파트가격지수는 각각 4.4%
와 7.5% 증가했다. 이러한 가격증가세는 전국주택가격의 경우 노무현정부
의 연평균 경제성장률 4.4%와 거의 같은 수준이지만 서울강남권 아파트의
경우에는 두배 이상이다. 이처럼 실질가격 측면에서 보면 가격증가폭이 서
울강남권을 제외하고는 경제성장률에도 못 미치고 1990년대초의 수준보다
도 낮다. 또한 <그림 2>에서 보는 바와 같이, 2000년대 이후 저금리와 과잉
유동성으로 인하여 전세계의 부동산가격 급등세가 나타났는데, 한국의 경우
는 그것과 비교해서도 낮은 수준이다. 이러한 이유들로 인해 노무현정부 기
간의 주택가격 인상폭이 극히 우려할만한 수준이 아니라는 주장이 대두되었
다(김경환 · 신혜경 2008; 손재영 2007; OECD 2006).[2]

그림 2 주요국의 부동산가격 변동 현황

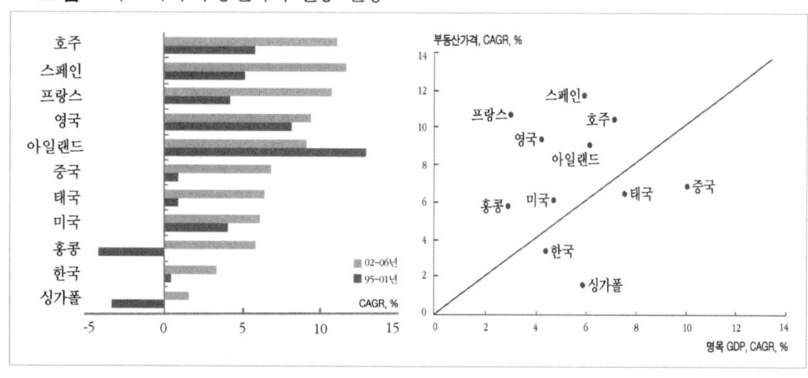

■ 출처 Thomson Data Stream.

----

2) 이와 같은 시각의 차이는 부동산가격의 버블논쟁으로 이어졌다. 가격버블에 대한 엄밀한
   정의에 기반한 실증연구에 의하면 최근의 부동산 가격급등이 버블일 수도, 아닐 수도 있다.
   즉 그 판단이 어렵다. 이준희(2006)와 김봉한(2004)은 거품의 존재를 확인했으나, 이용만
   (2007)은 그렇지 않다는 점을 보여주었다.

노무현정부 시기에 서울, 특히 강남, 서초, 송파, 양천구 등 강남권의 아파트가격이 전체 부동산시장을 좌우했다는 점이 1990년대 초반의 부동산시장의 과열 당시와는 비교된다. 그 당시에는 부동산가격의 폭등이 전국적인 현상이었으며, 전국주택가격지수가 서울의 그것보다 우위에 있었다. 하지만 2001년 이후부터 서울주택가격지수가 전국주택가격지수를 압도하더니 2005년을 전후로 서울강남권의 아파트시장이 전체주택시장을 주도하기 시작했다. 이처럼 가격상승이 국지적인 현상이었으며, 이를 반영하듯이 강남, 서초, 송파, 목동, 분당, 용인 그리고 평촌 등 소위 '버블쎄븐'지역이라는 용어가 등장했다.

2) 집값 상승요인

노무현정부 시기의 집값 상승요인으로 외환위기 이후의 건설경기 악화로 인한 일시적인 공급부족, 저금리로 인한 과잉유동성, 안전자산의 선호현상, 수도권의 폭발적인 잠재수요 등 여러가지를 거론할 수 있다. 이러한 요인들은 대부분의 연구에서 거론된다.[3]

부동산시장의 변동을 설명하는 데 인구학적 변동은 중요하다. 이는 국지적인 수도권 주택시장의 지속적인 상승요인을 일정정도 설명해줄 수 있다. 평균 40대 중후반에 부동산 자산보유를 결정하는 경우가 많다고 가정할 경우 이들 40·50대 인구가 수도권에 상당히 집중되어 있어 그 주택수요가 많다고 추정할 수 있다. 또한 수도권에서 이들은 전국평균과 달리 2022~26년경에야 정점을 기록할 것으로 예측되어 주택가격의 지역 차별적인 폭등현상이 나타날 가능성이 높다(<표 1> 참조).

---

3) 김봉한(2004), 이장영·박동순(2007), 김경환·신혜경. (2008), 김용창(2008) 등을 참조

(단위: 만명, %)

년도	1990	1996	2000	2006	2010	2016	2020	2022	2026	2030
40~59세 인구	335	412	521	644	753	854	874	882	874	827
수도권 인구비중	42.8	45.3	46.3	48.3	49.9	51.2	52.3	52.7	53.2	53.9

■출처 통계청.

<그림 3>에서 보는 바와 같이, GDP대비 주거용 투자비중 증가율은 1990년대 초반 200만호 건설을 위한 신도시건설로 인하여 최고조(82.1%)에 이르렀으나 이후 줄곧 감소했다. 외환위기 이후 경기부양을 위한 부동산 규제완화 등으로 주택공급이 일시 상승했으나(25.8%) 이후 추세적으로는 하향곡선을 그리고 있다.

그림3 주거용 투자와 토빈 Q의 추이(%)

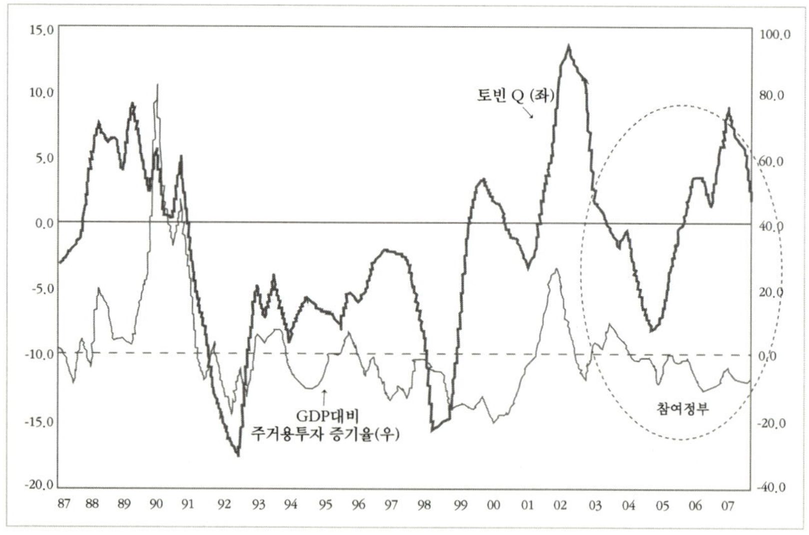

■출처 한국은행, 국민은행.
■토빈 Q=(명목주택가격/거주용 투자 디플레이터), 전년대비 증가율(명목기준)

다른 한편, 주택시장의 수익성은 1990년대 초반 부동산경기의 활황기 때보다 2000년대초에 더욱 좋았으며, 그것은 노무현정부의 2000년대 중반에도 1990년대 초반 수준에 육박했다. 2000년대 중반에 수익성이 개선된 것은 주택공급이 하락하는 속에서 이루어진 것이다. 이는 1998년 분양가 자율화 조치 이후에도 서울과 수도권지역의 아파트공급이 예상보다 늘어나지 않았지만 아파트분양가격이 급속도로 상승하고 있는 것과 깊은 연관이 있는 것으로 보인다(<그림 4> 참조). 환언하면, 주택공급이 예전보다 크게 늘지 않았지만 주택부문의 수익성이 개선된 것은 고분양가에 기인하는 바가 크다고 할 수 있다. 그리고 주택공급이 늘어나더라도 과거의 사례에 따르면 이 부문의 수익성은 개선될 수밖에 없을 것이다. 따라서 부동산경기의 활성화 또는 분양가 자율화는 주택시장의 수익성과 밀접한 상관관계를 가지고 있다고 추론할 수 있다.

그림 4 아파트분양가격과 신규공급량 추이

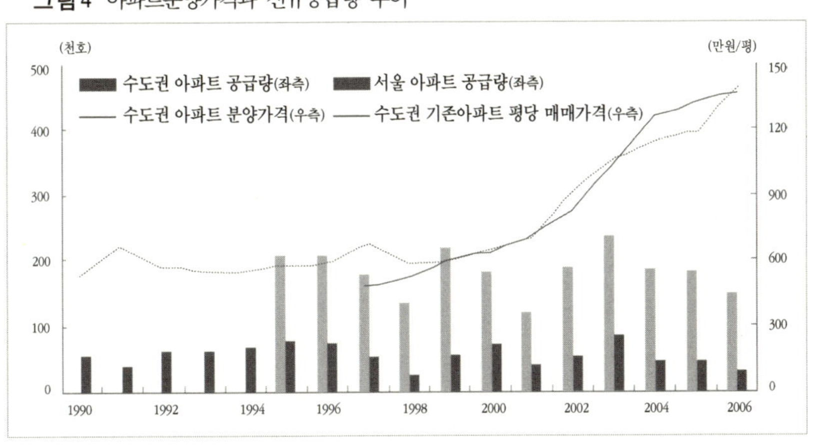

■출처 한국은행(2007).

<그림 5>에서 보는 바와 같이, 실수요를 반영하는 전세가격지수는 매매가격지수의 선행지표로 볼 수 있는데, 2000년대 이후에는 매매가격의 상승

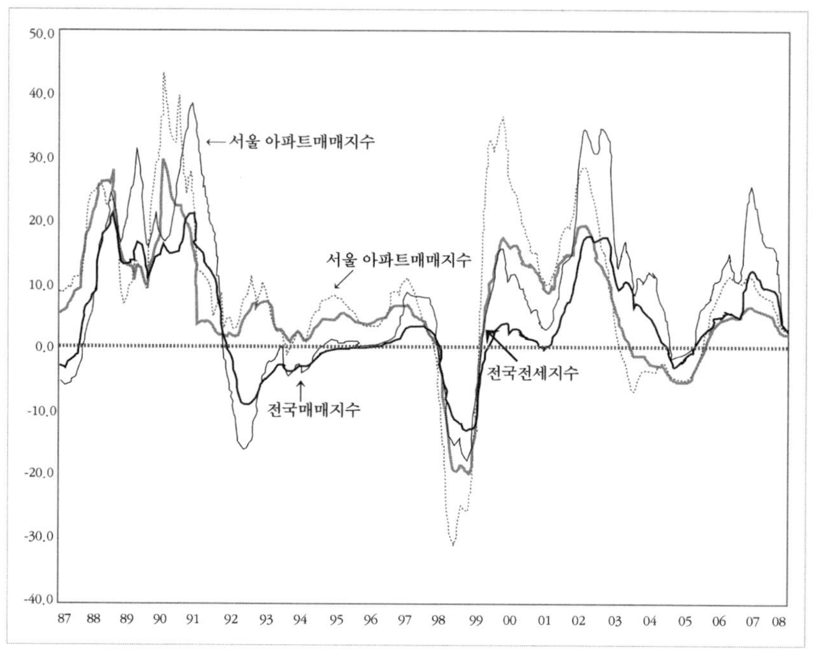

■ 출처 국민은행.

폭이 전세가격의 그것을 훨씬 능가한다. 특히 노무현정부의 초반기인 2003~05
년 동안에는 전세가격은 상대적으로 안정되어 있었다. 이점은 1990년대초의
가격상승기와 차이가 난다. 그 당시에는 매매와 전세가격이 엇비슷한 폭으
로 동반상승했다. 이용만(2007)은 이러한 점에 착안하여 1990년대 이후 주택
재고증가율이 가구증가율을 능가하며 주택부족의 문제가 서서히 완화되고
있음을 지적하고, 특히 2003년 이후의 주택가격 상승은 1990년대초의 만성
적인 공급부족과 외환위기 여파에 따른 2000년대초의 일시적인 공급문제와
는 다른 금리 또는 낙관적인 기대심리에 기인하는 바가 크다고 주장한다.
  주택수급의 불균형 때문이 아니라 상대적으로 부동산시장 외부변수인 저
금리와 과잉유동성 등 같은 거시경제변수에 의해 집값 상승이 촉발되는 경

160

우, 경제전반의 변화와 부동산부문에 대한 체계적인 인식이 중요하다. 이는 외환위기 이후 한국경제가 새로운 성장경로로 진입하고 있다는 문제의식과 궤를 같이 한다. 외환위기 이전과 비교하여 낮은 성장구도, 낮은 인플레이션 수준 그리고 사상초유의 저금리기조의 정착 등 같은 거시경제 환경에서는, 담모물과 투자재로서의 부동산가치는 더욱 증폭될 수 있다(조동철·성명기, 2003).

외환위기 이후 상시적인 구조조정, 노동유연성의 강화를 위한 비정규직의 증대와 사회양극화의 심화, 주주가치의 극대화, 신중한 설비투자에 따른 설비투자율의 하락, 금융산업의 구조조정과 국민결제은행(BIS)가 권고하는 자기자본비율 규제[4] 등은 한국경제에서 더이상 낯선 풍경이 아니다. 이러한 경제의 구조적 변화는 불확실성을 동반하면서, 은행은 리스크가 크고 자금수요가 줄어든 기업 대신 가계로 대출을 강화하게 되고, 가계는 외환위기의 경험으로 안전자산을 더욱 선호하게 되었다. 또한 국민의 정부 말기 때의 무분별한 카드 남발과 부동산경기 활성화를 통한 무리한 경기부양책의 부정적인 영향으로 내수회복이 더딘 상황에서 저금리구조가 정착되면서 시중 부동자금이 안전자산으로 흘러가게되는 자금의 부동화현상이 심화되었다.

이러한 저금리기조는 일부 계층에게만 국한되었던 기존 대출관행을 무너뜨리고 소득보다는 담보물의 가치에 따라 가계의 유동성 제약을 극복할 수 있는 기회를 제공했다. 이는 자산투자를 위한 제도금융권 접근이 이전보다 용이하여 '재테크의 대중화'가 일어났다는 것을 의미한다.

자본시장 중심적 금융씨스템의 변화에 따라 금융기관간의 경쟁은 더욱더 심화되었다. 외환위기이후 안전성과 수익성에 유리한 가계대출, 특히 주택담보대출에 대한 공격적인 영업행태가 선호되면서 '일반대중의 안전자산 선

---

4) 일반가계의 주택담보대출의 경우 BIS 자기자본비율 산정시 위험가중치가 50%로 기업대출의 100%보다 낮다. 2009년부터 적용될 신BIS협약의 경우에 주택담보대출의 위험가중치가 50%에서 35%로 하향 조정된다.

호 증대→늘어난 수신자금의 가계에 대한 주택담보대출 집중→짧은 기간내 가계대출 증가세 시현→가계부문 재무건전성의 악화→은행의 주택대출관련 리스크 노출 증가'라는 일련의 현상들이 발생했다(박형근·이상진 2006).[5] <그림 6>에서 보는 바와 같이 외환위기 이후 가계대출 또는 주택담보대출의 증가 와 부동산가격의 상승 사이에는 긴밀한 상관관계가 존재한다.

그림 6 가계대출(주택담보대출) 증가율과 부동산가격 증가율 추이(%)

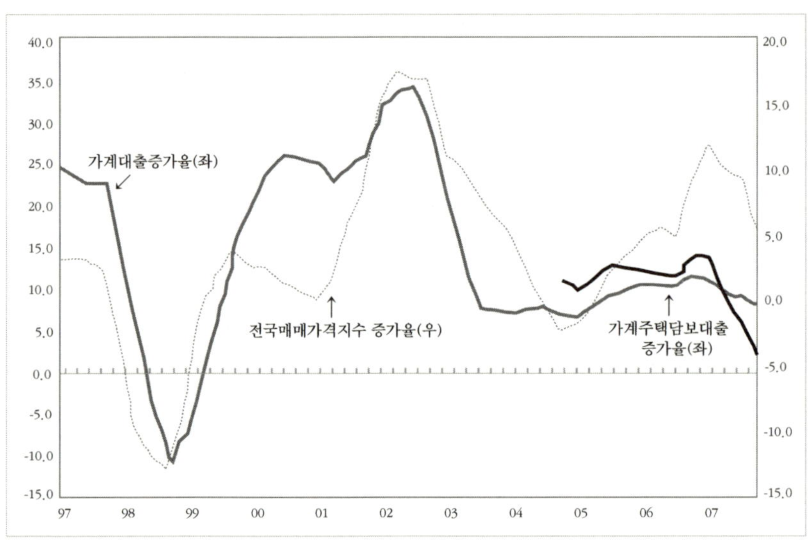

■출처 한국은행.

이러한 주택담보대출의 경쟁적 확대는 차주(借主)의 연체경력 및 소득수 준 등을 감안한 상환능력보다 담보능력에 의존하며, 느슨한 대출심사 같은 관행을 수반했다. 그리고 치열한 고객유치 경쟁은 대출금리가 차주의 신용 도보다 낮게 책정되게 하는 여지를 초래했다(박형근·이상진 2006). 일부 은행

─────────────────────────────

5) 부동산시장의 과열과 이에 따른 가격버블이 발생할 수 있다.

들은 주택담보대출시 개인의 신용평가결과를 대출한도에 반영하지 않거나, 집단자금대출시 신용평가를 실시하지 않는 경우도 있었다(김상환 2005). 이는 차주신용보다는 담보능력을 우선적으로 고려하는 여신취급의 기존 관행이 온존하고 있음을 보여준다.

은행이 담보대출에 집중할 경우 그것의 경영성과는 자산가격의 부침에 따라 좌우되는 금융의 경기순응(pro-cyclicality) 현상이 나타날 수 있다, 이는 신용관리가 허술하고 담보대출의 의존도가 높고 금융감독이 상대적으로 느슨한 금융씨스템에서 증폭될 가능성이 크다. 따라서 자본시장 중심의 금융씨스템에서 경제 전체의 씨스템의 불안정성을 줄이기 위해서는 금융건전성 규제강화는 필수적이다. 하지만 한국의 금융감독씨스템은 2003년 카드채의 사태에서 보듯이 규율되지 않은 자본시장중심 금융씨스템과 과거의 불투명한 관행의 악성조합으로 느슨한 편이다(박종현 2003).[6]

주택담보대출은 기업대출이나 신용대출과는 달리 담보의 경매처분을 통해 손실을 만회할 여지가 크다. 특히 담보물의 처분을 전제로 한 적정수준의 총부채상환비율(Debt To Income ratio, DTI)과 담보인정비율(Loan To Value ratio, LTV)의 설정은 금융기관의 손실가능성을 줄여주는 장치이다. 이처럼 주택담보대출은 손쉽게 안정적 수익기반이지만 그 손실가능성이 상대적으로 낮다는 점에서 금융기관의 치열한 대출경쟁을 야기했다. 이러한 대출경쟁은 차주의 신용한도와 접근성을 높여주는 것 같지만, 차주와 무관하게 채무불이행시 담보물의 경매처분을 통해 대출잔액을 회수하는 '약탈적 대출'(Aalbers 2008)로 이어질 수 있다.[7]

----

6) 일례로 Craig and Davis(2004)는 한국을 포함한 아시아 국가들이 느슨한 은행감독과 담보에 대한 과다의존으로 호황기에는 대출이 크게 늘어나지만 불황기에 담보자산가치의 급락으로 부실화가 선진국보다 증폭될 수 있다는 점을 보여주고 있다.
7) Martin(2002, 16면)은 이러한 금융의 마술은 "[기회를] 부여함으로써 [담보물을] 빼앗아버리는 능력"이라고 일컫고 있다. 최근의 미국 써브프라임 사태가 저소득층의 자가소유 확대

<그림 7>에서 보는 바와 같이, 2000년대 이후 서울아파트 가격과 경기순환의 변동은 동행하는 패턴이지만, 경매시장과 경기순환의 변동은 밀접한 역(逆) 상관관계를 보여준다. 이는 경기 침체기에 경매건수가 쏟아져 나오는 반면에 호황기에는 주택매매가 상대적으로 활발하다는 것을 의미한다. 그런데 외환위기이후 경기순환의 싸이클이 1~2년 이내로 짧아지고 있다. 이는 부동산경매시장과 주택시장이 짧은 시간지평하에서 시장변동성이 확대되고 있음을 시사한다. 경매시장은 담보가치 하락에 따른 은행자본의 손실을 만회할 수 있는 최후의 장(場)이다. 따라서 경매시장이 과열될 경우 낙찰가율(감정가대비 낙찰가)이 높아 대주(貸主)의 손실가능성은 현저히 줄어들 수 있다. <표 2>에서 보는 바와 같이 수도권 아파트 경매물건의 낙찰가율이 2000년대 이후 80~100% 안팎에서 형성되었다는 것은 사실상 채권자(은행자본)가 담보가치를 회수하는 데 큰 무리가 없었음을 의미한다.

2000년대 이후 가계부채의 부실화, 내수침체에 따른 영세자영업자의 구조조정[8], 짧은 주기의 경기순환의 반복 그리고 저금리에 기반한 과잉유동성 등은 약탈적 대출의 여지를 높여주고 있는 것이다. 이러한 상황에서 은행자본이 주택담보대출의 신용위험을 과소평가함으로써 여신 심사기준의 완화와 과도한 대출경쟁이 발생하고 이것이 전체 금융씨스템의 불안정성을 증폭시킬 수 있다. 따라서 금융시장의 안정성 확보를 위한 건전성 감독기준의 강화는 필수적으로 요구된다.

의 기회를 제공한 것 같지만 실상은 그렇지 않다는 것을 보여준다.
8) 이러한 과정을 통해 사업상 담보로 잡힌 부동산 물건이 경매시장으로 쏟아져 나올 수 있다. 그리고 가계부채의 부담이 클 경우에도 마찬가지이다.

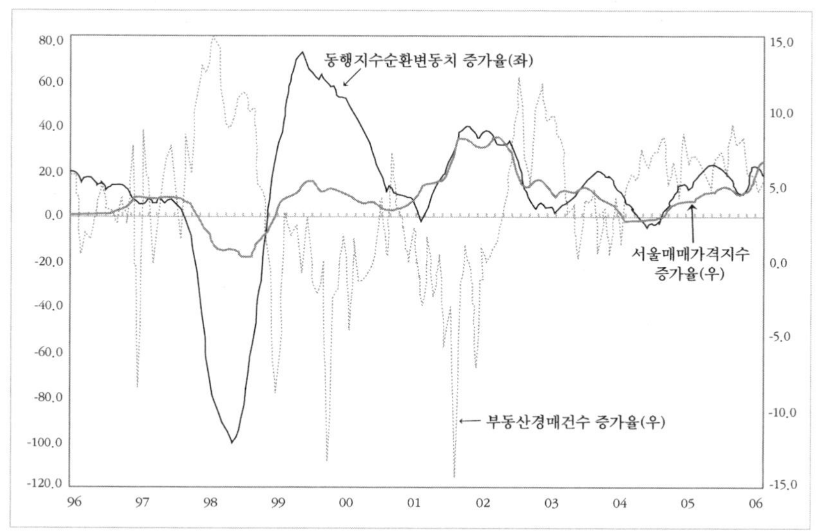

■ 출처 법원, 국민은행, 통계청.

표2 수도권 아파트경매물건의 평균 낙찰가율 추이(%)

	1999	2000	2001	2002	2003	2004	2005	2006
낙찰가율	83.6	83.8	92.8	93.7	88.6	80.6	86.8	106.8

■ 출처 우형달(2008)

■ 수도권 아파트 경매물건을 매년 400건 무작위 추출(총 3,200건)한 결과.

이상과 같이 2000년대 이후의 집값 상승은 거시 경제적 조건의 변화와 밀접한 연관성을 가지고 있다. 주택가격 상승이 국지적인 현상이었지만, 이는 사실상 씨스템 전체의 변화와 연관된 일반적인 현상이기도 했다.

3) 노무현정부의 주요 부동산대책

노무현정부는 조세형평성과 시장투명성 제고, 안정적 주택공급, 수요억제·전환, 주거복지 향상 등 4대 정책목표를 제시하고 십여 차례 이상의 굵직한 부동산정책을 발표했다. 노무현정부는 무엇보다 주택가격의 안정화를 도모하기 위해 주택정책을 경기부양책으로 사용하지 않는다는 원칙을 고수했다(국정브리핑 특별기획팀 2007). 이를 토대로 다양한 부동산정책은 시장의 투명성, 예측가능성 및 형평성을 향상시킴으로써 '가수요와 정책의존형 시장구조'의 개선을 목표로 했다. 이를 위해 실거래가격 신고 의무화, 양도세 실거래가 과세체제 등을 구축했다.[9]

표 3 노무현정부의 주요 부동산정책 현황

연도	대책	주요 분야	세부 내용
2003	5.23	투기과열지구 및 투기지역 확대	수도권 전역 및 충청 일부
		재건축 후분양제	2003년 7월 1일 이후 시행 인가
		주상복합아파트 분양권 전매 금지	300가구 이상 아파트에만 해당
		LTV 인하	60%→50%로 강화
	9.5	재건축 소형의무비율 확대	2005년 5월 19일 이후 시행 인가
		재건축 조합원 지위 양도금지	조합설립 인가 이후
	10.29	투기지역 LTV 조정	50%→40%로 강화
		종합부동산세 도입	2005년부터
		1가구 3주택 양도세율 인상	6% 단일세율
		주택거래신고제 도입	전용 60m2 이상
		주상복합아파트 분양권 전매 금지 확대	20가구 이상
		강북뉴타운, 광명 역세권 개발	뉴타운 12~13곳 지정
		재건축 개발이익환수 방안	임대주택 의무 건설

9) 이러한 시장구조의 투명화조치들은 노무현정부의 부동산정책에 비판적이던 이들에게도 긍정적으로 평가되고 있다. 김경환·신혜경(2008)을 참조

연도	날짜	정책	내용
2005	2.17	판교공급 시점 조정	11월 일괄 공급
		재건축 초고층 불허	2층 층고제한 유지, 3종 엄격관리
		3개 택지지구 판교수준으로 승격	양주목정, 남양주별내, 고양삼송
	5.4	기반시설부담금제 도입	신증축 건축물 해당
	8.31	종부세 강화	과세기준 6억, 가구별 합산
		1가구 2주택자 양도세율 강화	50% 단일세율
		실거래가 신고 의무화	2006년부터
		송파신도시 건설	
		수도권 1,500만평 확보	
2006	3.30	DTI 도입	6억 초과 40%이내
		재건축 안전진단 강화	예비진단, 본진단
		재건축 개발부담금제 도입	개발이익 50%이내
	11.15	수도권 공급물량 확대	2010년까지 12만 5천호 확대
		분양가 인하	분양가 25% 인하
		DTI 조정	투기과열지구까지 확대
		청약가점제 9월 시행	가점항목: 무주택기간, 통장가입 기간, 가구주, 나이, 가족 수 등
		민간택지 분양가 인하	최대 30%
		주상복합아파트 상한제 적용	뚝섬, 판교
		재개발, 재건축 이주시기 조정	관리처분 인가 시점 조정
		민간택지 전매제한 확대	5~7년까지
		마이너스 옵션제 실시	
		분양가상한제 민간택지까지 적용	2007년 9월부터 시행
		투기지역 1인 1건 담보대출로 제한	
		임대주택 공급증가	2017년까지 340만 가구
		주공 수도권 공급확대	연간 5만 가구 공급
		비축형 임대아파트 공급	100m²형대, 2017년까지 50만 가구 공급

■ **출처** 박성호 「버블세븐, 참여정부'덫'에 걸리다」, 이데일리, 2008.7.29일자 수정·보완.

<표 3>에서 보듯이, 노무현정부는 부동산가격의 안정을 위해 다양한 대책들을 제시했다. 이는 보유세 강화·거래세 완화 원칙을 실현하기 위한 종합부동산세의 도입, 재산세 및 양도소득세 강화 및 취득세와 등록세 세율 인하 등 부동산 세제강화 및 DTI, LTV 규제 등 주택금융규제 등을 통한 수요억제책과, 신도시건설, 재건축 등 민간부문에 의한 주택공급보다는 공공택지개발 등을 통한 공급촉진책 등을 포함한다.

노무현정부 초반기에는 주로 부동산세제 강화를 통하여 가격안정을 도모하려고 했으나, 2005년 이후의 집권 후반기에는 조세정책(보유세 강화), 시장투명화, 수급조절(신도시건설), 금융정책(주택대출 건전성 강화) 등 여러 가지 정책수단들의 패키지를 통해 집값 안정에 매진했다. 이러한 고강도의 대책 등으로 부동산시장은 2007년 이후 안정세가 이어졌다.

3. 부동산정책에 대한 평가

노무현정부는 '가수요 차단과 불로소득 과세강화를 통한 부동산 투기억제' '공공임대 확충 등을 통한 서민주거 안정'이라는 부동산정책 목표를 달성하기 위해 수많은 대책을 내놓았다. 후자에 대해서는 서민의 주거안정을 위한 국민임대주택 건설과 다가구 주택 매입·임대 등을 추진했다. 김경환·신혜경(2008, 39면)은 이러한 정책이 서민의 주거안정에 일정한 성과를 거둔 것으로 평가하고 있다. 그리고 이러한 일부 성과에도 불구하고, 김용창(2008)은 주거계층의 상향이동을 위한 지원대책 등을 노무현정부가 제시했지만 추진체계의 미흡 등으로 체계적인 정책이 시행되지 못했으며, 차상위계층처럼 정책의 사각지대가 발생하여 주거생활의 연속적인 상향이동이 이루어지지 못하고 분절적인 주거계층정책에 머무른 점을 한계로 지적하고 있다.

집값 안정이라는 정책목표의 성과에 대해서는 이견이 존재한다. 국정브리핑 특별기획팀(2007)은 조세형평성과 시장투명성에 대해서는 일정한 성과를 거두었지만 공급시차의 관리나 대출규제에 대해서는 정책적 대응이 미흡했다는 내부평가를 하고 있다. 하지만 조·중·동을 비롯한 보수언론, 일부 학자들(김경환·신혜경 2008) 그리고 일반시민들은 노무현정부의 부동산정책에 대해 상당히 부정적인 평가를 내리고 있다. 그렇다면 노무현정부가 집값 안정을 도모하는 부동산정책을 수행하는 데 있어서 어떠한 요인들을 간과함으로써 이러한 부정적인 결과에 초래하게 되었는지 검토해보자.

1) 정책 일관성과 신뢰확보의 미흡

국정브리핑 특별기획팀(2007)의 부동산정책에 대한 내부평가에서도 가장 미흡한 것이 바로 정책기조의 일관성이다. 그리고 기획·개발·공급 및 수요·보유·처분이라는 부동산 생애주기 전체에 걸쳐 체계적인 효과가 나타나도록 하는 정책내부의 유기적 연계가 소홀하였다(김용창 2008). 한국의 주택정책은 양적인 주택공급 확대나 경기조절을 위한 정책수단으로서 부동산 투기억제 등에 치중함으로써 경제정책의 일환으로 수행되어 왔다. 이러한 유산하에서 노무현정부는 공공주도의 시장관리 정책을 꾸준하게 추진하였다. 예를 들면, 2005년 8.31대책에서 도입한 주택공영개발제도는 민간부문의 주택건설사업을 공공부문이 대체하는 것으로 주택정책에서 공공부문이 주도적인 역할을 수행해야 한다는 의지를 보여주는 것이었다(변창흠 2006).

그럼에도 불구하고 노무현정부 초반기에는 이러한 강력한 정책적 의지가 일관되지 않았다. 2003년 5.23 부동산대책을 필두로 여러 차례의 부동산정책을 발표했지만 중복·상충되거나 시기조정에 실패하여 실효성이 떨어져서 정부정책에 대한 시장의 내성만 키워줌으로써 근본대책을 제시 못했던 것이 사실이다. 2003년 10.29대책 당시 대통령은 부동산 공개념 강화라는 고강도의 신호를 시장에 보냈으며 주택가격의 상승세는 일단 멈추는 듯했다. 하지만 이러한 가격하락에 힘입어 재경부와 건교부는 침체된 건설경기의 회복을 통한 경기부양을 추진하게 되었다. 이는 종합부동산세 제도를 원안보다 후퇴하게 만들었다. 입법화되는 과정에서 과세기준을 6억원에서 9억원으로 상향조정하여 대상인원을 6만명 내외로 축소조정하고, 과세상한선도 전년도의 50%를 넘지 않도록 조정했다. 그 결과 제도도입의 효과를 대폭 반감시켜 서울강남권에 미치는 가격안정 효과가 예상만큼 크지 않았다.

노무현정부 초반기에 이루어진 이러한 정책의 혼선은 보수적인 언론의 집중포화, 건설자본에 포위된 관료집단 그리고 단기 경기부양책으로서의 부동산정책의 경로의존적인 활용 등에 기인하는 바가 크다. 하지만 그 당시 집값 상승이 단순히 수급조절의 문제가 아니라 변화된 자본시장 주도의 금융씨스템과 저성장·저금리의 거시경제 환경하에서 그 문제의 심각성에 대한 안일한 대처가 더욱 화를 자초했다고 할 수 있다. 2005년 이후 부동산가격의 고공행진을 다시 경험한 후에야 정권의 안위를 걱정해야 하는 정도로 문제의 심각성을 인식하게 되었던 것이다.[10]

2) 부동산정책과 기타 관련 정책과의 비대칭적인 조합

노무현정부는 집값 안정을 위해 건설정책(부동산 수급조절)과 조세정책 수단을 집권 초반기에 집중적으로 사용했다.[11] 하지만 저금리에 따른 과잉

---

10) '정권의 명운을 걸고 부동산만은 잡겠다'는 대통령의 언급은 이러한 문제의 심각성의 한 면을 보여준다.
11) 경원대학교 경제학과 홍종학 교수의 다음 발언은 시사적이다. "작년(2005년) 8.31 대책이 만들어지기 전 각계 전문가들과 청와대 참모진이 만나서 얘기를 나눈 적이 있다. 실상 그들과 만나서 부동산에 대한 얘기를 나눠보니 자신의 전공 분야밖에 모르는 사람들이었다. 이 정우 정책실장은 보유세 하나만 알고 있었고, 김수현 비서관은 임대주택 한가지만 알았다. 가장 심각했던 것은 금융에 대한 지식이 있는 전문가가 단 한명도 없다는 사실이었다. 이런 사람들끼리 모여서 부동산정책을 만드니, 보유세 강화와 임대주택 건설만 남게 됐다"(윤종

유동성을 조절하기 위한 금융정책수단은 2007년 1.11대책과 1.31대책, 즉 노무현정부 막바지에 이르러서야 유효한 정책수단으로 등장했다. 결과론적으로 집값 앙등에 대한 건설정책과 조세정책의 거의 모든 정책적 조합을 시험한 후에야 금융정책수단을 사용한 셈이 되었다. 그렇다고 노무현정부가 LTV 규제강화 같은 금융정책수단을 집권 초반기부터 사용하지 않은 것도 아니다. 이미 2003년 5월과 2003년 10.29대책에서 투기지역과 투기과열지구에서의 LTV의 하향조정이라는 대출규제수단을 사용했다. 2005년 6월 30일에 동일차주의 투기지역 아파트에 대한 주택담보대책 취급건수를 1건으로 제한하는 '1단계 주택담보대출 리스크 관리 강화방안'이 발표되었다. 그리고 2005년 8.31대책(8월 30일 발표된 '제2단계 주택담보대출 리스크관리 강화방안')에서 처음으로 소득에 따라 상환능력을 고려하는 DTI 규제가 도입되었다. 2007년 1.11대책에서 다주택자에 대한 주택담보대출의 규제강화가 실시되었으며, 연이은 2007년 1.31대책에서는 투기지역과 투기과열지구에서의 DTI 규제가 40%로 강화되었다.

이처럼 노무현정부 초반기에 집값 안정을 위해 금융정책수단을 사용했음에도 불구하고, 앞서 언급한 바와 같이, 현장에서 느끼는 금융건전성 규제는 느슨했고 규제위반에 대한 처벌도 심하지 않았다. 그리고 집값 상승이 실수요보다는 투기수요에서 비롯되었음에도 불구하고 다주택자에 대한 대출규제[12] 같은 효과적인 수단을 사용하지 않았다. 이는 어느정도 위험부담이 적

성 2006).

    또한 노무현정부 시기 부동산정책의 입안에 깊이 관여한 것으로 알려진 전(前) 청와대 비서관 김수현 세종대 교수는 어느 인터뷰 신문기사에서 "[2007년초 청와대의 과잉유동성 관리에 관한] 조사결과, 재경부나 금감원, 한국은행 모두 각자 관점에서 다 자기 일만 했어요 (…) 은행의 무분별한 담보대출에 대해 금융감독 당국이 좀 묵인했던 측면이 있었던 것 같았습니다"고 언급하면서 "2006년 7~8월에 유동성이 부동산으로 더 넘어가선 안되는 임계점이 있었으며, 그때 위험신호를 발견하고, 중지시키지 못한 것이 결정적인 문제였다"고 그 당시의 상황을 회고하고 있다(김종철 2008).

은 주택담보대출 경쟁으로 금융기관의 대형화 경쟁에서 살아남으려는 금융
자본의 이해와 부합되는 것이었다. 최근의 LTV와 DTI 규제는 금융기관의
건전성 관리대책이고 간접적인 방식으로 부동산시장의 가격안정화에 기여
하는 정책이다(이장영·박동순 2007). 그러나 정책담당자들은 이런 간접적 정책
을 뒤늦게야 시행했다. 이는 간접적 정책수단이 부동산부문 자체에 직접적
인 영향을 미치기는 어렵다는 그들의 인식 때문일지도 모른다.

　부동산의 가격안정을 위해 통화정책수단을 사용하는 것은 적절치 않을
수 있다. 앞에서 논의한 바와 같이, 이는 내수경기가 극도로 부진한 상황에
서는 취약계층에 상당한 고통을 안겨주고 경제전반에 부채 디플레이션을 발
생시키기 때문이다. 따라서 LTV, DTI 규제 같은 미시적 대응이 유동성관리
에 효과적일 수 있다(강희돈 2006). OECD(2007)는 집값 안정에 대한 통화정책
적 정책조합에 대해 분명한 반대입장을 표명했다. 한국은행이 내수경기의
진작과 부채 디플레이션의 방지를 위해 2003년 5월에서 2004년 11월 사이
에 콜금리 목표치를 4%에서 3.25%로 인하했으며, 금리수준은 사상 최저수
준으로 떨어졌다. 그후 2005년 11월부터 금리인상에 나서서 노무현정부 말
기에 이르면 금리는 5%수준으로 올랐다. 이러한 노무현정부 전반기의 저금
리기조는 과잉유동성을 초래했다.

　여기서 2003년 5월 이후의 확장적 통화정책은 당시 발표되었던 부동산안
정 대책들과 맞물리는 시기이다. 물론 경기부진이 심하게 이어지는 속에서
부동산시장만을 염두에 두고 통화정책을 고려하기는 힘들다. 그러나 이러한
확장적 통화정책은 당시 부동산안정화 정책의 효과를 반감시키는 데에 일조

....

12) 1999년부터 2005년 4월까지 무속인 김씨는 본인과 자녀(3명)의 명의로 강남 개포동과 대
　　치동에서만 아파트 36채와 상가 4채를 매입한 후 아파트가격이 폭등하자 본인 명의의 아파
　　트 7채를 팔아 14억원의 양도차익을 얻었는데, 그 과정에서 아파트매입자금은 은행대출이
　　었다. '담보대출→주택구입→담보대출'이라는 방법으로 10개 금융기관에서 134억원의 대출
　　을 받았다(국정브리핑 특별기획팀 2007, 41~42면).

172

했다고 할 수 있다. 당시 기업투자의 부진이 금리에 기인하는 것이 아니라는 일부 주장(조하현 연세대 교수)도 제기되었다는 점(안재승·김회승 2003)과 적정금리 수준보다 훨씬 낮은 금리수준이 유지되고 있었다는 점에서 중립적 통화정책을 시행할 수도 있었을 것이다.

저금리기조는 생산활동에 대해 적은 비용을 부과하는 기회를 주지만, 지나친 경기과열과 인플레이션 그리고 자산가격 거품과 연결될 수 있는 거시적 경제환경을 조성하기도 한다. 따라서 저금리기조에 대한 '가부(可否)' 판단, 즉 이분법적 논의보다는 거품 및 금융적 불균형이 발생할 수 있는 거시적 환경의 불안정성을 적절히 관리할 수 있는 정책능력이 논의의 초점이 되어야 하고, 이는 부동산금융과 관련해서도 마찬가지이다.

우리나라의 단기 변동금리 주택담보대출은 매우 기형적인 형태로 주택에 대한 단기 투자수단으로 활용될 여지가 크다. 이를 만기 재연장 방식으로 관리하는 것은 위험을 시간으로 이전한 것에 불과하다. 예를 들면, 차입자 상환능력을 고려한 장기모기지론 정착과 주택저당증권(Mortgage-Backed Securities, MBS)의 시장 활성화를 통해 은행의 주택담보대출 위험을 분산하는 것이 필요하다.[13] 이와 같은 금융인프라의 확충과 더불어 현행 주택담보 대출의 씨스템적 위험을 가중시키는 것을 방지하기 위해서는 DTI, LTV 규제 같은 사전 금융감독 건선성 규제가 엄격히 준수될 필요가 있다. 금융자유화의 확대와 자본시장의 발달에 따라 금융감독, 특히 건전성관련 규제의 역할이 중요해진다(박종현 2003; 스티글리츠 2002).

앞에서 몇가지 사례를 제시한 바 같이 노무현정부 초반기에 정부가 금융자유화와 자본시장 발전논리(예: 금융허브화 논리)를 강조하고 금융기관들의 전근대적인 영업관행을 사실상 방치하는 느슨한 금융감독체계를 가져간 것은,

---

13) 이를 위해 2004년에 한국주택금융공사가 설립되었다. 물론 이 분야에 대한 사전 건전성 규제와 시장규율의 강화는 마찬가지로 필요하다.

신용의 과도한 팽창의 방조와 이에 따른 부동산 가격상승에 일조했다고 할 수 있다. 이는 노무현정부가 이와 같은 금융씨스템의 변화를 상수로만 취급하고 주택가격 안정의 중요한 변수로 집권 초반기에 집중적으로 사고하지 않았다는 것을 방증한다.

3) 부동산과 균형발전 정책수단 간의 연계 미흡

노무현정부 시기 현실적으로 가장 절박했던 부동산정책의 일차적 목표는 서울강남권의 집값 안정이었다. '버블쎄븐지역'이라는 조어는 이 측면을 반영한다. 소득양극화를 방지하고 부동산시장의 불로소득의 발생을 차단하기 위해 노무현정부는 종부세를 도입하고 양도세를 강화하는 등의 조세형평성 제고를 위해 노력했다. 이는 강남권의 버블쎄븐지역 주민들의 거센 조세저항과 조·중·동 등 보수언론의 강한 조직적 반발에 부딪혔다. 노무현정부는 상위 2%만이 종부세 납부대상자이고 이들은 대부분 강남권에 거주하고 있다는 사실을 강조하며 버블쎄븐지역의 고립화전략을 사용했다. 하지만, 강남권의 집값 폭등세를 잠재우기 위해 추진되었던 각종 시장안정화 대책들은 역설적으로 수도권과 지방 사이의 부동산 자산가치의 격차를 더욱 확대하는 결과를 초래했다. 즉, 계층양극화와 공간양극화가 동시에 진행되었던 셈이다.

부동산정책과 유사한 정책목표를 공유했던 것이 바로 국가균형발전정책이다. 후자는 노무현정부의 대표적인 국정과제이다. 균형발전정책의 목표가 모호할 수 있지만, 이는 수도권과 비수도권의 격차해소, 즉 수도권의 자원과 인구의 분산을 목표로 했다. 그러나 수도권의 자산가치의 증가폭이 비수도권의 그것을 훨씬 상회했다는 점에서 두 정책목표나 성과들은 양립하기 힘든 것으로 보인다.

자립형 지방화를 추진하기 위해서는 지방재정의 확충이 중요하다. 노무현정부는 조세논리와 분권화의 역행이라는 많은 논란에도 불구하고 종부세를 국세화하고 이를 교부세로 활용했다. 이것이 지방재정을 확충하고 가격안정을 도모하는 데 일조했다는 점에서 두 정책수단간의 연계가 잘 이루어지고 있는 사례로 평가될 수 있다. 특히 2%의 종부세 납부 대상가구가 주로 강남권에 집중되어 있어서, 이는 수도권과 비수도권 간의 일종의 수평적 재정조정장치의 역할을 한 것으로 이해될 수도 있다.

현행 지방재정구조하에서는 인구규모에 따라 세입 대비 세출이 비례하여 늘어나지 않는다. 인구가 증가할수록 세부담과 세수입의 간극이 커져서 거의 모든 지자체는 팽창주의적인 개발주의에 대한 유인을 갖고 있다. 이러한 구조는 대도시, 특히 수도권에 매우 유리하다. 수도권에 제공되는 공공써비스의 혜택이 지방세부담에 비해 훨씬 크기 때문에 주택비용의 상승이나 환경문제가 수도권으로의 인구와 자원유입을 억제할 요인이 되지 않는 것이다 (김정훈 2003). 따라서 균형발전 차원에서 추진된 행정복합도시, 혁신도시, 기업도시 등의 개발사업들은 비수도권 지자체에게도 마다할 필요가 없다. 외환위기 이후 가속화되는 계층양극화와 공간양극화의 교집합인 버블쎄븐지역의 자기강화적인 자산축적 욕망과 그외 지역주민들이 이를 닮고 싶은 욕망 사이의 격차는 커지고 있다. 이를 줄이기 위해 개발사업들이 이이제이(以夷制夷) 방식으로 전국적으로 전개된 것은 사실상 그 격차를 그대로 방치하겠다는 것과 별반 다르지 않다. 고령화추세와 인구규모 등을 고려할 경우 동일한 방식으로 지방이 수도권지역(특히 강남권)의 발전을 따라잡을 수 없기 때문이다.

이러한 상황하에서 막대한 토지보상비가 수도권으로 유입되면서 집값 상승을 부추겼으며 균형정책과 부동산정책이 서로 엇갈렸다는 평가는 일면적일 수 있다. 현행 지방재정구조가 기본적으로 이러한 개발주의의 광풍을 조장하는 요인으로서 자리잡고 있기 때문이다. 그리고 재산세, 양도세, 취득세, 등록세 등 부동산관련 세제는 지방세의 상당부분을 차지한다. 따라서 부동

산관련 세제개편은 집값 안정과 균형발전 모두에 중요한 정책수단으로 활용
될 수 있다. 노무현정부는 보유세의 도입에 상당한 정책역량을 투입했지만,
재산세 등의 다른 지방세제의 개편에 대해서는 별다른 정책비전을 보여주지
못했다. 재산세나 주민세 등 전반적인 개편을 통해 낙후지역 지원을 위한
수평적 재정조정장치의 일환으로서 추가적인 재원발굴로 더 나아가지는 못
했다. 예를 들면, 기업본사가 다수 입주한 서울강남권의 비주거용 재산세 수
입은 막대하다. 이는 생산이 지방에서 영위되고 있음에도 불구하고 그 과실
이 서울본사로 이전되고 있다는 현실의 한면을 보여준다. 이처럼 비주거용
재산세는 조세수출을 자극하는 경향이 있기 때문에 지방재정 확충을 위한
중앙정부의 이전재원으로 활용할 수도 있다(김정훈 2003).

다른 한편, 노무현정부는 균형발전정책의 재정지원수단으로서 국가균형
발전특별회계(이하 균특회계)를 설치했다. 이 중앙정부의 이전재원은 전체 이
전재원에서 약 10% 이내에 불과하다. 균특회계는 이름 그대로 균형발전을
위한 재정수단으로서 과도하게 인식되는 측면이 있다. 왜냐하면 균특회계는
효율성을 추구하는 국고보조금을 개편하여 설치한 것이기 때문에 수도권,
광역시 등 대도시의 경우 균특회계의 비중이 이전재원의 비중보다 높은 편
이다. 따라서 이는 균특회계의 낙후지역 지원 성격은 약할 수밖에 없다는
것을 시사한다(김정훈 2008).

노무현정부는 금융시장의 선진화와 자산시장의 육성(예: 자산운용업의 특화
발전)을 위해 금융허브 전략을 추진했다. 이 전략의 공간적 함의는 명확하다.
그것은 런던, 싱가포르, 홍콩, 뉴욕 등과 같은 방식으로 서울이 세계도시, 즉
국제금융의 허브로 발전해나가는 것을 뜻한다. 그렇다면 서울의 '자산' 주도
적인 개발은 심화될 수밖에 없으며 부동산가격의 상승은 명약관화(明若觀
火)하다. 특히 금융기관의 본사, 기관투자가 그리고 법인들이 몰려 있어 이
자, 배당소득의 원천징수가 서울에서 이루어지고 있어서 다른 지역에 비해
많은 금융자산을 서울시는 보유하고 있다. 현재도 서울시 주민세의 약 40%

이상을 금융소득세가 차지하고 있기 때문에 서울시가 금융허브를 지향하여 발전한다면 서울시의 세수기반은 더욱 확충될 수 있을 것이다. 따라서 한국이 자산 주도적인 경제발전 경로로 나아갈 경우 수도권과 비수도권 간의 세수기반의 불균형은 더욱 심화될 개연성이 크다. 따라서 주민세 중에서 재분배적 성격이 강한 금융소득을 이전재원으로 활용하는 방안을 고려해볼 수 있다(김정훈 2003).

부동자금의 증가는 경제여건 및 생산자본 투자의 여건이 좋지 않아서 발생하고 있기 때문에 부동산 또는 건설정책만으로 이를 해소하기 힘들다. 따라서 부동산 외적인 경제정책 대안을 근본적으로 제시할 수 있는 선별적인 지방 성장동력에 대한 생산적 투자가 필요하다. 그러한 측면에서 노무현정부는 초기에 지역발전전략으로 지역혁신체제의 구축(예: 클러스터 전략)을 제시했다. 하지만 이러한 전략은 노무현정부 내내 지속되었지만 부동자금을 새로운 투자처로 유인하기에는 역부족이었다. 클러스터 전략은 공공주도로 다양한 민간부문의 협력과 창의성, 특히 대기업의 협력을 유기적으로 이끌어내지 못하였다. 이와 같은 내생적 지역발전전략이 성공하기 위해서는 장기의 시간지평하에서 다양한 경제주체간의 신뢰형성과 협력적 조정을 전제해야 한다. 그렇다고 장기전략만을 가지고 급박한 현안으로 대두된 균형발전 문제를 다룰 수는 없다.

이러한 측면에서 도시개발이나 인프라 구축, 외부기업의 유치 등과 같은 단기적인 외생적 지역발전전략과 혁신에 기반한 장기의 내생적 발전전략 간의 유기적 조합이 현실적인 방안이다. 이러한 의미에서 노무현정부는 혁신도시를 혁신의 메카로 자리매김하려고 시도했다. 하지만 이러한 혁신 메카의 건설이 동시다발적으로 수도권을 제외한 모든 지역에서 이루어질 경우 예상한 효과를 거두기는 힘들 것이다. 예를 들면, 대덕연구단지가 현재의 모습으로 거듭나기까지 얼마나 많은 시간이 소요됐는지를 고려하면 이런 사업의 현실타당성을 충분히 이해할 수 있다.

혁신도시 등이 도시개발 성격을 띠고 있음에도 불구하고 정책입안 당시부터 부동산정책과의 연계는 거의 없었다. 2005년 중반에 발표된 이 정책은 토지가격 급등에 대한 예방조치를 취하고 부동산시장의 동향을 파악한 후 시의적절하게 발표된 것이 아니었다. 이러한 정책의 추진에는 암묵적으로 장기 시간지평을 가진 지역혁신정책의 성과에 대한 의구심이 자리잡고 있다고 할 수 있다. 그리고 혁신도시의 건설이 혁신 잠재력의 확충을 내세웠지만, 이면에 부동산경기의 활성화에 따른 자본소득의 지방이전을 고려했던 것도 부정할 수 없을 것이다. 그렇지만 그러한 현상이 지방에서 일어난다고 하더라도, 전술한 바와 같이 그 효과는 수도권에 비해 구조적으로 미미할 수밖에 없다.

수도권 중심의 집값 상승은 수도권과 비수도권 간의 격차해소라는 측면에서 추진된 균형발전정책의 성과와는 결과론적으로 어긋날 수밖에 없었다. 노무현정부가 부동산 세제개편을 통해 집값 안정을 도모하고 균형발전을 도모하기는 했으나, 금융소득, 법인소득 등 같이 분배적인 성격이 강하거나 조세수출의 경향이 있는 지방세제의 수도권의 강력한 기반을 충분히 고려하지 않았다. 그런 가운데 수도권지역의 비즈니스허브 추진은 균형발전정책과 쉽게 양립되지 않는다(정준호 2007). 따라서 수도권과 비수도권 간의 상생협력을 추진하기 위해서는 각 지역의 경제현상에 대한 세밀한 분석에 기초하여 객관적인 유인구조, 예들 들면 지방세구조를 바꾸는 작업이 세부정책 영역들 간의 유기적인 연계를 통해서 진행되어야 하는데, 결과적으로 이 점이 미흡했다.

4. 결론

노무현정부의 부동산정책은 기존의 정책과 달리 부동산시장의 투명하고

공정한 시장기반을 형성하기 위한 각종 제도적 개혁을 단행했으며, 주거복
지에 대해서도 일정한 기여를 한 것이 사실이다. 특히 조세형평성과 시장투
명성의 제고는 높이 살만한 것이다. 하지만 집권 초기에 정책적 혼선이 나
타났으며, 부동산정책과 다른 정책과의 유기적 조합과 연계가 나타나지 않
았다. 2003년 이후의 부동산가격 앙등이 부동산 그 자체의 수급문제보다는
저금리 또는 낙관적 기대에 의해 촉발됐음에도 불구하고, 집권 전반기에 유
동성 관리를 위한 엄격한 대출규제인 LTV, DTI 등과 같은 금융기관에 대
한 감독 건전성과 규제강화 등이 조세정책 및 건설정책과 병행되지 않은 점
은 이후의 수도권 중심(특히 버블쎄븐지역)의 가격폭등세를 방조한 셈이 되
었다. 이는 외환위기 이후의 한국경제의 구조적 변화(기존 은행 중심 금융
씨스템의 변화)에 대한 체계적 인식이 미흡하고 전 경제적 차원에서 부동산
을 포함한 자산시장의 씨스템 리스크를 관리할 수 있는 제도적 기반이 취약
하다는 데에 기인한다.

저금리기조와 과잉유동성 그 자체가 부동산 가격급등을 반드시 야기하는
것은 아니다. 이러한 거시 경제적 조건을 관리할 수 있는 종합적 시각의 부
재는 정책부문간의 유기적 연계 부족을 야기했으며, 때로는 상호 모순된 정
책의 배합을 낳기도 했다. 예를 들면, 국가균형발전정책과 금융허브론의 동
시 추구는 수도권 자산시장의 안정과는 양립하기 힘든 정책조합이다. 그리
고 과도한 부동자금의 출구를 마련할 수 있는 생산자본의 새로운 성장동력
의 발굴이 분명히 제시되지 않았다. 이처럼 자금의 출구가 계속해서 부재한
다면 언제든지 부동산가격의 상승을 유발할 수 있는 뇌관이, 개발수요가 막
대하고 고령화의 속도가 상대적으로 느린 수도권을 중심으로 터질 수 있다.

노무현정부는 초기에 정책부문간의 상호관계에 대한 체계적 인식이 부재
했다. 집권 후반기의 때늦은 부동산정책, 조세정책 그리고 금융정책 간의 정
책적 조합이 가격안정을 이루는 데 상당한 기여를 했지만 그 과정에서 계층
간, 지역간 양극화가 심화됨으로써 한국사회의 개혁을 이끌 수 있는 국민

상호간의 연대감과 신뢰감을 소진시켜버렸다. 이러한 이유로 인해 노무현정부는 부동산정책에서 전과 다른 새로운 개혁적 시도들을 여러가지 단행했지만 전체적으로 부정적인 평가를 받을 수밖에 없다.

| 정준호 |

제10장

지역정책, 창대한 시작과 초라한 결실[1]

1. 글을 시작하며

노무현정부의 지역정책은 지방분권과 지역균형발전을 내걸고 화려하게 출발했다. 대통령 취임사에서 당시 노무현 대통령은 "중앙과 지방의 조화와 균형을 위해 지방분권과 국가균형발전을 비상한 결의를 갖고 추진하겠다"고 밝혔다. 그러나 다른 많은 정책들과 마찬가지로 지역정책에 대한 평가는 싸늘하다. 보수적인 정치권이나 언론뿐 아니라 많은 국민들 역시 노무현정부 기간 부동산 가격폭등의 원인으로 지역관련 정책들을 꼽는 데 주저하지 않는다. 이는 1995년부터 2005년 사이 전국 지가상승총액에서 노무현정부 출범 후 상승액이 83%를 차지한다는 데서 단적으로 드러난다(2006년 국정감사 자료, 한겨레신문 2006.10.13).

진보적 학자들에게도 부정적 평가가 훨씬 우세한 참여정부의 지역정책들을 일부에서는 '신개발주의'로 규정한다. 즉 노무현정부의 지역정책이 균형발

---

1) 이 글은 『동향과전망』 2008년 가을호에 실린 논문의 내용을 수정·보완한 것이다.

전이란 이름으로 진행된 개발정책이고 총론에서는 분권과 균형을 표방하지만 행정중심복합도시, 기업도시, 혁신도시, 경제특구 등 각종 개발사업이 말해주듯이 각론은 여전히 토목, 건설 위주의 정책이었다는 것이다(박경 2005; 최병두 2004).

노무현정부의 지역정책이 지닌 문제의식은 무엇이며 정책방향과 목표는 또 어떠했나? 노무현정부 지역정책의 성과는 왜 '신개발주의'로 규정될 정도로 과거와 별반 다르지 않거나 오히려 더 심각한 부작용을 낳았는가? 그러한 문제를 낳은 노무현정부의 지역정책의 오류와 한계는 어디서 비롯되었나? 이 글은 이러한 의문에 대한 시론적 검토를 목적으로 한다.

2. 노무현정부의 지역정책 둘러보기

1) 새로운 패러다임으로 주목받은 지역정책

노무현정부 지역정책에 대한 평가는 일차적으로는 정책의 입안과 실행을 담당한 정치 엘리뜨 및 여당, 정부내 전문 관료집단 등에 대한 것이지만 동시에 현 단계 한국의 지역사회 현실을 규정하는 구조와 제도 그리고 행위주체와 그들의 행위양식에 대한 평가이기도 하다. 노무현정부의 지역정책에 대한 평가는 우리 사회의 대안적 발전전략으로서 '내생적(內生的) 발전' 메커니즘의 성립과 작동 가능성을 검토하는 의미를 지닌다. 그런 점에서 노무현정부의 지역정책에 대한 각론적 평가를 넘어, 지역의 구체적 현실 속에서 정책 전체를 조망하는 것도 필요하다. 이 글에서는 우리 사회 지역문제의 현황과 대안의 단서를 찾고자 하는 문제의식에서 노무현정부의 지역정책들을 총괄적으로 평가하고자 한다. 그런 점에서 이 글은 지역정책을 통해 본 노무현정부의 역사적 성격에 대한 성찰이자 우리의 지역문제, 지역사회 현실에 대한 관찰이기도 하다.

노무현정부의 지역정책에 포함될 수 있는 정책들은 매우 다양하고 그 수도 많지만 크게 세 범주, 즉 지방분권 정책, 지역균형발전 정책, 행정수도 건설 혹은 수도기능 이전 정책으로 구분할 수 있다. 이들 세 부류의 정책들은 서로 긴밀한 연관 속에서 이른바 '지방살리기 3대 특별법'인 국가균형발전특별법(2004.1.13 공포, 4.1 시행), 지방분권특별법(2004.1.16 공포), 신행정수도의 건설을 위한 특별조치법(2004.1.6 공포)으로 함께 추진되었다.

특히 지방분권과 지역균형발전은 지역문제 해결, 지방살리기의 핵심 정책으로 제시된 것이지만 노무현정부에서 부여된 의미는 그 이상이었다. 노무현정부의 지방분권은 과거 정부에서와는 다른 차원의 국가운영의 패러다임으로서, 기존의 중앙집권적, 집중적 국가운영에서 탈피하여 지방분권을 통한 분권형 국가운영 씨스템을 제시한 것이다(김순은 2006). 지역균형발전도 마찬가지로 국가발전의 비전이자 제2의 국가도약을 위해 한반도의 모든 지역이 지니고 있는 전략적 중요성을 최대한 살리기 위한 정책으로 소개되었다. 이처럼 노무현정부의 지역정책은 '지역'을 넘어서 21세기 한반도의 지경학적(地經學的) 환경변화에 대응하여, 형평(국민통합)과 효율(국가경쟁력 강화)이라는 두 과제의 동시적 해결을 모색하는 새로운 발전전략으로 제시되었다.

또한 이 전략은 세계화의 진전에 따라 정부가 특정 부문을 지원하는 방식의 산업정책에 대한 제약이 강화되고 기존 재벌씨스템의 리스크가 커진 결과 한계에 도달한 한국경제에 새로운 패러다임인 대안적 경제발전모델로서 주목받기도 했다.

2) 노무현정부의 세가지 지역정책

(1) 본격적인 지방분권 청사진 제시

우리나라 지방자치는 1949년 제정된 지방자치법에 의해 1952년 지방정부

가 구성되며 시작되었으나 불과 10여년 뒤 5·16쿠데타로 긴 동면에 들어갔
다. 그로부터 26년이 지난 1987년 지방자치법 개정법률안이 공포되고 이어
1991년 지방의원선거가 실시되었다. 그리고 마침내 1995년 지방자치단체의
장을 선출하는 4대 지방선거와 함께 본격적인 지방자치시대가 다시 열렸다.
1991년 지방이양합동심의회 구성, 1999년 '중앙행정권한의 지방이양촉진 등
에 관한 법률'(이하 지방이양촉진법)에 따른 지방이양추진위원회 설치 등 지방
분권을 위한 변화는 더디지만 지속되었다. 그러나 지방분권은 정부나 시민
사회 어디로부터도 커다란 관심을 끌지 못하다가 2002년 대통령선거를 앞
두고 당시 민주당 노무현 후보 진영의 대선공약에 등장했다.

노무현정부는 출범과 함께 '지방분권'을 선도적으로 제시하고 군수 출신
의 인사를 행정자치부 장관으로 임명하는 등 지방분권에 대한 강력한 의지
를 표방했고, 2003년 대통령자문기구(정부혁신지방분권위원회) 설치, 7월
지방분권추진 로드맵 발표, 2003년 12월 지방분권특별법 제정, 2004년 11월
지방분권 5개년 종합실행계획 수립 등 초반에 지방분권을 위한 정책들을 잇
달아 내놓았다.

지방분권추진 로드맵은 과거의 정부와는 다른 차원의 분권형 국가운영의
패러다임을 제시하고 있으며 지방분권특별법은 이 로드맵을 제도화한 것이
다. 특히 지방분권특별법은 과거 지방이양촉진법과 달리 향후 지방분권의
대상업무를 구체적으로 규정하고 '선 분권 후 보완'의 원칙을 담고 있다. 이
는 우리 사회의 뿌리깊은 지방분권 반대논리, 즉 자치역량이 부족하기 때문
이라는 논리를 차단하는 제도적 근거라는 점에서 중요한 의미를 지닌다(김순
은 2006). 한편 5개년 실행계획은 로드맵을 수정·보완한 것으로 핵심분야(7
개)와 중요과제(47개)를 선정하고 과제별 주관기관을 지정함으로써 지방분
권 실행을 위한 구체적이고 세부적인 지침이 되었다. 주목할 만한 것은 대
부분의 과제를 노무현정부의 임기가 종료하는 2007년까지 마무리하도록 시
한을 설정했다는 점이다. 이는 한편으로 지방분권 실행의 강한 의지를 보여

주는 것이지만 다른 한편으로는 정책의 연속성이나 지속성에 그만큼 불확실한 요소가 내재하게 되었음을 의미한다.

(2) 지역혁신과 지역균형발전

우리 사회의 수도권·비수도권, 영·호남, 도시·농촌간 불균등발전과 지역간 경제력 격차가 누적되어 심각한 수준에 이르렀음에도 정부 차원에서 지역격차 해소와 지역간 균형발전을 위한 정책에 관심을 보이기 시작한 것은 1990년대부터다. 그러나 지역정책은 '중앙주도-지방후원'의 틀을 벗어나지 못했으며 정책의 일관성 부족과 정책간 연관성 결여 등의 문제를 지니고 있었고 지역별 특성에 따른 고려도 부족했다.

노무현정부의 지역발전 전략은 크게 두가지 핵심 내용을 지녔는데 하나는 지역의 특성에 기초하여 혁신역량을 확대하는 전략(이른바 역동적 균형)이고 다른 하나는 지역간 균형을 유지하고 전국 최소기준을 모든 지역에서 충족하도록 하는 전략(이른바 통합적 균형)이었다. 이들 전략을 수행하는 중요한 정책으로서 지역혁신체제 구축, 지역전략산업 육성, 낙후지역 및 농·산·어촌 발전을 위한 신활력산업 지원정책이 추진되었다. 특히 지역혁신체제(RIS, regional innovation system)는 중앙의존적 폐해를 극복하고 지역 내부의 혁신역량을 창출, 확산하여 지역활성화를 도모하는 내생적 발전전략으로서 중요한 지위를 차지했다.

국가균형발전 전략의 형태로 제시된 노무현정부의 지역발전정책은 과거 정부의 지역정책들과 비교할 때 큰 변화를 보였다. 노무현정부는 지역발전을 국정과제 차원에서 핵심과제로 부각시켰고 이를 제도적으로 지원하기 위해 2004년 국가균형발전특별법을 제정했으며 지역균형발전 정책을 체계적으로 시행하기 위한 국가균형발전 5개년 계획도 수립했다. 그리고 대통령자문기구로서 국가균형발전위원회와 산하 국가균형발전기획단을 설치했으며,

특히 지역균형발전을 위한 별도의 예산을 균형발전특별회계를 통해 편성, 운영했다.[2]

지방자치단체의 경우 시, 도에 지역혁신협의회를 두며 2개 이상 시, 도가 공동으로 구성하거나 시, 군, 구 수준에서 구성하는 것도 가능하도록 했다. 지역혁신협의회는 이념형적으로 보면 지역사회의 중요한 의사결정 과정을 독점하고 지속적인 영향력을 행사해온 기득권층과 토착세력 대신 지역 전체 구성원의 이해를 반영하여 지역차원에서 내생적 발전동력을 조직하기 위한 다양한 지역내 인적자원의 참여와 동원을 위한 것이었다.

(3) 수도권 기능분산

1964년 서울의 인구집중 방지책에서 시작된 수도권 정책은 1970년대 들어 급속히 증가하는 수도권 인구를 억제하기 위해 본격 추진되었고 1980년 대에는 제2차 국토종합개발계획의 틀 내에서 수도권 전역을 5개 권역으로 구분하고 수도권에 집중된 인구와 산업을 재배치하는 역할을 담당했다. 1990년대에는 수도권 정책의 방향을 틀어 경제활동을 직접적으로 제약하는 개별적, 물리적 규제방식에서 총량적 규제방식으로 전환하고 이전의 5개 권역을 3개 권역(과밀억제권역, 성장관리권역, 자연보전권역)으로 단순화하는 등의 정책변화가 있었다(이우종 2006). 그러나 이런 정책적 노력이 진행되는 다른 한편으로 새로운 정부가 들어설 때마다 수도권에서는 도시정비나 신도시 개발 등 대규모 인구유입의 계기를 제공하는 정책을 동시에 시행함으로

----

2) 2004년 편성되어 2005년 처음 시행된 균형발전특별회계는 기획예산처 장관이 관리·운용하며, 지역개발사업계정(132개 사업계정, 시도별 사전 재원배분)과 지역혁신사업계정(23개 사업계정, 부처별 사전 재원배분)으로 구분된다. 균형발전특별회계는 국가균형발전 5개년 계획 등 계획과 예산이 연결되어 있고 또 지방자치단체의 재정상황 및 사업성과 평가결과를 고려하여 지원규모, 보조비율 등을 차등지원하도록 되어 있다.

써 정책 일관성에 커다란 한계를 보였고 수도권 팽창은 지속되었다.

노무현정부는 국가균형발전의 틀 속에서 1960년대 이래 지속되었던 성장 억제 위주의 수도권 정책에 대한 대안을 제시하려 했다. 노무현정부는 수도권의 계획적 관리를 국가균형발전의 핵심과제로 설정했다. 그리고 '규제중심의 관리'에서 '계획적 관리'로 전환하고자 했다. 즉 수도권의 각종 현안에 대응하여 규제를 합리적으로 재편하고 국토균형발전을 위한 장기구상 속에서 수도권 발전방안을 마련하려고 시도했다(변창흠 2007). 실제로 수도권의 계획적 관리방안(2003년), 신국토 구상(2004년), 신수도권 발전 및 혁신도시 건설방안(2004년), 수도권발전 특별대책(2005년), 수도권발전 종합대책(2005년) 등이 연이어 마련되었다.

그렇지만 노무현정부 수도권 정책의 백미는 과거 어느 정부도 감히 하지 못했던 획기적인 수도권 기능 분산 방안이었다. 노무현정부 들어 중앙행정부처 지방 이전과 행정중심복합도시 건설, 공공기관 이전 등 수도권 기능에 커다란 변화를 초래할 대규모의 계획들이 동시다발적으로 추진되었는데 그 가운데 신행정수도 건설은 우여곡절을 겪으며 진행되었다.[3]

3. 지역정책의 좌절

앞서 언급한 것처럼 노무현정부의 지역정책은 '분권화되고 자율적이며 참여를 통한 혁신기제의 창출이라는 내생적 지역발전전략'으로 제시되었다. 그러나 지역관련 정책들을 패키지로 엮고 특별법 제정이란 수단을 통해 추

---

3) 2004년 10월 21일 헌법재판소에 의해 신행정수도의 건설을 위한 특별조치법이 위헌결정 판결을 받자 정부는 2005년 3월 18일 '신행정수도 후속대책을 위한 연기·공주지역 행정중심 복합도시 건설을 위한 특별법'을 공포하고 이름도 낯선 '행정중심복합도시' 건설을 통해 수도의 행정기능 이전을 추진하고 있다.

진되었던 노무현정부 지역정책의 성과는 초라하다.

'지역균형발전→소득분배 개선→사회통합 증대→효율성 제고, 국가경쟁력 증가'라는 선순환에 기초해서 효율과 형평을 동시에 달성하는 대안적 발전모델의 수립은 아직 요원한 과제다. 전국적인 개발의 열기 속에 땅값이 폭등하고 토목·건설사업의 소음과 먼지가 전국을 휘감았을 뿐 지역혁신이나 지역균형 혹은 수도권 집중의 완화 그 어느 정책에서도 성과는 그다지 드러나지 않는다. 적어도 현재까지는 내생적 발전의 기제가 지역에 정착되지 않았으며 정책의 선순환적 연관고리를 구성하는 제도배열의 존재도 확인되지 않는다. 노무현정부의 지역정책은 어젠다 설정에서만 성공했을 뿐 체계적인 수단이나 정교한 실행능력을 갖추지 못한 채 좌초하고 말았다.

빈약한 성과에 대해서는 각 정책별로 세부적 요인들이 열거될 수 있을 것이지만 무엇보다도 당국이 보여준 정책수행 능력의 한계를 지적해야 할 것이다. 그것은 무엇보다도 조급한 성과주의, 단기주의 그리고 관료주의적 접근에 기인한다고 할 수 있다.

지역정책들이 패키지로 추진되는 외중에 나타난 정밀하지 못한 정책혼합(policy mix)의 부작용 등도 성과에 전반적으로 걸림돌이 되었다. 예컨대 지방분권의 경우 이해관계의 대립으로 지역간 합의 도출이 곤란한 지역균형발전과 패키지로 추진되고, 여기에 행정구역 개편논의까지 겹쳐짐으로써 오히려 지방분권은 더욱 지체·지연되는 결과를 초래했다(김순은 2006).

또한 정책의 성과는 구조(환경)와 정책, 행위자의 선택이 종합된 결과이므로 노무현정부가 처했던 정치·사회적 환경, 지역의 현실과 시민사회 역량 등에 대한 고려가 부족했음도 지적할 수 있다. 지방분권의 잠재적 수혜자인 지역주민과 지역상공인, 이익단체 등 지역에서의 관심이 높지 않아 실질적으로 지방분권의 추진을 강력히 뒷받침해줄 세력도 존재하지 않았다. 분권에 소극적인 중앙정부 관료집단, 선거구 등 정치적으로 복잡한 이해관계가 얽히면서 현상유지에 안주하는 국회와 정당에 포위된 지방분권의 추진력은 집권 중반을 넘기기도 전에 급속히 고갈되어 갔다.

이하에서는 이런 요인들이 복합적으로 작용하는 현실에서 노무현정부의 지역정책들이 어떻게 토목·건설사업 위주의 '신개발주의' '신성장주의'적으로 변질되어갔는지 살펴보기로 한다.

1) 멈춰선 지방분권

지방분권이 노무현정부의 대표적인 정책담론이었지만 결과적으로 볼 때 중앙정부의 권한은 쉽게 지방정부에 이양되지 않았으며 이러한 경향은 노무현정부 후기에 들어 관료집단의 정책주도권이 강화되면서 더욱 커졌다. 노무현정부가 출범한 2003년 현재 우리나라 총 국가사무의 73%가 중앙정부에 귀속되어 있으며 전체 세금의 80%가 국세이다(조순제 2003). 한국사회의 중앙집권적 성격을 분명하게 보여주는 이러한 지표는 이후 크게 개선되지 않았다. 이재은(2007)은 행정 및 재정관계를 중심으로 볼 때 지방자치 시행 15년이 지난 현재의 상황을 중앙집권 구조는 온존한 채 집행권만 이양된 '중앙집권적 분산체제'로 평가한다.

한편 경제적 이해관계로 뭉친 소수 지역사회의 특권적 집단에 비해 지역 시민사회는 분권화나 풀뿌리민주주의 등 지역 거버넌스 형성에 대한 관심이 미약하고 이를 보완할 시민의식(공동체의식)도 성숙하지 못하며 유인체계도 매우 취약하다. 노무현정부가 본격적인 지방분권을 핵심정책으로 내세웠음에도 불구하고 집권기간 수차례의 지방선거에서 거의 승리하지 못했다. 지방분권의 성과를 기반으로 풀뿌리 지역정치, 생활정치의 틀을 잡는 데 실패한 것은 이러한 지역상황과 무관하지 않다고 할 수 있다.

실제로 우리 사회 대부분의 지역들은 과거 성장지상주의의 유산이 강하게 잔존하며, 지역의 중심적 의제를 토목과 건설, 건축사업이 차지하는 경향을 보인다. 그 과정에서 지역의 특성과 전통은 사라지고 어딜 가나 비슷한 공간적 복제를 통해 저급한 동질화가 진행되고 있다. 그 결과 전국적으로 볼 때 각 지역의 발전유형은 별다른 차별성을 나타내지 않고 있으며 지역은 난개발이나 사익추구의 각축장이 되고 있다(정건화 2008).

> 도시는 아파트로 뒤덮여가고 농촌은 폐가로 가득 찼다. 우리가 다니던 학교들이 폐교로 변한 지 오래고 동네에는 띄엄띄엄 할머니들만 보인다. 시골에 남은 친구들도 거의 없다. 아무도 없는 그곳에는 이미 있는 길옆으로 또 다른 고가도로들이 건설된다. 도대체 누구를 위한 도로들인가…… 그렇다고 농촌지역에 돈이 없는 것만은 아니다. 때로는 너무 돈이 남아돌아 문제라고 느끼는 경우도 적지 않다. 무엇보다 여전히 공공 토목건설 공사를 하느라고 아우성이다. 공공건물들이 끝없이 지어진다. 그것은 대체로 수요자나 소비자, 시민 중심으로 지어지지 못한다. 그러다보니 쓸모없이 방치되거나 제대로 활용되지 못하는 경우가 많다. 예산은 낭비되고 알뜰하게 사용되지 못한다. 늘 부실공사로 시비가 끊이지 않는다. 한마디로 대한민국과 지방도시는 하드웨어 중심이다. 쏘프트웨어와 콘텐츠는 빈약하기 짝이 없다. 엄청난 돈을 들여 문화예술회관을 지어놓고 그곳을 채울 전시와 공연은 아예 기획도 되지 않거나 예산이 배치되지 않는다. 지방의 문화예술은 가뭄에 논이 말라가듯이 타들어가고 있다. (「박원순의 희망탐사 1」, 프레시안 2007.4.10)

이에 대한 반작용으로 무능하고 무책임한 지방분권보다는 이를 통제, 감시할 수 있는 중앙집권이 더 바람직하다는 논리가 득세하고 이를 통해 지방분권은 더욱 지체된다. 이 와중에 토목, 건설 중심의 개발사업은 끊임없이 진행되어 지가상승과 지역생태계 파괴, 공간구성 및 주민구성의 급격한 변화를 통해 지역사회는 정체성 위기를 맞고 있다(정건화 2007).

<그림 1>은 노무현정부의 지역정책이 신개발주의로 귀결되게 만드는, 한국사회 지역현실에 존재하는 피드백 구조[4]를 보여준다. 현재 우리 사회는

---

4) 지역정책의 성과를 구조와 제도, 전략, 행위주체 등을 포괄하는 영역에서 살펴보기 위해

지역 수준의 풀뿌리민주주의에 대한 훈련이 부족하고 민주적인 지역 거버넌스가 형성되지 않은 상황에서 나타나는 지역수준의 성장연합과 지역토호의 발흥에 따른 부작용을 심각하게 겪고 있다.

그림 1 지체된 지방분권과 신개발주의

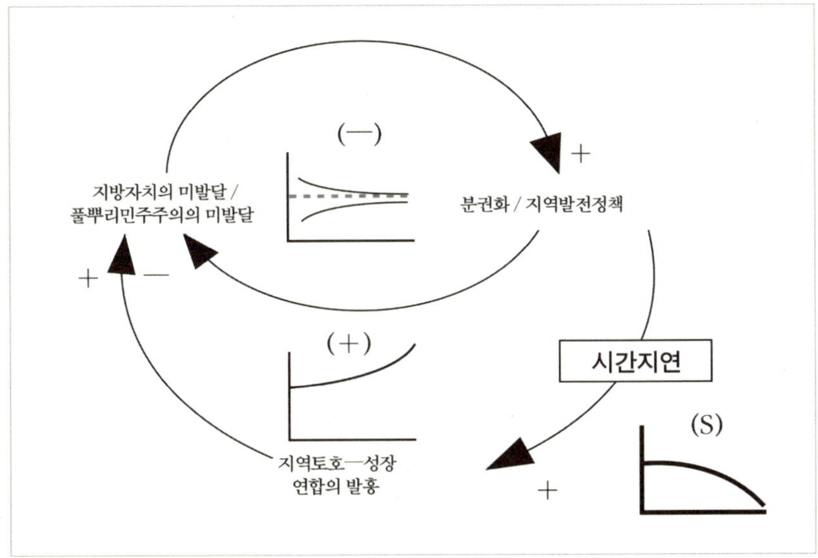

■ 그림에서 아이콘들의 의미는 다음과 같다. 아래 첫째는 음의 피드백 고리가 보이는 행태의 전형이며, 둘째는 시간지연이 개입된 음의 피드백 고리가 보이는 경우이다. 셋째는 양의 피드백 고리, 넷째는 씨스템 전체의 행태를 나타내는데 특정 피드백 구조가 초래할 씨스템의 행태 중 가장 주목해야 할 행태를 표현한다(김도훈·문태훈·김동환 1998).

씨스템 접근 혹은 씨스템적 사고(system approach, system thinking)에서 사용하는 피드백 고리(feedback loop)를 활용했다. 씨스템 분석에서 피드백 구조는 흔히 피드백 고리들의 구성물인 인과지도로 그려지는데, 씨스템 다이내믹스 연구자들은 피드백 고리에 내재되어 있는 자발적인 추진력을 직관적으로 이해하기 위해서 양의 피드백과 음의 피드백을 구분한다. 양의 피드백(positive feedback)이 상승작용을 일으키는 피드백 고리라면 반대로 씨스템을 일정한 목표치로 이동시키는 안정적인 작용을 일으키는 피드백 고리를 음의 피드백(negative feedback)이라 한다(김도훈·문태훈·김동환 1998).

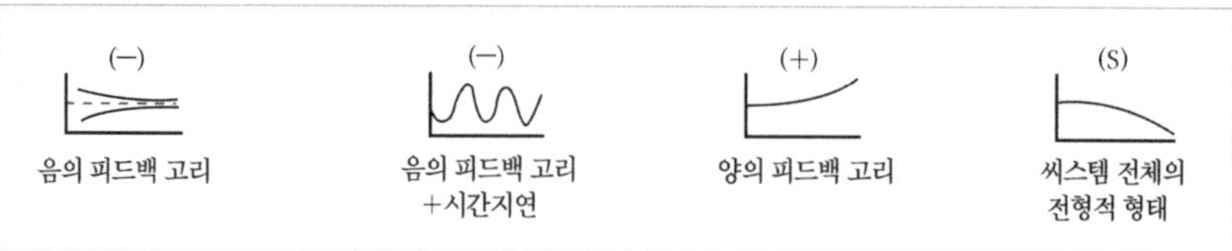

지역발전정책은 한편으로 지방자치나 풀뿌리민주주의를 강화하는 피드백 고리로 작동하기도 하지만, 다른 한편으로 그것이 더디게 진행되면서 오히려 지역토호와 성장연합의 발흥을 강화하는 피드백 고리가 강하게 작동하고 있는 것이다.

2) 혁신없는 혁신정책

균형발전전략의 핵심을 구성했던 지역혁신정책의 요체는 인쎈티브를 통한 자발적 추진체계를 만들고 지역경제 차원에서 내생적인 발전동력을 형성하는 것이다. 이를 위해서는 정책의 수립과 집행과정에 중앙정부와 지자체뿐 아니라 지역 시민사회의 참여가 긴요하다. 단순한 군집을 넘어 외부경제 창출과 그에 기초한 혁신은 지방정부, 지역소재 기업, 대학 등 연구기관, 기타 구성주체들의 참여와 협력을 통해서만 가능하기 때문이다.

지역의 자발적 참여가 지역혁신체제 형성에 중요한 조건이 된다면 정책의 성패는 지역 거버넌스에 의존한다. 노무현정부는 자신의 개발정책이 과거 개발연대의 그것과는 근본철학이 다르다고 주장할지 모르나 개발정책의 전달장치, 즉 정책수단이 과거와 조금도 달라지지 않았다는 점은 지역 거버넌스의 작동부재를 의미한다. 지역혁신체제 구축전략은 지역주체들에게 자율적 권한이 부여되어 있고 지역사회 내부의 참여 통로가 마련되어 있는 선진국의 지역환경에서 만들어진 발전모델임을 고려한다면(이용숙 2003; 강현수 2007), 노무현정부는 이 전략의 작동을 위한 제도적 환경을 갖추는 데 모든 노력을 경주해야 했었다.

따라서 지역정책의 실패요인은 지역혁신체제의 창출에 대한 이해부족 혹은 중앙정부 차원의 정책수단의 한계에 내재되어 있었다고 할 수 있다. 그것은 다름아닌 '정부주도의 지역별 산업클러스터 구축'이라는 전략 자체에 들어 있는 문제였다. 지역혁신체제의 구축은 첨단기술이나 고급인력, 자금, 물리적 하부구조 등 물적 요소를 투입하는 것이 아니라 이들 요소의 투입을 집적(cluster)과 연계(network)를 통해 효율화하는 방식, 즉 쏘프트웨어 중심의 정책이다. 혁신클러스터나 지역혁신체제 형성의 핵심이 구성주체간의 네트워크 형성이며 개별 기업의 범위를 벗어나 지역 내부의 공통지식을 창출하고 이전하는 메커니즘으로서 집단학습(collective learning)의 활용이라고 할 때, 이를 위한 조건은 지역 차원의 각 경제주체, 특히 민간부문의 '자발적' 참여를 핵심으로 한다. 자발적 발전전략은 말 그대로 정부가 주체가 될 수 없으며 따라서 그것을 어떻게 추동하고 지속시킬 것인가는 매우 어려운 문제이다.[5]

노무현정부의 지역혁신정책의 실제 추진과정은 어떠했는가? 대체로 각 중앙부처에서 사업목적, 규모 등을 결정하고 일정한 틀을 정해 지자체에 사업신청을 하게 만드는 식이었다. 중앙정부의 주도하에 일정한 계획에 따라 전국을 대상으로 추진하는 사업이어서 해당 자치단체로서는 사업선택의 여지가 거의 없는 경우가 많았다. 또한 지방의 혁신인프라가 취약한 데다 혁신기관간의 연계도 미흡했으며 특히 지역혁신의 핵심거점으로 간주되는 지방대학의 현실적 혁신역량은 턱없이 부족했다(강현수 2007; 정준호 2007; 배준구 2006). 이와 함께 특별회계를 통해 균형발전을 위해 확보된 재원도 지역개발 수요에 비해 크게 부족했다. 그것도 사실상 신규확충 없이 과거 재원으로

---

5) 노무현정부의 지역균형발전과 지역혁신체제 구축의 조건과 과제에 대한 좀더 상세한 논의는 정건화(2003)를 참조

자주 사용되던 지방양여금이 국가균형발전특별회계로 이관되어 그 대부분을 차지했다(배준구 2006). 추진기구로서 균형발전위원회는 정책목표에 대한 일관된 관점을 유지하는 데 실패했고, 정교한 정책 실행능력도 보여주지 못한 채 관료적 운영으로 일관했다.[6] 지역혁신협의회는 자체 운영이나 사업에 대한 규정 미비, 부적합자 위촉, 부실한 운영 등으로 형식적인 기구로 전락했다(조형제 2007; 정건화 2007).

결국 지역혁신체제나 혁신클러스터 구축전략의 성과가 장기적 관점을 요구하고 또 정부의 정책수단이 지방대학 육성이나 산학연 연관의 강조 외에 뚜렷한 것이 없다는 점을 인식하면서 단기적 성과와 실적을 위해 정부가 경제특구, 지역특화특구, 혁신도시, 관광리조트 등 과거 정권에서 추진했던 거점형 개발사업으로 선회한 것은 어쩌면 필연적이라 할 수 있다(박경 2005). 노무현정부의 지역혁신체제 구축을 위한 정책이 시간이 지남에 따라 이른바 '신개발주의'로 불리는 물량주의적, 하드웨어적인 토목·건설사업으로 변질되어 가는 피드백 구조를 나타낸 것이 <그림 2>이다.

<그림 2>에서 보면, 정책성과를 내기 위한 단기적인 정책수단의 동원은 장기적으로 지역혁신체제 구축을 위한 능력을 오히려 약화시키고 이는 다시금 단기적인 정책수단에 대한 의존도를 상승시키는 양의 피드백 고리를 구성한다. 결국 지역혁신체제 구축을 가능케 하는 지역내 혁신역량은 시간이 지나도 형성·집적되지 않는 피드백 고리가 작동함으로써 지역혁신체제의 구축은 난망하게 된다. 왜냐면 단기적 성과에만 급급하여 주로 물리적 시설 위주의 가시적인 성과에만 집중함으로써 장기적 시간이 소요되는 혁신 토대

---

6) 참여정부의 지역정책을 총괄적으로 주도했던 기구인 국가균형발전위원회는 실질적 권한이 없어 집행능력 면에서 취약점을 지녔던 다른 위원회들과 달리, 정식 행정조직으로서의 위상을 갖게 되었고 대통령의 신임을 받으면서 5년간 특별법 제정, 행복도시, 혁신도시 등을 추진했다. 따라서 균형발전위원회의 성과에 대한 부정적인 평가는 대통령자문위원회라는 태생적 한계와는 다른 요인들로 설명되어야 할 것이다.

구축사업들이 오히려 배제되는 경향이 나타나기 때문이다. 지역들 역시 지역혁신체제나 혁신클러스터 등 생소하고 난해한 내생적, 쏘프트웨어적 발전전략에 대한 이해가 부족한 상태에서 규제완화와 개발촉진을 통한 외생적, 가시적, 하드웨어적 개발을 선호하는 경향들이 강하며 균형발전을 명분으로 물리적 개발에 대한 욕구를 강화시키고 있다(강현수 2007).

그림2 단기주의적 지역혁신정책과 신개발주의

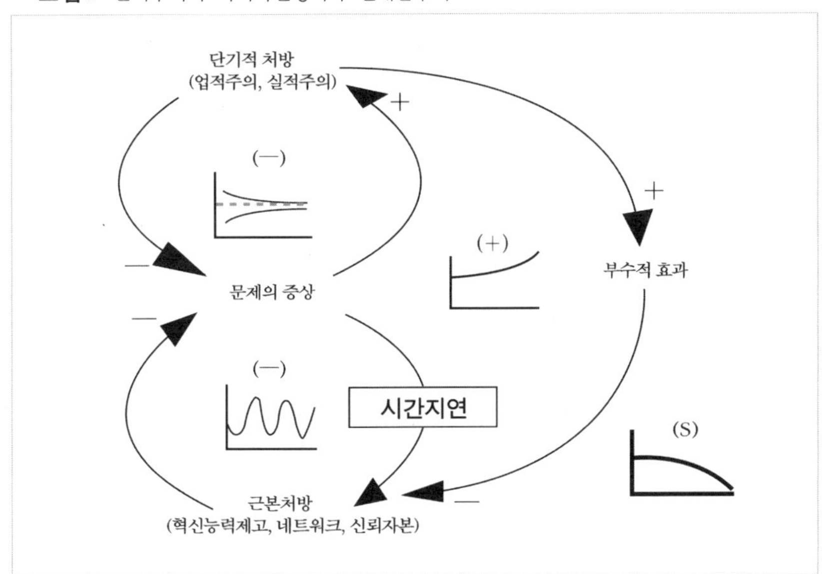

3) 딜레마에 빠진 수도권 정책

노무현정부가 지역균형발전을 국정과제로 설정하고 역대 정부 중 가장 강력하게 추진해왔으나 역설적이게도 수도권 규제 완화 역시 어느 정부보다 많이 실행한 것으로 평가된다(변창흠 2007). 이는 얼핏 모순적으로 보일 수 있지만 <그림 3>의 피드백 구조에서 충분히 예견되는 결과이다.

<그림 3>은 노무현정부 지역균형발전 정책의 틀 안에서 수도권 정책이 지닌 딜레마적 성격을 보여준다. 여기서는 시행된 정책이 예상하지 못한 결과를 초래하여 상황이 이전보다 악화되는 피드백 구조를 상정하고 있다. 매우 단순한 피드백 고리의 구조를 갖고 있지만 예상치 못한 결과가 시간지연을 통해 발생되기 때문에 그것을 사전에 발견하기가 쉽지 않다.

노무현정부의 지역균형발전 정책은 서서히 수도권의 내부에서 역차별에 대한 불만을 누적, 증폭시키면서 규제 완화를 요구하는 집단행동을 강화하는 음의 피드백 고리를 만들어낸다. 한편 수도권의 규제 완화는 다시 비수도권 지역들로 하여금 지역균형발전을 위한 개발정책의 수립과 지원을 요구하는 피드백 고리를 작동시킨다. 특히 노무현정부가 수도권 기능 분리를 위해 행정중심복합도시 건설과 공공기관 지방이전을 추진할수록 수도권에서는 그에 대한 보상으로 규제 완화에 대한 요구를 더욱 강화함으로써 이러한 음의 피드백 고리가 강하게 작동했다고 할 수 있다.

그림 3 지역균형발전 정책 속 수도권 정책의 딜레마

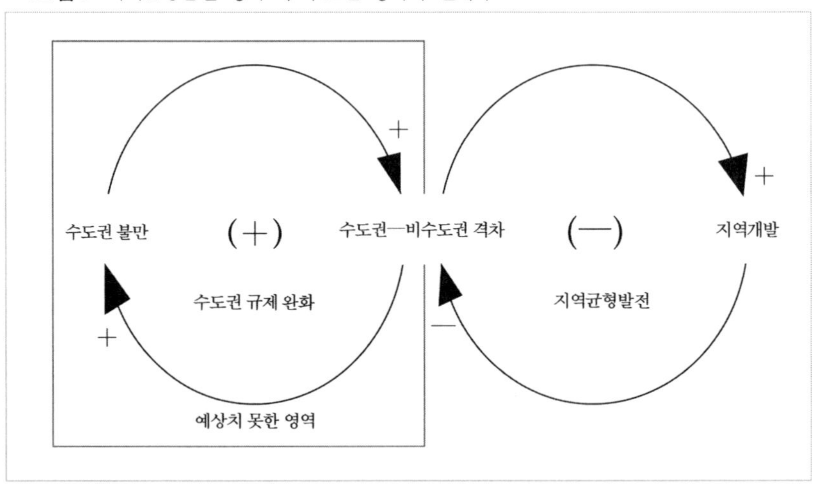

노무현정부의 균형발전 정책은 수도권 기능 분리와 수도권의 계획적 관리라는 두 축으로 구성되어 있다. 그러나 정치권이나 언론, 다수 국민들에게는 지역균형발전은 곧 행정중심복합도시 건설이나 공공기관 이전 등 수도권 기능 분리 측면만 강하게 각인되었다. 한편 수도권에 대해서는 규제를 강화하겠다는 의미로 받아들여졌다. 최근 이명박정부의 수도권 규제 완화가 예상에 미흡하자 여당 출신 지방자치단체장들이 청와대와 여당 수뇌부에 반발하고 또 서로 대립하는 상황이 나타난 것은 수도권 지역에서 누적되고 축적된 피해의식과 반감의 반영으로 설명될 수 있다 (프레시안, 한겨레신문, 경향신문 2008.8.21, 26).

이러한 상황은 이해관계가 대립될 수 있는 첨예한 쟁점임에도 불구하고 필요성과 당위성만을 강조한 '정치의 부족'과 '미숙한 정책홍보'의 부산물이다. 이로 인해 노무현정부가 치룬 비용은 적지 않았다. 노무현정부의 수도권 정책은 전체 인구의 47%를 차지하는 수도권 주민들을 잠재적 피해의식에 젖게 하면서 과거 우호적 지지기반을 형성했던 수도권의 민심을 등돌리게 했다. 제17대 대통령선거와 18대 총선의 결과를 보면, 한나라당은 거의 모든 수도권에서 당시 여당연합을 압도하는 지지율을 획득했다.

4. 맺음말—길은 어디에

이 글에서는 노무현정부의 지역정책이 결과적으로 성장과 개발로 상징되는 과거 정부의 지역정책, 나아가 대규모 토목·건설사업을 내걸고 있는 새 정부의 지역정책과 별반 차이를 보이지 않는다는 점을 심각하게 문제제기했다. 그런 점에서 노무현정부 정책을 실패로 규정하는 주장들이 이명박정부의 지역정책이나 경기도가 내세우는 대(大)수도권론의 근거가 될 수는 없다.

노무현정부의 실험적 지역정책이 실패한 탓인지 이명박정부는 시간을 거슬러 '익숙한 과거'로 회귀하는 전면적 실험에 나선 것으로 보인다. 노무현정부가 지역혁신을 통한 내생적 발전경로를 포기하고 토목·건설사업 위주의 개발전략으로 회귀했다면, 이명박정부는 처음부터 대운하사업 계획과 오산—세교 등 수도권 신도시 추가 등 본격적인 토목·건설사업 위주의 성장전략을 선택했다. 개발지상주의에 익숙한 중앙정부 관료들은 물론이고 지방정부들도 다투어 지가상승에 따른 개발차익이라는 지대 추구 전략(rent seeking strategy)을 선택할 것이다. 강한 경로의존성이 존재하는 현실에서 이같은 전략이 복잡하고 낯설고 긴 시간이 소요되는 혁신네트워크 형성보다 훨씬 우월한 전략임이 분명하기 때문이다.

우리의 지역사회 현실에서 내생적 발전이 정말로 가능한 것일까? 지역이 혁신동력을 갖추는 길은 과연 무엇일까? 지역을 구성하는 주요 행위자들의 개인적 합리성에 의존하는 한 개인 스스로 지역사회 전체의 이익을 위해 행동하지 않는, 즉 '집합행동의 딜레마'가 존재하는 상황에서 지역사회의 발전은 과연 어떻게 가능할까? 노무현정부의 지역정책은 이에 대한 해답을 보여주는 데 실패했다. 대안의 필요성은 점점 긴급해지는데 해법은 보이지 않는다.

노무현정부의 지역정책은 새롭고 좁은 길의 초입 어디에선가 길을 벗어나 옛길로 되돌아가 버렸다. 노무현정부가 표지판만 세워놓은 길을 이제 다시 누군가는 걸어야 한다. 지역의 내생적 발전을 위한 실험은 계속 다양한 방법으로 시도되어야 한다. 중앙정부 차원의 지역정책이 아무리 그럴듯해도 그것은 지역발전의 필요조건 이상이 아니다. 지역혁신을 책임질 주체의 형성과 지역 구성원들의 참여가 필수적이며 이를 위한 유인체계를 중장기적으로 세밀하게 설계하는 것이 무엇보다도 중요한 과제라 할 수 있다.

내생적 발전을 추구하는 주체적 역량이 과연 우리 사회 지역현장에서 형성될 수 있는 것인지에 대해 회의적인 의견이 적지 않다. 그러나 내생적 발전의 상상력을 자극하고 그 가능성을 꿈꾸게 해주는 소중한 실험들은 존재한다. 지금은 현미경을 대고 들여다보아야 할 정도로 작고 사소한 실험이어서 '징후발견적'으로만 보이지만 희망은 바로 거기에 있을 것이다. 그 실험의 주체들이 반드시 사회운동이나 시민단체 활동가들만도 아니다.

나는 아직도 그곳에 희망이 있음을 믿는다. 무엇보다도 훌륭한 풀뿌리 활동가들과 좋은 사람들이 지역 안에서 희망의 씨앗을 품고 자신의 지역과 동네를 되살리고 사람이 살만한 곳으로 만들기 위해 땀방울을 흘리고 있음을 볼 수 있었다. 결코 포기할 수 없는 깃발을 부여잡고 자신의 지역과 한계상황 속에서 농민과 상인, 문화인과 예술가들, 교육자들, 언론인과 시민운동가들이 나름대로 최선을 다하고 있었다. 그들로부터 뭔가 희망을 찾을 수 있으리라는 내 믿음이 잘못되지 않았음을 확인할 수 있었다. 이제 그 열정과 노력, 성취들을 좀더 전국적인 차원으로 확산하고 제도화함으로써 한 지역의 작은 실험이 아니라 전국적인 성공의 파문을 일으키는 일이 미래의 우리 모두의 과제이다. (「박원순의 희망탐사 60: 끝을 맺으며」 프레시안, 2007.12.21).

| 정건화 |

제11장

과학기술정책, 성장론에 포획된 국가혁신체제

1. 과학기술——성장의 동력

과학기술발전은 적어도 박정희정부 이래로 한국사회에서는 그 의의를 의심받지 않았던 국정과제였다고 할 수 있다. 박정희정부의 '과학기술입국' 이래 노무현정부의 '과학기술중심사회구축'까지 과학기술은 줄곧 빼놓을 수 없는 국정어젠다였다.

그런데 과학기술에 요구되는 그 구체적 내용은 한국의 기술수준의 발전과 더불어 변모해왔다. 1960~70년대에는 수입한 기술을 학습하여 저임금노동과 결합하는 것을 과제로 했으며 1980년대 이후엔 고부가가치산업에 진입하기 위해 선진국의 고기술을 역엔지어링(reverse engineering)의 방식으로 학습하면서 거대 자본투자와 결합해갔다. 1990년대에 진입하자 자본투자 중심의 성장전략은 한계에 봉착했으며 그것에 능동적으로 대응하지 못하면서 1997년 외환위기라는 비극적 방식으로 귀결되었다.

1997년 외환위기 이후 기존의 성장전략은 수정이 불가피했으며 자본이 아닌 지식 또는 기술이 성장동인으로 부각되었다.[1] 하지만 한국이 이전 또는 모방한 기술과 거대 자본투자를 결합하는 것으로는 경쟁력을 확보할 수 없으며 신기술을 개발하고 상용화함으로써만 비로소 성장의 돌파구를 마련할 수 있었다. 김대중정부의 벤처육성정책이 그러한 전략수정의 외현이었고 노무현정부의 과학기술중심사회구축 어젠다에 의해 더욱 강조된다.

표1 한국의 기술혁신 발전과 전략

범주	1960~70년대	1980~90년대	2000년대 이후
주요 행위자	정부출연연구소(이하 출연연)	기업	대학
연구개발	기술이전	개발	기초, 응용
인적자원	테크니션	엔지니어	연구자(high caliber)
핵심전략	선진국 기술이전을 통한 중화학공업 육성	선진국을 따라잡기 위한 전략적·독자적 기술 확보와 고기술제품 시장 진입	세계 최초·최고 기술과 고기술제품 시장 창출
대표적 정책 이니셔티브와 프로그램	1. 과학기술연구원(KIST) 비롯한 산업별 출연연 건립 2. 숙련인력 양성을 위한 광범위하고 심도있는 직업교육	1. 출연연-기업의 전략적 공동연구 예) TDX와 CDMA 개발, G7 프로젝트 2. 기업의 연구개발을 뒷받침하는 이공계 대학 인력의 대거 배출	1. 세계적 연구경쟁력을 갖춘 이공계대학원 육성 예) BK21, 창의적 연구 진흥사업 2. 원천기술과 차세대시장의 창출 예) 21세기 프론티어 사업

■출처　김석현(2008)

---

1) 기업단위의 자본, 노동, 연구개발 투자의 성장기여도에 대한 분석은 김석현(2007)을 참조

2. 노무현정부의 기술혁신정책 기조 — 과학기술중심사회구축

참여정부의 기술혁신정책은 역대 정부의 기술혁신정책을 계승하면서도 그 폭과 깊이에서 차원을 달리하는 변화를 시도했다고 할 수 있다. 기술혁신을 성장동력으로 강조했던 김대중정부를 넘어서 기술혁신을 모토로 하는 '과학기술중심사회구축'을 국정과제로 부상시켰다. 김대중정부와 비교할 때 노무현정부의 국정과제에서 과학기술이 좀더 분명하게 드러남을 알 수 있다 (<표 2>의 진한 활자 참조).

표2 김대중정부와 노무현정부의 국정과제

김대중정부의 6대 국정과제[*]	노무현정부의 12대 국정과제[**]
1. 권위주의에서 참여민주주의로의 대전환(정치)	1. 한반도 평화체제 구축(외교·국방·통일)
2. 관치경제에서 민주적 시장경제로의 전환(경제)	2. 부패 없는 사회 봉사하는 행정(정치·행정)
3. 창조적 지식과 정보중심의 지식기반 국가(경제)	3. 지방분권과 국가균형 발전
4. 화합과 협력의 노사관계(노사)	4. 참여와 통합의 정치개혁
5. 보편적 세계주의와(대외)	5. 자유롭고 공정한 시장질서 확립(경제)
6. 남북협력(대외)	**6. 과학기술중심사회 구축**
	7. 동북아 경제중심국가 건설
	8. 미래를 열어가는 농어촌
	9. 참여복지와 삶의 질 향상(사회·문화·여성)
	10. 교육개혁과 지식문화 강국 실현
	11. 국민통합과 양성평등의 구현
	12. 사회통합적 노사관계 구축

■ 출처 * 「8·15경축사」 DJ의 개혁프로그램 총정리」, 조선일보 인터넷판 1998년 8월 14일자.
　　　 ** 청와대브리핑(16cwd.pa.go.kr)

참여정부는 역대 정부의 기술혁신정책을 계승하면서도 정책의지를 가장 뚜렷하게 보여주었다고 할 수 있다.

먼저, 행정체계 개편을 통해 많은 정책역량을 투입했다. 역대정부에 없었던 과학기술보좌관을 신설하여 대통령의 지근거리에서 정책보좌를 하게 했다. 과학기술보좌관은 김태유(서울대), 박기영(순천대), 김선화(순천향대) 세 명이 역임한 바 있다. 그리고 과학기술부를 부총리부처로 격상시키고 차관급 조직인 과학기술혁신본부를 두어서 범부처적인 과학기술정책을 수립하게 하고 조정역할을 부여했다.

다음으로 정책콘텐츠도 상당히 구체화되었다. 기술중심사회구축을 7개의 과제와 약 30개의 세부과제로 명시했다(<표 3> 참조).

표 3 과학기술중심사회 구축을 위한 7대 과제와 세부과제

1. 국가과학기술씨스템의 혁신: 연구개발투자 효율화를 위한 종합조정기능 강화 등
2. 미래 성장동력 확보를 위한 기반 강화: 성장동력 확충을 위한 연구개발 투자 확대
3. 지역혁신 역량 강화: 연구개발·산업특구 및 지방특화산업 육성 등
4. 세계 일류 IT산업 육성: 이동통신 등 주력 IT산업의 경쟁력 강화 등
5. 지식정보 기반으로 사업고도화 추진: 중소·벤처기업 육성으로 역동적 산업구조 구축
6. 과학문화 확산을 통한 '원칙과 신뢰'의 사회 구축: 과학기술 사기진작으로 이공계 기피현상 해소 등
7. 지식기반사회에 부응한 일자리 창출: 중소·벤처기업 창업 및 지식기반산업 성장을 통한 신규 일자리 창출 등

■출처 청와대브리핑(16cwd.pa.go.kr)

기술혁신에 대한 노무현정부의 의지는 정부재정 운용에서 뚜렷하게 보인다. 연구개발사업에 대한 재정투입을 꾸준히 늘려서 노무현정부의 임기말인 2007년도엔 10조원에 달했다. 정부의 재정투입 대비에서도 임기중에 4% 이상을 기록하였고 임기말에는 5% 가까이 이르렀다. 대선공약이었던 정부예산 7%에 미치지는 못했지만 5%만 놓고 보더라도 노무현정부의 기술혁신에 대한 의욕을 분명하게 알 수 있다.

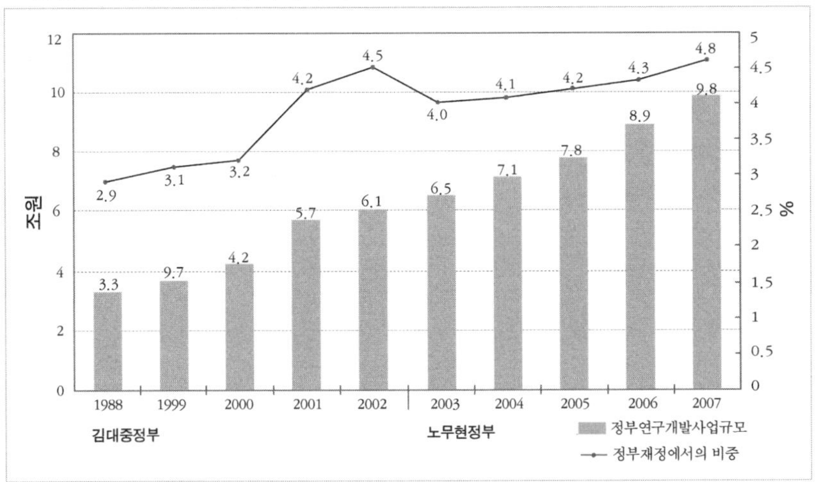

■ 출처 「참여정부 국정리포트」 대통령자문정책기획위원회(2007) 그림 Ⅲ-63, Ⅲ-64를 재정리.

3. 평가 Ⅰ─노무현정부의 기술혁신정책의 치적, 그러나 낮은 호응

노무현정부는 상당히 많은 정책역량과 재정을 과학기술부문에 투입했으며 국정의 우선순위에 두겠다는 약속을 지켰음을 자부하는 듯하다. 또한 이러한 정부의 노력과 더불어 다양한 성과 지표 등을 통해서도 한국의 과학기술 수준이 뚜렷하게 상승했다고 자평한다. 노무현정부의 마지막 과학기술보좌관 김선화는 2007년 12월 과학기술정책연구원(STEPI)에서 개최한 포럼에서 '지식이 부유한 나라가 되고 있습니다'라는 소제목하에 다음 표처럼 성과를 제시하고 있다.

표4 노무현정부가 제시한 기술혁신 성과

지표	2002년도	2006년도
SCI 논문 게재 순위*	세계 15위	세계 13위
국제특허 출원 순위	세계 9위	세계 5위
국제표준 반영 건수(ISO/IEC 기준)	16건	99건
기술수출액	6.4억달러	19억달러
세계일류상품수	122개	308개

■ 출처 김선화 (2007).
■ SCI란 Science Citation Index의 약자로서 인용할 만한 가치가 있는 저널들의 논문목록의 의미로
도 쓰인다. Thomson ISI라는 민간회사가 기준을 만들지만, 국제적으로 통용되기 때문에 SCI에
등재된 저널에 논문을 게재했다는 것은 곧 국제적인 공인을 얻은 것으로 인식된다.

노무현정부는 이들 대표적인 성과지표 외에도 연구원 수, 기술혁신 중소
기업의 수, 국제적인 연구소인 세계경제포럼(WEF)이나 국제경영개발연구
원(IMD)이 발표하는 국제경쟁력 또는 과학기술부문 경쟁력 순위에서도 괄
목한 만한 진척이 있었음을 보여주는 자랑스러운 지표들을 제시할 수 있다
(「참여정부 국정리포트」가 대표적 지표들만을 선정해서 제시하고 있다).

이러한 지표들은 분명 노무현정부 시기에 한국의 과학기술이 양적·질적
으로 상승했음을 보여준다는 점에서 고무적이다. 그리고 이러한 노력과 성
과들이 지식기반 사회로 변모하는 과정에서 중요한 버팀목이 되기를 바란다.

하지만 노무현정부의 적극적인 노력에도 불구하고 기술혁신 정책에 대한
평가가 호의적이라고 보기는 어렵다.

과학기술분야에서는 유인우주선 발사 같은 대형 사업이나 CDMA 이동통
신처럼 실생활 또는 경제에 미치는 파급효과가 큰 기술적 성취 이외에는 대
중의 주목을 받기 어렵기에 많은 성과지표들이 전문적인 영역에 머물고 만
다. 황우석교수의 줄기세포 연구가 대중적 관심을 받을 수 있는 계기일 수
있었지만, 안타깝게도 연구 부정으로 인해 노무현정부의 과학기술정책에 대
한 부정적인 이미지를 형성하는 원인이 되어버렸다.

과학기술정책의 흐름과 그 작동을 잘 이해하는 정책전문가 또는 정책의 수혜자 역할을 하는 현장의 과학기술자에게도 노무현정부에 대한 평가가 긍정적이라고 보기는 어렵다. 과학기술정책연구원이 발행하는 『과학기술정책지』에서 송재준(2007)은 정부연구개발사업에서 기초연구비의 비중을 늘려왔지만 아직도 핵심주체인 대학에 대한 투자 부족, 창의적인 소액과제에 대한 소홀 등 기초연구정책의 일반적 원칙과는 거리가 있음을 지적한다. 또한 장효성(2008)은 산업기술분야 연구개발사업이 현재의 가시적 성과를 얻는 데 과도하게 무게중심을 두고 있음을 지적한다. 이민형(2007)은 노무현정부가 의욕적으로 추진한 지역혁신사업이 중앙정부의 공급자 중심의 정책기조로 지역혁신사업의 정신인 자발성과 창의성을 결여했음을 지적한다. 김민수(2008)는 정부의 출연연에 대한 정책이 국가의 과학기술 대계를 수립하고 민간부문에서 할 수 없는 고유의 임무를 수행하는 것보다는 상업화에 초점이 맞춰져 있음을 지적한다.

이처럼 노무현정부가 의욕적으로 추진한 세부정책 영역들에서도 전문가들이 비판적 시각을 견지하고 있는 것은, 세부내용을 좀더 천착하는 전문가들 또는 현장의 과학기술자들의 한계일 수도 있을 것이다. 즉 큰 흐름에서의 기여보다는 수행과정에서 드러난 문제들에 전문가들은 상대적으로 좀더 관심을 두는 경향이 있기 때문이다.

하지만 노무현정부 스스로 대표적인 성과로 여기고 있고 정책적 우선순위를 부여한 정책영역에서 일반 대중과 전문가사회의 적극적인 지지를 받지 못한다면, 이는 심각한 문제일 수 있다. 국민의 지지에 힘입어야만 정권의 주도력이 보장되는 민선권력의 시대에서 많은 노력에도 불구하고 그에 상응하는 대중의 지지가 없다면 정치적인 관점에서는 실패일 수 있기 때문이다. 장기적으로는 국민이 지지하거나 그 업적을 이해해줄 수 있겠지만, 정권을 이어나갈 책임이 있는 민선정권으로서는 정책을 통해 대중의 지지를 얻어내야 한다는 점에서 이 문제는 심각하게 다루어져야 한다. 다음절에서 과연 노무현정부의 기술혁신 정책에 대해 검토하고자 한다.

4. 평가 II—성장론에 포획된 국가혁신체제

앞서 언급한 노무현정부의 과학기술중심사회구축을 위한 7대 과제 중 첫째인 '국가과학기술씨스템의 혁신'은 과학기술이 선순환적으로 발전하는 씨스템의 건설을 명시화하고 있다. 과학기술의 선순환적 발전이라 함은, 한편으로는 기술이 개발되고 다른 한편으로는 그러한 기술이 상업화되어 그 성과가 다시 기술개발에 재투자되는 것을 의미한다고 볼 수 있다.

이러한 씨스템적 접근은 이론적으로는 국가혁신체제(NIS, National Innovation System)에 기반하고 있다. 국가혁신체제에서는 금융, 연구소, 기업, 대학, 인프라 등 다양한 부문들이 원활하게 상호작용하며 효율적인 기술혁신을 도모한다. 핀란드 등 북유럽의 노르딕(nordic) 국가들은 적은 국가자원을 효율적으로 배분하여 씨스템에서의 선순환을 도모하는 국가혁신체제의 모델들이다.

한국은 특정한 산업분야에서 앞선 기술력으로 세계시장을 주도하고 있기는 하나, 첨단 부품소재나 장비 등에서는 여전히 수입에 의존하는 기술추격국에 머물고 있다. 제품생산기술과 원천기술 사이의 불균형도 심각하다. 이처럼 여전히 기술개발에서 할일이 많고 그만큼 많은 투자를 해야 하는 상황에서 국가혁신체제는 매력적인 모델이라고 할 수 있으며 그것에 기반한 기술혁신정책을 설계하는 것은 자연스럽다고 할 수 있다.

그런데 과연 노무현정부의 기술혁신정책이 씨스템적이었나 하는 점은 의문으로 남는다. 3절에서 살펴본 전문가들의 시각에서도 드러나듯이, 산업기술과 기초기술, 출연연, 기업, 대학 간의 적절한 균형과 그에 기초한 부문간 선순환 효과를 모색했는가에 대해서는 긍정적인 답을 하기 어렵다.

<그림 1>에서 정부정책의 우선순위를 보여주는 기술혁신주체별 정부연

구개발사업지원 비중의 시간 추이는 노무현정부가 과연 한국의 기술혁신체제의 발전과정에 부합한 정책설계를 했는지 간명하게 드러낸다. 눈에 띄게 비중의 증가추세를 보이는 연구수행주체는 출연연과 대기업이다. 반면에 대학은 정체되어 있으며 중소기업은 오히려 감소추세를 보이고 있다. 앞서 <표1>에서 보이듯이 한국의 기술혁신이 이제 창의적 아이디어가 만발해야 하는 대학에 투자 우선순위를 두어야 함에도 연구개발사업의 지원비중은 그렇지 못하다. 반면 출연연은 국가의 중요한 지식창출 기반이지만 비중이 이처럼 확대되어가는 추세는 쉽게 납득할 수 있는 것은 아니다. 마찬가지로 중소기업에 대한 지원의 비중이 감소하고 대기업 쪽이 증가하는 것 또한 상대적으로 열위에 있는 중소기업의 역량을 강화하여 국가혁신체제의 균형을 모색해야 하는 정책지향에는 오히려 역행한다고 할 수 있다.

그림1 연구수행주체별 정부연구개발투자 비중 추이

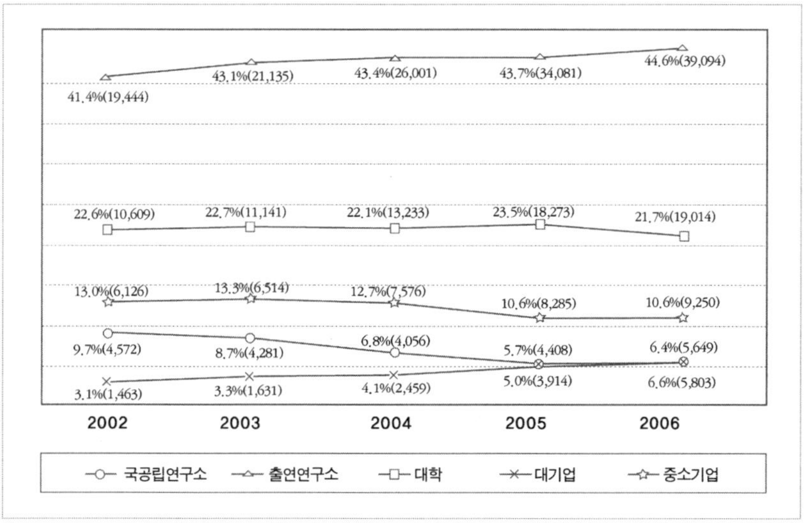

■ 출처 국가과학기술위원회(2007).

이처럼 국가혁신체제를 채택했으면서도 왜 현실화된 정책은 그와 상충하는 방향으로 전개되었는가? 그 답은 노무현정부의 정책설계가 씨스템에 부합하기보다는 오히려 그에 상반되는 투입과 성과라는 단선적인 것이었다는 데서 찾을 수 있다.

무엇보다도 먼저, 노무현 대통령이 성장론에 깊이 집착했다는 것에서 문제의 실마리를 찾을 수 있다. 노무현 대통령은 후보시절에 처음엔 6% 경제성장률을 공약했다가 이회창 후보의 공약인 6%와의 차별화를 위해 7%로 높여 제시한다. 최근 이명박 대통령의 7% 성장률 공약이 비현실적이라는 비판을 받고 있는 점에 비추어볼 때 당시 노무현 후보의 공약 역시 비현실적이라는 비판을 받는 것은 당연했다. 실제로 노무현정부 시기의 경제성장률이 4%대였다는 점은 그러한 비현실성을 여실히 보여준다.

노무현 대통령은 임기중에도 2008년에는 일인당 국민소득 2만불 시대를 열겠다는 포부를 줄곧 밝혀왔다. 이러한 목표는 박정희정부의 캐치프레이즈와 크게 달라 보이지 않는다. 또한 삼성경제연구소가 의제화했던 『국민소득 2만불로 가는 길』(윤수봉 외 2008)과도 일맥상통하며 이건희 전 회장이 줄곧 강조했던 어젠다이기도 하다. 이러한 성장론은 노무현정부에 덧씌워진 좌파정권의 이미지와 대척점에 서 있다. 대기업의 이해에 기반한 삼성경제연구소의 정책 권고사항이기도 한 2만불 담론은 노무현정부가 개발국가시대의 연장선에 있었다는 주장에 힘을 실어준다.

이처럼 성장론은 대통령이 챙기는 중요한 국정의제였으며, 많은 정책부문들을 관통하게 된다. 노무현정부가 과학기술부문에서 중요한 의제로 설정한 정책담론도 '차세대 성장동력의 육성'이다. 노무현정부는 2003년부터 이를 의제화하여 한국사회의 5~10년 후의 산업을 주도할 10개 분야를 선정하여 대형 연구개발사업을 추진케 했다. 이처럼 단기간에 한국을 이끌 산업부문을 선정하다보니 불가피하게 한국의 대기업이 이끌고 있는 주력산업을 업그레이드하는 것일 수밖에 없었다. 또한 필연적으로 한국의 대기업들이 의제화하고 싶고 국가의 지원을 끌어들이고 싶은 분야였다. 그래서 <표 3>에서처럼 노무현정부가 선정한 10대 분야와 삼성경제연구소가 권고한 10대 성장산업이 거의 동일한 것은 굳이 삼성이 노무현정부에 끼친 영향력으로 확대해서 해석할 필요도 없을 것이다.

표 3 삼성경제연구소와 노무현정부의 10대 성장산업 비교

삼성경제연구소가 제안한 10대 성장산업		노무현정부의 10대 성장동력 산업	
자동차	정밀화학	디지털TV · 방송	지능형 홈네트워크
반도체	산업용기계	디스플레이	디지털콘텐츠 · SW쏠
휴대정보단말기	통신써비스	지능형로봇	루션
디스플레이	디지털콘텐츠	미래형 자동차	차세대 전지
바이오	비즈니스써비스	차세대 반도체	바이오신약 · 장기
		차세대 이동통신	

이처럼 성장론에 대한 노무현정부의 집착은 국가혁신체제를 목적으로 설계한 정책들이 정작 씨스템으로서의 국가혁신체제와는 상충하는 것을 이해하는 열쇠이다. 노무현정부는 국가혁신체제를 마치 성장을 약속하는 마술지팡이로 오해했던 것인지 많은 정책설계에도 성장론은 거의 강박관념처럼 자리한다. 이러한 점에서 노무현정부는 국가혁신체제마저도 성장을 위한 투입요소로 이해했을 가능성이 크다. 그러므로 당연히 국가혁신체제를 구성하는 30여개의 세부 부문에 대한 정책들도 씨스템적 관점보다는 성장이라는 성과를 위한 투입요소들로 구성되고 말았다. 결과적으로 노무현정부의 많은 기술혁신정책들은 씨스템 구축이 아니라 성장을 가져다줄 마술지팡이들의 묶음이 되어버린 것이다.

참여정부의 기술혁신정책들은 일관되게 성장이라는 목표와 그것을 이룩하기 위한 투입이라는 구도로 이해된다. 몇가지 참여정부의 대표적인 기술혁신정책들에 대해서 확인해보면 다음과 같다.

먼저 성장동력산업을 예로 들어보자. 정부는 원하는 성장동력산업을 선정하고 대기업과 출연연을 중심으로 이들 산업을 이끌어갈 주체를 선정한다. 그리고 정부의 예산과 기업들의 자금을 결합하여 연구개발을 수행한다. 그리고 나서 성과관리를 통해 5년쯤 후에는 새로운 먹거리가 나올 것을 기대한다.

둘째, 중소기업 지원을 예로 들어도 마찬가지이다. 중소기업의 기술혁신을 고무하기 위해 참여정부는 약 3만개의 혁신형 중소기업(Inno-biz)이라는 목표를 제시한다. 그리고 이들에게 혁신에 필요한 사업자금 또는 연구개발자금을 지원한다. 2003년에 8,000여개였던 혁신형 중소기업은 2006년엔 두 배 이상인 1만 7,000여개에 이른다(대통령자문정책기획위원회 2007). 하지만 이러한 혁신형 중소기업의 급격한 증가라는 성과는 중소기업의 침체라는 일반적 상식과는 무척 거리가 있다. 사실, 3만개의 혁신형 중소기업이라는 목표 자체가 자기실현적 예언이어서, 그 목표를 이룰 수 있도록 혁신형 중소기업의 기준이 변경되고 중소기업들에 대한 지원을 독려했던 것이다.

지역기술혁신사업도 별반 다르지 않다. 중앙정부가 지역의 전략산업이라는 목표를 기획한 다음에 이 목표를 추진할 지역전략산업단 같은 정책집단을 만들고 그것을 담당할 기업들을 중심으로 연구개발자금을 지원하는 것이다. 이처럼 중앙정부가 사업기획을 하고 기술혁신주체를 참여시키고 자금을 지원하는 공급자 중심의 투입·성과의 정책프레임은 위의 세가지 외에도 대부분의 정책이나 사업에서 거의 일관되게 발견된다.

이러한 단선적 설계는 결과적으로 씨스템의 부문간 균형과 원활한 상호작용에 기반한 국가혁신체제가 아니라, 오히려 부문간 편중과 병목을 가져오게 하는 부정적 결과를 초래한다. 노무현정부가 역대 어느 정부보다도 의욕적으로 기술혁신에 투입한 정책역량과 재정을 고려할 때, 무척이나 난감할 수밖에 없다. 마치 공격과 수비의 균형이 무너진 축구팀이 아무리 선수들이 의욕을 보이면서 열심히 뛰어도 어이없이 대량 실점하는 것을 바라보

212

는 듯한 안타까운 심정이 드는 것이다.

노무현정부가 기술혁신을 돕기 위해 만들었던 많은 지원조직들은 서로 중복되는 데다, 출연연이나 대기업이 주도할 수밖에 없는 대형 연구개발사업에 참여한 쪽은 자금이 넘치지만, 많은 기초분야 연구자들은 몇천만원의 자금도 받기 어려울 정도로 정책의 범위 바깥에서 겉돌게 되는 불균형이 발생했다. 전국민을 충격에 빠뜨렸던 황우석교수의 연구부정 행위도 이례적인 개인 비리로 보기보다는 참여정부의 정책들이 갖는 문제들이 우연한 계기를 통해서 관철된 것으로 보는 편이 좀더 올바른 인식이다.

5. 결론──미래지향적 어젠다, 그러나 과거방식에 머무른 정책 설계

기술혁신을 성장동력으로 삼고자 했던 노무현정부의 정책의제는 미래지향적이었으며 역대 정부에 비해 분명 진일보한 것이었다. 그러나 그것을 정책설계로 구체화하는 과정은 여전히 박정희정부의 산업정책 설계에서 별로 달라진 점이 없었다. 산업 대신 기술이 자리잡았을 뿐이다.

저임노동이 풍부하게 존재하여 자본투자만 있으면 생산과 판매가 원활하게 이루어지는 개발국가시대의 정책설계 방식이 지금의 한국에 작동할 리가 없다. 어느덧 기술의 최전선에 도달하고 임금수준도 선진국과 큰 차이가 없어진 한국에서는 기술만이 성장의 열쇠이지만 기술개발에 성공할지 그리고 그것이 시장에서 성공할지는 전혀 미지수인 극도의 기술불확실성에 직면하고 있다. 한국의 글로벌기업들이라고 해봐야 고작 2~3년 정도의 시장만을 염두에 두는 경우가 많으며, 그나마 많은 중견기업들은 투자를 기피하고 내수시장에 안주하는 경우가 많다. 중소기업들은 일반적인 기술불확실성 외에도 과연 수요기업인 대기업들이 호의적인 협력파트너의 역할을 해줄지에 대한 시장의 구조적인 불확실성과 위험요소를 여전히 안고 가고 있다.

이처럼 시장에서의 불확실과 위험이 큰 상황에서는 특정한 기술과 산업에 대한 투입중심의 정책설계는 작동하지 않을 가능성이 많으며 의욕에 따른 대규모의 지원은 오히려 큰 실패로 귀결되기 쉽다. 그러한 정책실패는 온전히 민선정부의 책임으로 돌아올 수밖에 없다.

노무현정부는 그러한 정책실패의 위험을 인지하지 못했거나 설령 인지했더라도 다른 길이 없다라고 판단했을 수 있다. 기술혁신에 대한 의욕적 재정투입과 정책설계의 실패는 어쩌면 불가피할지 모른다. 불확실성이 지배하는 기술영역에서 9개가 실패해도 1개가 크게 성공해서 다른 실패들을 만회해가는 통큰 전략이 기술혁신 분야에서는 필요할 수도 있다. 노무현정부의 시기에 기술혁신은 한국기업, 한국인의 지배적인 담론으로 자리했으며 또한 앞서 설명한 것처럼 많은 치적이 있었던 것도 사실이다. 그런 점에서 노무현정부를 위한 항변의 근거도 있다. 하지만 그런 점을 인정하더라도 여전히 남는 것은 '더 잘할 수 있는 여지가 있었다'라는 아쉬움이다.

먼저, 성장지상주의론으로 인해 정책범위를 스스로 지나치게 한정하지 말았어야 했다. 노무현정부는 역대 어느 정부보다도 경기부양책의 유혹을 잘 견뎠으며, 그렇다고 자부할 자격도 있다. 그러나 그런 노무현정부도 사실은 성장의 강박관념에 빠져 있으며 5년이라는 짧은 임기에 과학기술에 대한 전폭적인 투입을 통해 가시적인 성과를 얻고자 했다. 장기에 걸친 비전설정과 투자계획을 세워야 하는 기술혁신분야에서 노무현정부의 단기주의는 국가혁신체제(NIS)을 오히려 왜곡시켜 투자의 비효율성을 높이는 아이러니를 가져왔다. 노무현정부가 강조했던 연구개발 투자효율의 정책목표가 사실은 그 효율을 떨어뜨리는 원죄를 범하는 격이었다. 그토록 많은 로드맵을 만들었던 노무현정부에서 정작 장기적인 에너지 전략이 없었던 것도 단기주의를 여실히 드러내는 대목이다.

다음으로, 투입-산출이라는 단선적 정책설계의 유혹을 견뎌냈어야 했다. 국가혁신체제의 정신에 맞게 각 부문을 진단하고 부문간 균형을 이룩하는 데 정책역량과 재정을 투입해야 했다. 이는 마치 골을 많이 넣고 싶다고 축구선수들이 모두 상대편 진영으로 내달리면 다량 실점만 허용할 뿐인 것과 같다. 2002년 월드컵에서 기적을 일으킨 히딩크 축구의 요체는 공격과 미들 그리고 수비의 균형이었다. 이 균형을 유지하는 과정에서 초기엔 0대 5라는 패배의 수모도 기꺼이 감수했다. 공격-미들-수비의 적정한 간격을 유지하기 위해 수비수들을 후방 깊숙이 배치하지 않았고 그 결과로 그러한 씨스템에 선수들이 익숙하지 않았던 초기엔 대량 실점이 있었지만, 선수들이 그 균형에 익숙해지자 곧 한국의 국가대표팀은 엄청난 강팀이 되었던 것이다. 노무현정부는 성과를 얻고 싶다고 대형 상용화 연구개발사업을 벌이는 단선적인 접근을 하지 말아야 했다. 아이디어들이 기초에서부터 차근차근 쌓이도록 대학의 성실한 개인 또는 소그룹 연구자들을 지원해야 했다. 중소기업의 연구개발사업을 지원하는 것 못지않게, 그들의 기술혁신 노력이 시장에서 온전히 대접받을 수 있도록 시장의 공정한 감시자 역할에 많은 정책역량을 투입해야 했다. 지역산업을 일으키기 위해 중앙정부가 선의의 기획자(benevolent planner) 역할을 하는 것이 아니라, 스스로 지역의 먹을거리를 기획하고 집행할 수 있도록 지방자치단체의 재정자립도를 높여주는 것에 초점을 두어야 했다. 설령 아직은 지방자치단체의 기획·집행 역량이 떨어지더라고 히딩크가 초기에 큰 점수차로 지는 선수들을 격려했듯이 뚝심을 보여주어야 했다.

역사에 대한 평가는 시간이 지나면서 달라진다. 잔뿌리들이 많이 보이는 현재보다 굵직한 뿌리들이 선명해지는 미래에 노무현정부의 기술혁신정책은 좀더 높은 평가를 받을 수 있을지도 모른다. 그리고 그렇게 되기를 바란다. 모든 문제점들에도 불구하고 노무현정부는 우직할 정도로 기술혁신에 정책역량을 쏟아부었다. 노무현정부가 단기 성장주의에 빠져 있다고 지적하지만, 기술혁신을 성장의 핵심고리로 삼는 식의 정책 우선순위를 부여하기도 쉽지 않다. 이런저런 세세한 것들에 좌고우면하다보면 의욕적인 정책추진은 불가능했을 수도 있다. 비록 지금 필자는 참여정부의 기술혁신정책을 비판하고 있지만, 시간이 흐른 뒤에는 당시의 많은 투자가 결실을 맺어 노무현정부가 한국의 기술혁신정책의 중대한 분수령으로 평가받을 수 있기를, 그래서 필자의 비판이 짧은 식견으로 판명되기를 바란다.

| 김석현 |

교육정책, 민주적 공공성 확보의 실패

1. 한국교육의 공공성 인식

우리 사회에서 교육의 역할에 대한 보수와 진보의 견해는 전반적으로 크게 다르지 않다. 구체적인 수준에서 평준화, 학생선발, 교사평가 등 몇몇 영역에서의 첨예한 갈등에도 불구하고 교육의 목표와 역할에 대한 인식은 거의 유사하다. 특히 경제와 연관하여 교육을 논의할 때 양 진영 모두 지식경제시대의 대학을 연구개발(R&D)을 통한 혁신과 창조의 기반이자 지역혁신군집의 거점으로, 또 교육을 통한 인적자원의 개발을 산업과 국가경쟁력의 기반으로 간주하며 교육을 통하여 국민의 보편적 지식과 숙련을 향상시키는 인적자본 축적이 장기적 성장의 동력이 된다고 인식하고 있다. 그리고 교육을 아동들의 발달과 사회적 계층이동의 주요한 통로로 인식해 교육기회의 균등성이 보장되어야 한다고 주장한다. 양 진영 모두 학교의 자율은 보장되어야 하며 교사는 자율에 대한 책임을 져야 하고 학교의 운영위원회나 지방자치단체의 교육위원회를 통하여 의사가 민주적으로 반영되어야 한다는 점에 동의한다. 따라서 정도의 차이는 있지만 수사에서 보수와 진보가 모두 수월성(또는 품질)과 함께 형평성을 강조한다고 볼 수 있다.

한편 교육문제에 대한 인식도 진보와 보수의 견해가 유사하다. 과도한 교육열과 사교육으로 인하여 학생들이 초등학교 때부터 지나친 경쟁에 몰두하게 되므로 전인적 성장과 창의성 개발이 어렵다고 진단한다. 다만 진보는 지나친 성적위주의 수월성 경쟁교육이 전인적 성장을 방해하고 있다는 점을 좀더 강조하는 반면, 보수는 지나친 평등주의 교육으로 인하여 수월성과 다양성, 창의성이 형성되지 못한다고 주장한다.

이같은 진보와 보수의 교육에 대한 인식과 접근 그리고 정책과 수사 측면에서의 상당한 유사성은 교육의 고유한 특성에서 유래하는 것일 수도 있다. 교육은 기본적으로 성인들의 시장거래와 정치참여와 직접적 관련이 있는 것이 아니라, 미래의 시장거래와 정치참여에 동참할 아동들에 대한 초기 자원배분과 아동의 성장발달과 관계한다. 따라서 시장원리를 강조하는 보수적 가치를 가진 사람마저 교육에서 국가의 역할을 강조하게 된다. 과거 사립고등학교에 공립고등학교 수준의 재정지원을 하게 된 평준화정책은 기본적으로 박정희정권에서 시작됐다. 이는 현재 진보적 가치를 강조하는 전국교직원노동조합에서 유지·확대를 가장 바라고 있는 정책이다. 또 참여정부에서 가장 강조된 교육정책이 사교육비 경감대책이었는데 이는 전두환정권은 과외를 전면 금지하고 보충수업을 폐지했던 모습에서 찾아볼 수 있다. 이러한 진보와 보수의 교육문제에 대한 유사성은 다른 나라의 경우에도 종종 발견된다.

과거 많은 나라에서 보수정당과 진보정당이 서로 유사한 교육개혁 슬로건을 내세우며 공교육에 과감하게 투자하여 공립학교 위주의 교육체제를 확립했다. 한 예로 대학을 포함하여 교육경쟁력이 가장 높은 것으로 평가받는 핀란드의 경우 사회민주당과 중도당의 연합정권이 시작한 교육개혁이 정권의 교체와 상관없이 보수, 진보와 중도의 지지를 받으면서 30년간 지속되어 대학원까지 무상으로 지원하는 공립교육체제를 완성했으며 현재까지 유지하고 있다. 미국의 경우도 1870년대와 1970년 사이, 집권당에 관계없이 교육에 대한 과감한 투자를 지속한 결과 초·중등과 전문대학은 공립 위주로 유지되었고, 대학의 경우 학생부담은 상대적으로 높지만 70% 이상이 공립체제이다.

이와 같은 진보와 보수의 교육에 대한 인식과 가치의 유사성은 극단의 '경쟁만능주의자'나 '엘리뜨주의자'를 제외하면 교육에 관해 상당한 사회적 합의를 볼 수 있는 가능성을 제공한다. 그러나 이런 높은 유사성에도 불구하고 우리 사회에서 교육에 대한 진보와 보수의 갈등의 골은 깊다. 특히 이명박정부의 출범과 함께 일부 극단주의적 보수주의자들은 '학생간, 교사간, 학교간 경쟁'만이 살길이라고 주장하며 거친 교육정책을 추구하고 있다. 사교육은 당연한 것으로 간주되고 평준화, 즉 학생들의 근거리 학교배정원칙은 선택권이라는 명분아래 제거의 대상이 되고 있다. 갈등의 여지가 매우 큰 정책들이 사회적 합의없이 추진되고 있다.

왜 이러한 현상이 벌어지는 것일까? 1987년 민주화 이후 절차적 민주주의의 정착과 시민권리의 확대로 폭압적 정치체제에서 강제적으로 유지됐던 '독재적 공공성과 평등성'은 새로운 도전에 직면했다. 참여정부나 전국교직원노동조합이 유지하고 확산하고자 했던 평준화는 유신독재 초기인 1973년에 시작되었고, 사교육의 경감대책의 가장 효과적인 한 방법인 과외금지조치와 학교교육 중심의 내신강조가 전두환정권의 초기인 1980년대초에 폭압적인 방법으로 이루어졌다. 이러한 독재적 교육개혁 방식은 민주주의 확산과 시장의 수요·공급 법칙으로부터 근본적인 도전을 받게 된다.

민주화 이후 들어선 노태우와 김영삼 정부는 상류층의 높은 과외수요로 인해 과외금지규제를 점차 완화했다. 노태우정부는 1989년 대학생의 과외교습과 초·중·고교 학생들의 방학중 학원수강을 허용했으며, 김영삼정부는 학기중 학생들의 학원수강과 교내 방과후 과외교습을 허용하고 위성방송의 과외강의를 시작했다. 한 과외공급자의 위헌소송으로 시작된 2000년 헌법재판소의 과외금지 위헌판결은 폭압적 정치권력이 추구했던 기이한 '독재적 공공성' 확보 조치인 과외금지조치를 종결시켰다.

진전된 민주주의 성과를 처음으로 교육정책 전반에 반영한 것은 '문민'을 표방한 김영삼정부의 5.31 교육개혁으로 민주적 슬로건은 '자율'이었고 이는 환영의 대상이었다. 그러나 이 개혁방식은 민주적 사회합의를 통하여 교육의 공공성을 확보하기보다 민주주의 진전과 시장의 자유를 결합함으로써 수월성에 중점을 두는 교육의 시장의존성[1] 강화방안이었다. 5.31 교육개혁의 접근방식[2]의 특징은 크게 두가지로 나눌 수 있다. 하나는 정부가 재정지원을 하되 규제를 완화하여 개별기관의 자율성을 확대하고 경쟁을 통하여 책무성을 제고하는 방식(대학과 학교의 자율화와 평가를 통한 책무성 확보)이고, 다른 하나는 시장기제 자체를 적극 활용하는 방식(학교선택과 바우처, 대학설립 규제완화 등)이었다. 전자의 방식은 공립학교체제가 이미 갖추어진 초·중등 교육에 주로 적용되었고,[3] 후자의 방식은 아직 국·공립 체제가 미약한 대학과 전문대학 등의 고등교육 부문과 유아교육 부문에 주로 적용했다. 고등교육의 경우 국가는 적극적이고 책임있는 공급자의 역할에서 준칙의 제정과 규칙운영자로서의 역할로 그 활동을 축소했다. 김대중정부와 노무현정부의 교육정책은 이러한 이 5.31 교육개혁의 틀을 크게 벗어나지 못했다.

5.31 교육개혁의 일부 시장적 접근을 진보세력은 그간 '개발독재'를 통하

----

1) 교육에 대한 시장적 접근에 대한 전반적인 논의 검토는 이 글의 범위를 벗어나므로 생략하겠으나 교육을 시장기제에 맡기는 경우는 산업화와 민주주의가 정착된 나라에서 상대적으로 적다는 것은 익히 알려져 있다.
2) 5.31 교육개혁 전반에 관한 논의는 참여정부 교육혁신위원회의 「5.31 교육개혁의 성과와 과제」를 참조
3) 초등학교, 중학교 및 고등학교의 교육은 공립학교와 사립학교(준공립) 체제가 자리잡고 있으나 거대한 사교육 기업체와 공급자의 견제와 영향 속에 있다.

여 확보된 공공성마저 훼손하는 것으로 인식하면서 논쟁을 주도했다. 진보세력은 학교와 교육계 내의 민주주의의 강화를 통하여 교육의 공공성과 경쟁력을 강화하고 역으로 교육을 통하여 민주주의와 분배정의를 성취하고자 했으며 개발독재를 통하여 확보했던 교육공공성을 민주적 절차와 합의를 통하여 변혁하고 확대·발전시키고자 했다. 그러나 김대중정부와 노무현정부도 5.31 교육개혁의 시장주의식 접근을 상당부분 답습함으로써 이러한 과제는 실현되지 못했을 뿐 아니라 상당한 도전을 받게 되었다.

2. 대한민국 교육에서 시장과 국가의 역할

대한민국 초·중등교육은 다른 OECD국가와 마찬가지로 공립체제로 잘 발전되어 있다. 초등학교부터 발전·확대되어온 초·중등 공교육은 사립학교의 비율이 많은 고등학교의 경우에도 교사 인건비, 운영비 그리고 시설비마저 국가가 대부분 책임지는 정도로, 독립사학이 거의 존재하지 않는 공립중심체제이다. 또 학급 규모와 교사 1인당 학생수는 OECD 평균보다 크게 높지만 과거보다 크게 줄었으며[4] 교사의 수업시수도 OECD 평균수준이고 교육시설은 급격히 개선되고 있다. 초·중등교육의 국가의 재정부담도 80%에 이른다. 학급규모나 교사 1인당 학생수의 감축이 더 필요하나 초·중등교육의 영역에서 공립학교 중심의 공립체제는 이미 발전되어 있다. 학생들의 생애능력을 측정하는 국제학업성취도 비교평가(PISA)의 시험성적 결과로 볼 때 우리 학생들의 성취도 또한 우수한 것으로 나타났다. 그렇다면 왜 이토록 강고한 공립위주의 체제가 시장의 힘에 휘둘리게 되었는가? 강고해 보이는 공립학교체제의 취약성은 교육과정, 교수·학습방법, 교사·학생관

---

4) 이는 학생수 감소와 김대중정부의 7.20 교육여건 개선사업의 성과이다.

계, 학내의 민주주의, 학교와 행정관청의 관계, 학부모와 학교, 학교와 공동체의 관계에 대한 학부모와 학생들의 불만이 매우 높다는 것에 잘 나타나 있다. 학부모의 사교육 의존도는 매우 높으며,[5] 외국으로의 조기유학은 자주 관측되는 현상이다.

왜 외적으로 공립학교체제의 강고함에도 불구하고 이에 대한 신뢰가 낮으며 사기업(학원, 학습지, 과외)에 대한 선호도와 의존도가 이토록 높은가? 이것은 대한민국의 교육이 시험을 위한 교육이며 시험을 위한 학습(exam-centered education and learning)이기 때문이다. 다시 말하면 시험성적과 등수를 높이기 위한 교육이자 학습이다. 학교는 학생들이 시험에서 좋은 성과를 내도록 돕는 공공기관이다. 한국사회의 시험이 매우 중요하게 된 것은 교육이 정치와 시장영역의 자원배분에 결정적인 영향을 미치고 있으며 시험은 교육의 자원배분 기능의 정점에 서 있기 때문이다. 수많은 시험이 '큰 도박시험'(high stake examination)이 되고 있다.[6] 학력, 학벌[7] 그리고 인맥으로 연계된 사회구조는 한 개인이 자원배분의 기제 속에서 우위를 결정하는 경쟁의 선두에 서기를 요구하며 교육과 학교를 시험경쟁의 장으로 몰아넣는다. 더욱이 압축적 경제성장의 결과물을 고학력자가 편향적으로 누림으로써 이러한 도박시험을 위한 교육경쟁이 옳다는 믿음이 신화처럼 굳어졌다.

5.31 교육개혁의 결과인 1990대 중반의 대학설립준칙주의와 대학정원자율화로 인해 고등교육도 급속히 확대되었다. 이는 고등교육의 시장과 경쟁

---

5) 심지어 우리나라 학생들의 높은 PISA가 사교육 때문이라는 지적이 있다. 그러나 사교육을 거의 받지 않은 저소득층의 성취도가 다른 나라 학생들보다 높은 점은 그 반증이 될 수 있다.

6) 대부분이 나라에서 큰 도박시험이 존재한다. 어쩌면 그 횟수와 내용, 그리고 판돈의 크기가 문제이다. 또한 이것이 반드시 개인적으로 사회적으로 해로운 것으로 간주할 필요도 없으나 유용하다고 판단할 근거가 많은 것도 아니다.

7) 학력과 학벌은 일반적 숙련을 특수적 숙련보다 강조하는 사회에 더욱 강화될 가능성이 높고 일반적 숙련을 강조하는 사회일수록 교육과 인지능력에 따른 소득격차가 크다.

구조에 큰 영향을 미쳤는데, 서울대와 명문사립대를 정점으로 하는 수직화된 대학의 서열체계가 크게 변화하지 않았지만 지방에 소재하던 전통적인 국립대의 전반적인 위상저하, 수도권, 특히 서울소재 대학의 위상강화와 IMF위기 이후 입학성적이 급격하게 올라간 국립 교육대학 및 사범대학, 의과대학의 위상강화가 그것이다. 이는 IMF의 경제 이후 변화된 노동시장의 구조와 깊은 관련이 있다.

대학간 경쟁압력이 높아지는 가운데 여전히 체계적인 대학서열과 계열전공서열은 고등학교체제를 서열과 선발 그리고 경쟁을 강조하는 방식으로 몰아넣고 고등학교의 서열체계의 발전은 다시, 최근 국제중학교의 설립확대와 영재교육확대 논쟁에서 드러나듯이 중학교와 그 이하 서열체계를 필요로 하게 된다.

이러한 조건 속에서 강화된 시험중심 교육과 학습은 시험기업체를 이를 양산하고, 시험산업의 발전을 촉진한다. 시험성적 경쟁에서 모든 활동과 자원을 점수에 몰입하는 사교육기관은 공립체제를 압도할 수밖에 없다. 공립학교는 학생을 보살피는 복지써비스를 제공할 뿐 아니라 학생들의 전인적 성장을 지원해야 하며 민주적 시민양성 기능을 수행해야 한다. 시험성적을 위한 경쟁에 학교가 함께 몰입하는 순간, 학교는 복지와 시민형성의 기능을 상당부분 상실할 것이다. 결국 학교는 시험경쟁과 학교의 민주적·복지적 기능 사이에서 좌충우돌하고 있으면서 어느 분야에서도 확고한 우위를 점할 수 없는 위치로 전락한다. 경쟁을 강조하면 할수록 교육써비스의 운영의 자율성에 따라 집안배경과 잠재능력이 우수한 학생자원이 경쟁력을 높을 것이므로 사교육 기업체, 사립학교 그리고 공립학교 순으로 시험에서 좋은 성과를 낼 가능성이 높다.

또다른 문제는 시험기업들은 고객의 돈, 잠재적 학습능력 그리고 시간을 과도하게 요구한다는 점이다. 자습할 시간을 고려하면 정규 학교교육 시간만으로도 공부가 충분한 학생들이 시험기업체에 자유와 시간을 포박당하고 또 이는 '교실붕괴'로 상징되듯 공교육의 건강한 발전을 위협한다.

시험위주의 교육과 학습은 개인의 인지능력 중에서도 시험이라는 제한된 도구로 측정되는 일면적 발달을 지나치게 강조하여 다른 영역의 성장을 경시하거나 무시하게 된다. 물론 시험은 학습의 결과와 진척을 확인하고 학생들의 학습동기를 외재적으로 자극하는 효과적인 도구가 될 수도 있다. 그러나 지나친 시험 위주의 교육은 내재적 동기를 축소시킬 뿐 아니라 인간의 폭넓은 성장을 왜곡하여 활동과 협력을 통하여 이루게 될 사회적 · 정치적 · 집단적 성장을 저해할 수 있다. 공동의 활동과 나눔, 서로의 협력이 경시되고 민주주의적 가치가 왜곡될 수 있으며 학생들은 경쟁뿐 아니라 협력과 신뢰도 사회발전의 중요한 동력임을 체험하지 못하게 된다.

시험위주의 교육은 또한 시험기업체와 산업을 지나치게 발달시켜 사회의 자원을 왜곡되게 배분할 수 있다. 시험산업 및 관련산업의 고용규모는 점차 커져 2005년 추계로 학원의 강사수만 17만명을 넘어서고 있다. 학습지 와 과외교사 그리고 대학생을 대상으로 하는 시험기업체 등을 포함하면 고용비율이 높아 입시산업에 대한 정책은 이제 노동시장과 거시경제의 측면에서도 고려해야 하는 요소가 되고 있다. 선행학습과 반복학습을 위한 시험기업체의 활동은 동일업무를 복수의 근로자가 이중으로 작업하는 꼴이며 학생들 또한 중복된 학습을 하는 것으로 매우 비생산적인 자원배분이다.

교육과학기술부와 통계청이 조사한 2007년도 초등학교, 중학교, 고등학교 학생들을 대상으로 한 사교육비의 규모만 해도 20조원 규모로 교육예산 40조원의 절반이다. 기타 사교육비에 투자되는 사적 재원을 포함하면 이보다 크게 높을 수 있다. 이러한 규모의 재원을 공공재원으로 전환할 수 있다면 양질의 대학교육, 3~6세 아동을 위한 교육지원과 초 · 중등 교육의 학급규모 축소를 과감하게 시도하고, 북유럽 복지국가 수준의 공교육을 제공하는 것도 가능할 수 있다. 학교교육과 동일한 교육에 대한 시험기업의 중복투자는 사적으로는 이익이 되더라도 사회적으로 해롭거나, 단기적으로 효과적이지만 장기적으로 부작용이 클 수 있다. 시험위주의 교육과 사교육 증가로 인한 폐해와 사교육비 경감에 따른 긍정적인 효과들로 인해 사교육비 경감에 대한 광범위한 사회적 공감이 형성되고 있다고 본다.

이제 입시산업 발전동력의 원천이 되는 대학체제의 측면에서 문제를 살펴보자. 입시산업이 막대한 사회적 자원과 학생들의 에너지를 소진시키면서 종국적으로는 대학입학을 위한 투자를 유도하는 산업이라면 대학의 품질과 경쟁력은 매우 중요하게 검토되어야 한다. 한국의 대학은 학생수로 볼 때 전문대학은 96% 이상 대학은 약 70%이상이 사립에 재학하고 학생과 학부모가 대학재정의 약 80% 정도를 부담한다. 이 대학들은 사학법인들이 운영하고 있으며[8] 대학들간의 경쟁에도 불구하고 질적으로 발전하지 않았다.[9] 많은 예비학자와 연구자 들은 국내대학과 대학원은 기피하려는 경향이 있으며 해외에서 훈련을 받는 경우가 많아 미국대학으로의 유학과 조기유학이 경향적으로 늘어나고 있다. 이러한 상황에서 소수 대학의 품질만이 우수하다 치더라도 이마저도 입학생의 우수한 인지능력에 의존한 것이라면 대학입학을 위한 입시경쟁은 치열해질 수밖에 없다.[10]

---

8) 대학들은 학생교육을 상대적으로 시험기업에 덜 의존하는 듯 보이지만 학생들의 취업이 학생 자비로 이루어지는 수많은 시험기업체의 외국어 강좌나 해외 외국어연수나 공무원시험 강좌 등에 크게 의존하고 있다. 특히 명문대학의 경우 선발되는 학생의 상당수가 사교육에 의존함으로써 대학 자체가 시험기업에 큰 부문을 의존하는 것이라 할 수 있다. 대학 입학생들의 사교육 의존성을 조사할 필요가 있다.
9) 국립대 법인화와 대학간 경쟁으로 한국 고등교육의 품질과 경쟁력을 높일 수 있다는 시장주의 대학개혁 주장이 입증되려면, 우리나라처럼 대부분의 대학이 사립이고 법인이 운영하면서 대학간 경쟁이 심한 고등교육체제가 경쟁력이 높아야 하지만 국제적 비교를 해보면 오히려 그 반대가 타당해 보인다. 또 많은 학자들이 양적으로 충분하나 질적으로 문제가 많다고 지적하지만 질의 문제가 양의 문제와 상충관계에 있다는 이 논리는 엄격한 검증을 거쳐야 한다.
10) 우리의 교육예산과 사교육비를 합한 돈보다 적은 1인당 재정으로 세계 최고의 교육을 시키는 나라가 있다. 대입자격시험 이외에 시험이 없으며 입시기업체가 없고 사립학교 설립까지 엄격한 국가적 심사를 거치는 나라, 국가가 대학원까지 무료로 책임지는 나라가 있다.

시험교육과 시험학습에 사적·공적으로 투입되는 정열과 에너지, 재정과 인적자원이야말로 대한민국 교육의 질곡이자 곧 자원이다. 특히 시험산업에 투입되는 재원과 시간, 에너지를 공적으로 전환하고 교육수요의 품질차원의 요구를 만족시킬 수만 있다면 한국교육의 개혁은 성공할 수 있을 것이다.

아동의 온전한 성장과 발달, 민주주의에 기반한 시민사회의 기반구축, 개인과 사회의 시장경쟁력을 제고하는 더디지만 체계적인 교육의 변화야말로 교육정책의 평가기준이 되어야 한다. 이러한 전환은 민주적 사회합의에 기초해야 할 것이며 매우 힘들지만 피할 수 없다. 이를 위한 정책적·정치적·전략적 순서를 정하는 것이 필요하다. 과연 참여정부는 이런 전환을 위해 얼마나 체계적으로 교육을 변화시켰는가.

3. 참여정부의 교육정책

2003년 12월에 발표한 대통령자문의 교육혁신위원회는 참여정부의 교육혁신 기본방향을 지방분권에 방점을 둔 지역단위 교육력 제고를 위한 교육체제 개편으로 잡았고 공교육을 살리기 위한 교육혁신의 필요성을 강조했다. 핵심 정책과제로 대학서열화 타파, 대학입학제도 혁신, 고교체제 개혁, 교육행정지원체제 개편으로 규정하고 사교육비 경감대책을 현안과제로 제시했다.

2004년 2월 27일 사교육비 경감대책과 그후 지속해온 다양한 고등교육정책 및 기타 정책들을 포함하면 참여정부의 교육정책은 다음과 같이 분류할

이 나라의 학력과 대학의 경쟁력은 세계 최고이다. 학교간이나 부모의 배경에 따라 차이가 가장 적은 민주적이고 평등한 나라가 핀란드이다.

수 있다. (1) 사교육 수요를 공교육체제 내로 흡수(수능과외 대체 및 이러닝 e-learning 체제 구축, 수준별 보충수업, 특기·적성 교육의 활성화, 초등학교 저학년 '방과후 교실' 운영) (2) 공교육 내실화 (학교교육의 신뢰제고-우수 교원확보, 학교교육의 기능 회복-수업·평가방법 개선, 고교평준화 제도 보완-수준별 교육·학생선택권 확대, 학교교육의 정상화-내신강조와 수능 등급제로 상징되는 대입전형제도 개선 및 진로지도 강화) (3) 교육복지의 확대(교육수준의 국민최저선 보장-기초학력 책임지도제 강화-교육복지투자 우선지역 선정과 지원) (4) 고등교육체제의 변화(대학의 다양화·특성화, 국립대학 통합네트워크 구축, BK21 사업의 지속과 지방대학 역량강화 사업, 전문대학원 도입, 대학구조조정 사업, 울산국립대학교의 설립) 등이다. 일부 고등교육관련 사업들은 학벌주의 극복 등과 함께 대학서열화 완화대책과 균형발전전략에 포함되었다. 사교육비 경감대책에 나타난 프로그램별 재정지원 현황은 <표1>과 같다. 교육인적자원부가 직접 주관한 프로그램별로 재정을 평가해볼 때 참여정부가 교육복지와 대학의 균형발전에 방점을 둔 것을 쉽게 알 수 있다.

일반적으로 고등교육의 과잉과 체계적 서열화에 대응한 지방대학 역량강화와 구조조정 등을 통한 대학의 품질제고 전략이나 초등학교, 중학교, 고등학교 등 공교육의 내실화 정책은 정책적 과제로서 적절하다. 공교육체제로의 사교육 흡수는 일부 부정적 측면에도 불구하고 사회적으로 배제된 학생집단을 특별히 배려한 것이다. 교육복지 투자 우선지역은 IMF 이후 가족의 해체와 새로운 가족형태의 형성, 소득과 고용의 불안정과 불평등의 강화로 피해를 입는 지역의, 학교 및 학생에 대한 지원을 체계적으로 수행했다는 점에서 바람직한 정책이었다고 할 수 있다. 민주적 공공성 관점에서 이들 정책들을 분석해보자.

1) **고등교육정책: 서열완화와 구조조정**

한국교육에서 핵심적인 개혁과제의 하나는 부실하고 방만하면서도 공고히 서열화 된 사립대학과 사부담 위주의 고등교육체제를 양질(high quality)의 다양한 공공부담 대학과 전문대학 체제로 전환하는 것이다. 이 부실한 대학

표1 참여정부 주요정책의 재정   (단위: 백만원)

추진분야	추진과제	기간	재정
수능과외대체	EBS 수능강의	2004~07	67,711[*]
	싸이버 가정학습지원체제 구축	2004~08	62,133[*]
다양한 방과후 프로그램 운영		2006~07	267,860[*]
영어체험 프로그램 확대		2003~08	210,786[*]
학교교육의 신뢰도 제고	교원평가체제 개선	2004~08	14,828[*]
	교원수업시수 경감	2004~07	705,530[*]
학교 교육의 기능회복	교수·학습방법 개선	2004~08	37,310[*]
고교평준화제도 보완	수준별 수업 확대	2004~08	6,310[*]
	영재교육 강화	2004~08	121,887[*]
	대학과목선이수제 도입·권장	2004~08	1,720[*]
학교교육의 정상화	대학입학전형제도 개선	2005~09	16,508[*]
	진로지도 강화	2004~08	6,308[*]
교육 수준의 국민 최저선 보장	기초학습·교과학습 부진학생 지도	2004~07	1,595[**]
	국가수준 학업성취도 평가 실시	2004~07	2,881[*]
	저소득층 중고생 학비 지원	2004~08	1,008,400[*]
	교육복지투자우선지역 지원	2004~08	1,612,034[*]
	초등학교 학습 준비물 지원 확대	2003~07	241,506
사회제도와 의식개혁	대학서열구조 완화(NURI, 수도권대학 특성화, 전문대학 특성화)	2004~08	2,379,397
총 계			6,764,704

■ 출처 교육인적자원부(2007)

* 국고, 지방비, 특별교부금 포함

** 특별교부금만 포함

체제는 초·중등 교육이 시험기업에 굴복당하는 중요한 한 요인이 될 수 있다. 자율과 대학간 경쟁은 유효한 정책수단의 하나일 수 있지만 충실한 기본이 우선되어야 한다.

한국의 고등교육은 1995년 5.31 교육개혁 이전부터도 정부와 사회의 대폭적인 지원이 없었고 고등교육재정의 대부분을 학생들의 사적 부담인 등록금에 의존하는 사립대학 위주의 부실한 대학체제였다. 그럼에도 불구하고 역사적으로는 국립대학의 설립과 정책적 지원, 카이스트(KAIST), 포항공과대학, 국립공과대학 특성화, 한국교원대학교, 한국기술교육대학교, 한국예술종합학교의 등 정부·준정부기관의 재원으로 설립한 공립 또는 준공립 체제의 확산을 통하여 대학원과 대학의 품질을 개선하고 점차 서열을 완화하면서 대학간·지역간 균형을 제고해나가는 과정이었다.

그러나 문민정부의 대학설립 준칙과 정원자율화 정책 이후 국가는 공급자에서 규칙운영자로 그 역할이 축소되었고 국·공립 또는 준공립 대학의 설치와 운영은 지방정부 차원에서의 전문대학 설립 이외에는 중지되었다. '자율'의 명분으로 품질관리의 규칙과 원칙은 완화되고, 대학들의 등록금 의존방식은 재원의 제약을 낳았고 이는 대학의 품질을 희생하면서 재원확보를 위해 학생수를 확대하는 악순환으로 이어졌다. 학생들이 대학확장의 재원이자 희생물이 된 경우다. 그 결과 양질의 고등교육체제의 기반을 확대하는 데 실패하고 방대하기는 하나 부실한 체제를 형성하면서 4년제대학과 전문대학의 사립화 경향은 강화되었고 사부담은 증가했다. OECD 통계에 드러난 가장 높은 교육비의 사적 부담률은 높은 고등교육 진학률, 높은 사립학교 비중 그리고 등록금에 의존하는 대학교육비 때문이다.

대학체제의 방대성과 부실성은 고졸자 대비 4년제 대학과 전문대학의 입학정원의 비율, 입학생의 대학 교육과정의 충실한 이수능력 문제, 대학의 전임교원 1인당 학생수, 학생 1인당 교육비, 연구단위의 경량화, 그리고 사회와 기업의 대학교육에 대한 불만에서 잘 나타나고 있다. 사립의존성과 사부담의 강화는 학생수로 96%를 넘어서는 전문대와, 70%를 넘어서는 4년제 대학의 사립비율, 그리고 80%에 가까운 사부담으로 운영되는 대학재정에 잘 나타나 있다. 대학별과 계열별 서열, 사립학교의 재학비율, 재학생의 사회 계층적 특성 등을 종합적으로 고려하면 사립대의 사부담 위주의 대학체제는 학비부담과 품질 측면에서 계층역진적이며 민주적 공공성 또한 매우 취약하다.

표2 전문대학, 대학, 대학원 수와 전임교원 1인당 학생수

구 분	학교수 (개)			학생수 (만명)			전임교수 1인당 학생수 (명)		
	1995	2000	2006	1995	2000	2006	1995	2000	2006
전문대학	145	158	152	57	91.3	82	55	78	69
대 학	134	161	175	119	166.5	180.4	26	40	36
대학원	421	827	1,051	12.6	22.9	29			

■ 출처 『교육통계연보』
■ 대학에 교육대학, 산업대학, 기술대학, 방송통신대학교 등은 제외된 수이며 대학원 교수도 포함된 수치.

이 결과 대학과 대학원을 선택하는 학생들 입장에서는 대학의 선별효과와 상대적으로 고품질을 유지하는 상위권 대학의 '명문'효과와 선호계열 위주의 '계열'효과가 더욱 중요하게 되었고, 우수학생의 이공계 기피와 수도권 대학, 의과 및 교육 계열의 선호가 맞물리게 되었다. 하여 고등교육의 확대와 함께 대학의 서열화와 입시경쟁은 해소되지 않고 재편·강화되었다. 그러나 노동시장에서 성과 높은, 다양하고 고품질의 대학이 존재할 때 시험교육과 학습의 초·중등 교육개혁도 제대로 자리매김할 수 있을 것이다.

참여정부의 고등교육정책은 1999년 국민의 정부에서 시작된 1차 BK21인 21세기 지식기반사회 대비 고등인력 양성사업의 지속(1999~2005년)과 2차 BK(2006~12년)의 출발, 지방대학 혁신역량 강화사업인 누리(NURI, New University Regional Innovation), 수도권대학과 전문대학의 특성화 지원사업, 부실 '과잉'된 전문

대학과 대학들 사이의 통합·구조조정 정책이 그 핵심과제였으며 이외에도 대학의 품질을 제고하기 위한 대학설립 요건을 강화한 재규제 정책, 대학평가정책 등이었다.[11]

참여정부는 국민의 정부 BK21에 더하여 지방대학의 혁신역량 강화를 균형발전의 한 전략으로 세움으로써 대학의 '균형'적 발전을 지원했고 또 대학과 전문대학의 설립의 조건강화와 평가체제의 확립, 국·공립과 사립대학의 통합·구조조정 지원 그리고 사립대학교의 투명성 제고를 위한 사립학교법 개정으로 고등교육의 품질을 제고하려고 노력했다.

하지만 교육과 연구지원 사업은 경쟁을 통하여 연구와 교육사업(프로젝트 및 프로그램)에 지원하는 것으로 일정 기간을 정하고 성과에 따라 재정지원을 하는 방식이었다. 그 결과 BK21 등을 통한 일부 대학과 학과의 연구성과는 일정수준 이상으로 향상되었다. 그러나 기존의 연구·교육의 기본역량을 충실히 강화하고 이를 바탕으로 학문과 연구개발의 장기적인 역량이 강화되었는지는 의문이다.

유럽과 미국의 대학과 대학원 체제의 발전이 공공자금 위주이며 적어도 장기적인 투자를 통하여 형성되었다는 점을 고려하면 BK21과 NURI, 대학 특성화 재정지원은 대학과 대학원, 전문대학의 공립 및 정부가 지원하는 준공립의 공공성을 갖춘 체계적인 발전을 위한 장기적인 비전을 가진 정책은 아니었다. 매우 제한적인 성과만을 가져올 것으로 예상할 수밖에 없다.

정부의 대학통합·구조조정 정책이 공공성을 갖춘 양질의 대학체제의 발전을 위한 방법일 수 있으나 국·공립대학과 사립대학의 양측에서 제기된 구조조정안은 4년제 대학과 전문대학, 산업대학과 일반계 4년제 대학 등을 교수정원 비율만을 기준으로 통합을 무차별하게 허용하여 대학의 팽창과 확

---

11) 대학의 경쟁력과 품질제고를 아카데미 상업주의나 학생의 등록금 또는 기부금에 기초하면서 자율과 경쟁으로 할 수 있다는 주장이 제기되고 있으나 국가의 대폭적인 재정적 지원 없이는 무화될 가능성이 높다.

대의 일반적 수단이 되었을 뿐 공공성을 확립하지는 못했다. 국가가 주요하게 재정을 투입하는 국립대학의 구조조정도 개별대학 차원의 결정에 맡겼고 사립대학의 경우 또한 대학설립·운영규정이 여전히 탄력적으로 운영되어 사실상 부실한 사립대학체제의 급격한 구조조정과 고품질 전환이 시도되지 않았다. 사립대학의 구조조정을 통한 양질의 사립대학체제 형성은 대학의 재정구조상 외부의 막대한 기부가 없을 경우 학생수에 의존하고 있기 때문에 정부의 재정의 체계적인 지원이 없다면 불가능한 것이었다. 영국 등 상당수 나라의 대부분의 사립대학이 국가의 적극적 재정지원을 받는 사실상의 준공립이라는 측면을 고려해볼 때 정부의 소극적인 재정지원만으로 공공성을 확보하겠다는 의지는 구조조정을 사실상 시장에 맡김으로써 민주주의에 기초하는 대학교육의 공공성을 포기하는 것이었다.

　아래의 교원산출 기준과 통합조건 대학들의 교수확보율을 고려해보면 부실한 대학의 경영이 장기적으로 지속화될 가능성을 볼 수 있는데, 이는 대학교육 품질의 제고, 공공성 제고, 학생부담 완화라는 과제에 매우 제한적으로만 대응하는 것이고 문제를 거의 영구적으로 미루는 것이었다.

표3　교원산출기준에 따른 법정 계열별 교수 1인당 학생수

계열별	인문·사회	자연과학	공학	예·체능	의학
교원 1인당 학생수	25	20	20	20	8

■ 대학설립·운영규정 제6조 제1항 참조.

표4　대학통합조건 교수확보율　　　　　　　　　　　　　　　　　　(의학계열, %)

구 분	'05년	'06년	'07년	'08년	'09년
일반대(연구중심)	55.0	57.5	60.0	62.5	65.0
일반대(교육중심)	54.5	56.0	57.5	59.0	61.0
산업대·전문대	40.0	42.0	45.0	48.0	50.0

■ 출처 2007년 교육인적자원부 내부자료.

  참여정부는 대학설립 준칙주의와 대학정원 자율화로 인해 생겨난 방대하나 부실한 고등교육체제를 부분적으로 조정하고 고등교육체제의 품질을 제고할 정책을 수립했으나 이 정책은 이미 방대하고 부실한 대학의 품질을 획기적으로 개선하기에는 매우 취약한 제도적 기반에서 출발한 것들이었고 이를 뒷받침할 재원도 충분하지 못했다. 이는 신자유주의적 교육개혁의 원칙에 대한 반성을 하지 못한 채 고등교육시장이 경쟁정책으로 해결될 것으로 보았던 근본적인 한계와 경쟁에서 이기는 소수의 대학이 아닌 대학체제의 전반을 발전시킬 대안에 대한 대학과 사회의 합의를 충분히 끌어내지 못한 정치력의 한계에서 그 원인을 찾아야 할 것이다.

  한편 참여정부는 교육의 공공성 확보를 사립학교법 개정을 통하여 이루고자 했다. 사학법인의 이사회의 일부(4분의 1)를 외부의 개방이사가 참여하게 함으로써 사립학교의 공공성을 제고하고자 했던 사립학교법 개정과 관련하여 사립대학의 재정확보에 주목할 필요가 있다. 사립대학의 재정 대부분을 사실 학생들이 부담하고 있다. 공적재정을 일부 BK21, NURI, 수도권 대학과 전문대학 특성화정책 등의 프로그램으로 일부 지원하고 있다. 개방이사를 추천하는 대학평의회가 재정의 대부분을 부담하는 학생들과 동문을 포함하고 있기 때문에 정당성을 갖지만 국가의 직접적 재정지원이 거의 없다는 점 때문에 정부 주도의 개정을 설득하고 합의를 도출하는 과정이 더 힘들었던 것으로 보인다. 학교나 학생에 대한 공적 재정지원은 공적 개입의 정당성을 좀더 높이게 될 것이다. 한편 대부분의 재정을 국가가 책임지는 중등학교의 경우 공익이사의 범위를 확대할 근거가 보다 분명하다.

  참여정부의 고등교육정책은 고등교육체제 전반의 품질제고와 공공성 확립을 위한 국가의 역할과 투자과제를 적절하게 설정하지 못했으며 대학과 전문대학에 대한 체계적인 발전전략을 세우지도 못했다. 일부 대학과 연구단위에 연구비를 지원함으로써 연구의 성과를 가져왔으나 사립과 사부담에 의존하는 부실하고 방만한 고등교육체제를 전면적으로 재편하여 양질의 경쟁력있는 고등교육체제를 정립하는 계기를 만들지 못했다. 결국 대학서열화 해소와 대학의 경쟁력 제고에 실패했다.

2) 유·초·중등 교육: 5·31 개혁의 지속과 복지확대

참여정부의 유·초·중등 교육정책은 사교육에 대한 대안 제공, 공교육의 내실화 및 대학입학제도의 개선으로 사교육 수요억제, 교육복지의 확대로 요약될 수 있으며 이들 요소들이 모두 '사교육경감대책'으로 집약·표현되었다. 사교육에 대한 대안에는 EBS 수능과외, 시·도교육청 차원의 싸이버 가정학습체제 구축, 방과후 프로그램(탁아 포함)의 운영, 영어 학습프로그램의 확대 등이 있다. 공교육 내실화와 학교교육의 신뢰도를 높이기 위한 정책은 한편에서는 교사평가, 교사의 업무경감, 교수학습방법(수업평가방법) 개선, 전국단위의 외부 학업성취도 등 교사에 대한 책무요구와 지원을 강화하는 정책을, 또다른 한편에서는 고교평준화 제도의 보완으로서 수준별 수업확대, 영재교육 강화, 심화선택과목 이수인정제 도입, 학교선택권 확대, 고교체제의 다양화·특성화·자율화를 추진하여 학업능력 우수그룹을 선별하여 '특수한' 교육수요를 만족시키는 정책을 실시했다. 대학입시제도를 개선하고자 수능등급제와 입학사정관제 등의 제도를 도입했으나 대학들의 강력한 반발로 수능등급제는 3불(기여입학금지, 내신적용의 고교등급제 금지, 대학별고사 금지) 정책과 함께, 대학자율의 명분을 내세우는 대학들의 저항에 직면던 차에 이명박정부가 들어서면서 사실상 폐지됐다.

사교육의 대안 제공은 농촌지역이나 저소득층의 탁아기능과 학교교육 이외의 다양한 예체능교육, 외국어교육 제공을 통하여 교육복지를 확대한 측면이 있지만, 시험위주 교육에서 학생들의 문제풀이 중심의 학습을 강제하는 경향을 보였다. 학교의 정규교육과정 수업을 듣고 스스로 학습하는 것을 배우기보다 추가로 EBS 등의 강의듣기, 문제풀기, 인터넷강좌 듣기 등 학교

교육 기능을 약화하는 역할을 했다.

참여정부는 교육복지에 대해 상대적으로 높은 의지를 보였고 많은 재정을 투입했다. 영·유아 교육에 대한 재정지원, 사교육과 학교교육에서 된 소외학생에 대한 지원, 그리고 교육복지투자 우선지역의 선정과 지원이 그것이다.

유아교육 지원의 확대결과 2006년의 경우 만 5세 아동의 약 22%가 무상교육을 받았고 2007년에는 무상교육 지원대상을 도시근로자 가구 평균소득의 100%수준으로 확대하여 수혜대상을 30%까지 높였다. 2004년부터 만 3~4세의 유아에 대한 교육비를 소득별로 차등 지원했는데 법정저소득층과 최저생계비의 120% 수준의 저소득층 자녀에게 100% 교육비를 지원했다. 유아교육법을 제정하여 '보육'과 '교육'을 통합하는 써비스를 제공할 수 있도록 했으며 종일반을 확대했다. 하지만 유아교육 대부분이 영리법인의 형태로 존재하는 사립학교 유치원이나 탁아소에 의존할 뿐 아니라 바우처제도를 활용하는 데 초점을 맞추었다. 체계적인 국·공립의 비영리 영·유아의 탁아 교육체제를 크게 확대하지 못했다. 이 점에서 참여정부의 영·유아 교육복지정책의 패러다임을 시장의존형 복지로 볼 수 있다.

이와 함께 초등학교 학습준비물의 지원확대, 저소득층 중·고생의 학비지원, 기초학습·교과학습 부진학생 지도 등도 참여정부의 복지정책에 포함된다. 다른 한편 방과후학교 프로그램이나 대학생 멘토링제도의 도입, EBS를 포함한 싸이버 학습체제는 저소득 계층, 즉 사교육의 '혜택'에 벗어난 학생들을 위한 복지정책으로 분류할 수 있다. 특히 교육복지 투자우선지역 사업은 IMF 이후의 소득격차의 확대, 가정의 해체 등으로 인한 문제를 사회통합 차원에서 도시의 저소득층 밀집지역의 교육·문화·복지 수준의 제고를 위한 것이다. 2003년 서울과 부산에서 출발하여 2007년 60개 지역에 514개 학교의 33만 5,981명의 학생이 혜택을 보게 되었다. 그러나 지역의 확대와 함께, 재정확대가 이루어진 것은 아니다. 2003~04년 사이에 8개 지역에 238억의 국고지원금이 투입되었으나 2007년의 경우 60개 지역으로 늘어났음에도 불구하고 지원금은 374억에 그쳤다.

참여정부의 이러한 교육복지 정책은 저소득층과 소외계층의 교육복지를 확대하는 효과를 가져왔다. 그러나 전국 단위에서 교육과 복지, 학교와 사회를 결합하고, 계층과 상관없이 학교가 교육과 복지를 결합하는 보편적 제도로 정착하는 데에는 성공적이지 못했다. 이명박정부하에서 이 정책 또한 변형이 시도되고 있고 교육과 복지를 결합하는 법적·제도적 장치 또한 아직 미비하다.

참여정부의 중등교육 정책은 정책입안자가 학생(학부모)과 학교 그리고 대학의 정책에 대한 반응을 충분히 예측하지 못하면서 모순에 빠졌다. 참여정부는 외국어고와 과학고 등의 특수목적 고등학교가 입시 명문화되는 경향을 우려하면서도 영재교육, 선수제도, 자립형사립고 확대를 포함한 고교체제의 다양화, 학교선택을 추구했다. 이 경향은 이명박정부에서 더욱 강화되어 사교육비를 경감하겠다며 '고교 다양화 300 프로젝트'와 국제중학교 설립, 서울시의 고교선택제에 나타나 있다. 또한 참여정부가 강조한 내신중심의 대학입학 전형은 내신을 대비한 사교육을, 대학들의 논술시험은 논술을 대비한 사교육을 되레 강화하는 계기가 되기도 했다.

이는 공교육의 정상화와 내실화에 이 정책들이 어떤 효과를 가질 것인가에 대한 충분한 고려없이 5.31 교육개혁 이후의 정책을 답습해온 결과로 보인다. 공교육이 사교육에 '포위'되는 한 그리고 사교육의 효과에 대한 사적 이해와 공적 이해 사이에 충돌이 지속되는 한, 학교교육 정책의 땜질식 대응은 새로운 사교육을 확대할 가능성이 크다.

4. 왜 실패했는가

노무현정부의 교육정책의 일면은 문민정부의 시장에 의존한 교육개혁의 한계를 극복하고 공공성이 높은 과거 정부들의 일부 교육정책을 민주적 공공성으로 전환하며 또한 좀더 높은 차원의 민주적 공공성으로 전환시키려는 것이었다. 김대중정부는 교사노동조합에 합법적 지위를 부여함으로써 학내 민주주의를 진전시키고, 또 7.20 교육여건 개선사업을 통하여 학교의 교육환경을 개선하고 또한 복지를 확대했다. 노무현정부는 사립학교법 개정과 복지확대를 통해, 그리고 대학의 균형발전을 시도함으로써 민주적 공공성을 확대하려 노력했다. 그러나 노무현정부는 국민의 광범위한 지지를 확보하지 못하고 교육의 공공성에 대한 이해 관련자들을 포함한 전사회적 합의를 끌어내지 못하면서 민주적 공공성을 확고히 정립하는 데 실패했다. 교육영역의 실패원인을 다음과 같이 정리해볼 수 있다.

첫째, 전환적 교육철학의 부재다. 노무현정부의 교육정책은 고교다양화정책 등에서 5.31 교육개혁의 가치를 지속하는 한편 대학구조조정 등에서 볼 수 있듯이 5.31 시장주의 교육개혁의 부정적 결과의 해소를 위해 노력했다. 그러나 한국교육 문제를 바라보는 시각은 '대학서열화 타파'와 '사교육비 경감대책' 등의 부정적 수사에서 나타나듯이 사회 전반의 합의를 도출해내는 근본적인 교육철학의 변화에 기초한 것이 아니었다. 사교육의 문제를 대체 사교육을 제공함으로써 해결하고자 했으며, 사립 위주와 사부담 위주의 부실한 대학체제의 문제도 기계적 구조조정과 통합지원으로 대응했다. 교육과정의 민주화, 교사양성 제도의 변화, 교수·학습방법의 다양화 그리고 학교 민주주의 정착을 위한 제도적이고 지속적인 노력에 방향을 제시하는 비전과 설계가 출발부터 충분하지 않았다. 시험에 기초한 학교교육을 아동과 사회의 자발적 성장과 발달로 전환할 구체적인 방법을 고민하지 못했다.

둘째, 양질의 공공 고등교육체제 확립을 위한 기초를 닦지 못했다. 고등교육의 근본적인 문제는 대학서열화나 양적 기회균등보다도 공공성을 갖춘 양질의 대학과 전문대학 체제가 전국에 균형있게 뿌리내지 못한 데 있다. 사학재단, 기업과 사회의 기부금, 학생들의 등록금 등의 재원과 규제완화만으로는 양질의 고등교육체제의 발전이 불가능하다는 것이 분명해진 시점에서도, 국립대학의 획기적인 질적 발전을 도모하지도 못했고 사립대학과 학생들에 대한 정부의 체계적인 지원계획을 수립하지 못했다.

셋째, 교육이 경제성장의 동력이 될 수 있음을 인지하면서도 생산적 재분배 기능을 분명하게 인식하지 못해 교육을 거시경제 운영모형의 핵심적인 요소로 파악하지 못했다. 영아, 탁아와 유·초·중등교육에서 학교는 복지·보건·교육을 통합하는 장이며 교육의 분배정의는 생산적 잠재력과 직결된다. 복합적 교육은 수요를 관리하는 방식이면서 공급역량을 강화하는 장치다. 또한 교육은 보편적 복지를 제공함으로써 중상층 이상의 정치적 지지를 끌어낼 수 있는 가장 설득력있는 요소를 갖춘 복지영역이다. 특히 저소득층과 사회적 소외계층의 교육이 집중되고 있는 전문계 고등학교와 전문대는 양질의 교육을 제공하지 못하고 있었다. 전문계 고등학교의 부실한 교육에 심각한 문제가 있음에도 불구하고 근본적인 개혁을 계획하지 못했고, 전문대교육에는 지극히 제한된 지원만 함으로써 사립대학과 학생의 등록금에 대학의 품질개선을 맡겨두었다.

넷째, 정책집행을 위한 행정체제의 문제다. (1) 정책의 집행을 중앙정부 차원에서 직접적으로 특별교부금 형식으로 지급함으로써 현장의 학교나 대학은 예산 운영을 신축성있게 하기보다 경직되게 할 수밖에 없었다. (2) 국립대학은 여전히 중앙부처의 한 부서로 간주되어 대학의 품질을 관리하는 독립된 전문기관으로 조직되지 못했다. '고등교육평가기구'를 만들려고 했으나 이는 노무현정부의 정치적 동력이 떨어진 이후의 노력이었고 국립대학 전반을 다루는 전문기구를 설치·운영하지 못하여 개별 국립대학의 법인화에 초점을 맞춰 대학간 자율적 구조조정에 대학발전을 맡겼다. 국립대학 구조조정은 개별 대학이 아닌 국가차원의 전문기구를 통한 국가적 차원의 설계와 국민적 합의가 필요했으나 지나치게 관료주의와 시장자율에 의존했다. 노무현정부는 교육 관료주의를 크게 비판하면서도 또한 거기에 크게 의존했다.

노무현정부는 출발부터 민주적 공공성을 위한 체계적인 교육개혁의 철학
과 청사진을 갖지 못해 민주적 사회합의를 도출하는 데 실패했고 교육정책
의 입안과 집행의 수순을 체계화하지 못했다. 여러 면에서의 많은 성과에도
불구하고 시험기업체의 도전과 교육의 시장화를 극복하지 못했고 민주적 공
공성을 통한 양질의 형평성있는 교육체제를 확립하지 못했다.

| 장수명 |

제13장

노무현시대를 넘어

'새로운 진보'의 제도 구상

1. 서론——과거에서 미래로

2007년말 대선과 2008년 총선을 통해 한국사회에는 일대 세력교체가 이루어졌다. 새로이 집권한 이명박정부는 '선진화'의 구호를 내세웠지만, 그것이 새로운 비전과는 별 관계가 없다는 것이 거의 명백해졌다. 그러나 이명박정부와 보수세력의 난맥상에도 불구하고 진보개혁세력의 '정체'상태는 계속되고 있다. 진보개혁세력의 정체상태는, 그 내부에 새로운 질서에 대한 합의의 정도가 매우 낮은 상황을 감안하면, 쉽게 개선될 수 있는 문제는 아닌 것으로 보인다.

어찌 보면 문제의 뿌리는 이미 노무현정부 시대에 상당부분 드러난 것들이다. 노무현정부는 많은 정책들을 디자인했고 그 관리의 체계화를 이루었다. 그러나 정권의 궁극적 목적인 비전을 제시하고 이를 뒷받침하는 정책들을 매개로 지지그룹의 연대를 공고히하는 데에는 성공하지 못했다. 물론 노무현정부만 탓할 일은 아니다. 민중운동이나 시민운동 쪽에서도 정책과 정책이 지향하는 대안적 질서의 문제를 체계적이고 공공연하게 제시하지는 못했기 때문이다.

우리는 일전에 새롭게 형성해야 할 질서로 '한반도경제론'을 제기한 바 있다. 우리의 문제의식은, 그간의 일국주의적·계급주의적 전망은 현실에 부적합하므로, 국민국가와 그 아래의 지역, 민족국가 그리고 국민국가를 뛰어넘는 좀더 넓은 지역을 함께 포함하는 복합적 공동체를 상상해보자는 것이었다.[1] 이 글에서는 문제를 좀더 구체화하기 위해, 현실에서 추진되었던 노무현정부 정책의 핵심의제들을 평가하면서, 이와 관련하여 새로운 질서로서의 '한반도경제'라는 비전을 논의해보고자 한다.[2] 이는 과거의 경험에서 무엇을 취하고 무엇을 버릴 것인가를 판단함으로써 미래의 비전을 구성하자는 전략이다. 하늘 아래 새로운 것은 없고, 삼인행에 필유아사(三人行 必有我師)라고도 한다. 미래의 '한반도경제'를 만드는 데, 과거의 노무현정부 정책을 남의 일 보듯해서는 안될 것이다.

필자는 '한반도경제'를 구성하는 요소인 자원배분(allocation), 조직(organization), 제도환경(institutional environment)의 세가지 수준에서 논의를 전개하려 한다. 자원배분 문제는 가격·수량을 결정하는 연속적이고 일상적인 미시경제 문제이다. 자원배분의 변화를 압박하는 힘이 쌓이면, 제도의 변화를 가져온다. 제도분석의 대상이 되는 것은 주로 거버넌스와 제도환경에 관한 것이다. 계약에 따라 구조화되는 조직구조가 게임을 운영하는 거버넌스 문제라면, 제도환경은 재산권·국가조직·사법부·관료제 등 게임의 규칙에 관한 문제이다.[3]

---

1) 한반도사회경제연구회 『한반도경제론』(창비 2007)의 「책머리에」를 참조
2) '한반도경제'에 관한 거시적·제도환경 차원의 구상은 이일영(2008a)에서, 미시적·경제조직 차원의 논의는 이일영(2008b)에서 다루었으며, 이를 종합한 것이 이일영(2008c)이다.
3) 신제도주의 경제학을 주창하는 윌리엄슨은 제도에 관한 분석이 네가지 차원에서 이루어질 수 있다고 정리했다. 즉, 연속적이고 단기적인 차원에서 보는 자원배분(allocation), 1~10년간의 거버넌스(governance), 10~100년간의 제도환경(institutional environment), 100~1000년간의

2. 자원배분

1) **소비자경제**: 안전성과 분권화

노무현정부는 아래로부터 결집한 대중의 지지 속에서 탄생했으며 대중의 광범한 탄핵 반대운동을 통해 세력을 확장했다. 그러나 그 지지세력은 몇가지 계기를 거치면서 산산조각이 나고 말았다. 한미FTA 추진도 노무현정부에 타격을 준 중요한 계기 중의 하나이다.

진보진영이 한미FTA를 반대했던 논리는 크게 두가지였다. 하나는 준비 없는 졸속추진이라는 점이고, 다른 하나는 한국이 미국형 모델로 씨스템을 전환하는 데 발생하는 문제라 할 수 있다. 찬성 쪽이나 반대 쪽이나, 준비는 결국 정도의 문제이므로, 좀더 결정적인 것은 한미FTA에 따른 씨스템 전환의 문제였다. 이는 결국 미국형 모델에 대한 평가와 선호 문제로 귀결되었으며, 산업구조와 생산자의 이익과 피해의 문제로 논의되었다. 어쨌든 노무현정부는 시민과 대중의 '참여'없이 관료와 일부 전문가가 함께 한미FTA를 추진했고 이를 위해 미국산 쇠고기 재수입 협상 등 몇가지 선결조치 등을 실행했다.

그런데 이명박정부 출범 이후 문제의 차원이 산업과 생산자에서 안전성과 소비자 쪽으로 이동하는 징후가 폭발적으로 나타났다. 10대 소녀들의 문제제기로 시작된 미국산 쇠고기 수입반대 촛불집회가 계속되면서, 그 규모와 내용 모두 1987년 6월항쟁이나 2004년 탄핵반대 시위를 훌쩍 뛰어 넘어섰다. 촛불집회의 의의는 여러가지가 있겠지만, 경제적 차원에서는 안전성 문제에 대한 소비자 정보 흐름의 양적 확대와 질적 심화를 중요하게 여겨야

배태성(embeddedness) 등이 바로 그것이다(Williamson 2000).

한다.

　노무현정부에서도 안전성 문제는 그다지 중요하게 취급되지 않았다. 이명박정부나 보수언론은 한술 더 떠서 미국산 쇠고기에 대한 소비자의 우려를 '몽매'한 것으로까지 비난했다. 그러나 경제이론에 비추어보면, 상황은 오히려 그 반대라고 할 수 있다. 경제주체가 완벽한 존재인 것은 아니지만, 그 행위의 배경을 꼼꼼히 살피면 얼마간은 그럴 듯한 이유가 있기 마련이다. 인간은 제한적이지만 합리적인 존재인 것이다.

　인간의 합리성이 제한되는 중요한 이유 중의 하나가 '정보의 비대칭성'이다. 개인들이 가지고 있는 정보가 완전하지도 균일하지도 않기 때문에 시장은 불완전해진다. 그러면 이를 극복하려는 노력이 시장 바깥에서 나타나는 것이 정상적인 경제주체의 행동이다. 정보화를 통하여 쉽게 결집할 수 있게 된 소비자들은 시장이 안전성을 보장하는 데 실패할 수 있다는 점을 인식하게 되었다. 소비자들은 시장실패를 보완하기 위한 제도적 장치를 요구하고 있는 것이다.[4]

　또 정보 흐름의 확대는 분권화된 의사결정의 비용을 크게 낮추는 힘으로 작용한다. 분권화는 분산된 지식을 더 잘 이용하게 해주며 하부단위의 의사결정 능력을 향상시키는데, 정보화와 소비자경제의 확대는 이러한 분권화의 이점을 더욱 증대시킨다. 물론 분권화가 꼭 능사인 것은 아니다. 의사결정이 분산되면, 그에 수반하여 결정주체의 기회주의 행동이 늘어나는 경향이 있고, 여러 의사결정을 서로 조정해야 하는 문제가 생기며, 중앙에서 가지고

---

4) 정보의 비대칭성으로 인해 역선택(adverse selection)이 이루어지는 사례는 중고차시장이 전형적이다. 새차의 품질은 적정 수준으로 통제되지만, 중고차의 품질은 천차만별일 수 있다. 중고차를 파는 사람은 사는 사람에 비해 차에 대한 더 많은 정보를 가지고 있다. 중고차에 결점이 있는데 이를 구매자가 파악할 수 없을 경우 중고차의 품질은 구매자가 원하는 수준보다 낮아지게 된다. 결과적으로 시장에는 품질이 나쁜 차가 많아져서 구매자는 품질이 낮은 차를 선택하게 된다.

있는 정보를 효율적으로 사용하기 어렵게 된다. 따라서 모든 사회구성원이 의사결정에 직접 참여하는 것이 바람직한 것만은 아니며, 분권화의 적절한 수준이 존재하기 마련이다. 그런데, 정보경제의 확대와 소비자의 진출은 분권화 수준을 좀더 높이는 것이 유리해지는 쪽으로 거버넌스에 압력을 가하고 있다.

2) 거시경제: 성장과 안정

성장지상주의는 한국의 관료사회에 내재화된 관성이었다. 노무현정부는 스스로 '인위적인 경기부양'이 없었음을 치적으로 삼았지만, 실제 거시정책은 꼭 이렇게 집행되었다고 할 수는 없다. 재정경제부는 2003년에서 2005년 초까지 지속되었던 환율방어 정책과 저금리 정책을 통하여 경기부양을 시도했는데, 이는 종래의 수출 및 투자 위주의 성장정책 기조를 유지한 것으로 볼 수 있다. 청와대가 "분배가 없으면 성장이 없다"면서 성장-분배 논쟁을 벌이고 있는 동안, 관료세력들은 수출드라이브 정책을 계속 주도했다. 이런 정책은 내수경기 부진과 결합하여 양극화를 심화했고, 다른 한편으로는 과도한 유동성 팽창으로 부동산 거품을 만들어내고 말았다.[5]

게다가 이명박정부에 들어서면서 집권세력이 성장지상주의를 부추김으로써 위험은 더욱 커졌다. 이미 2007년에 석유와 식량 등 원자재 가격 상승과, 미국에서 촉발된 세계적 차원의 유동성 과잉과 금융시장 불안이 문제가 되고 있었다. 이러한 조건에서는 응당 무리한 성장정책보다는 물가안정을 우

---

5) 본서의 전병유의 글과 정준호의 글 참조할 것. 김수현 전 청와대 비서관도 노무현정부는 뒤늦게서야 문제를 인식했다고 말한 바 있다. 2006년 11월께 부동산가격 폭등이 최고조에 이르자 2007년초 청와대가 과잉유동성에 대한 조사를 벌였다고 한다. 조사 결과 과잉유동성의 원인은 재정경제부, 금융감독원, 한국은행 등이 각각 자기 논리대로 움직였기 때문이라는 것이었다(김수현 인터뷰, 오마이뉴스 2008.8.1).

선해야 하는데, 이명박정부는 성장지상주의에 편향되어 있었고 관료들은 이에 편승했다.

　세계화가 진전되고 불확실성이 증대된 경제환경에서, 자원배분에 있어서 종래 같은 방식의 정부개입이 의도한 효과를 달성하기는 쉽지 않아졌다. 새로운 환경에서 새로운 국가의 역할이 필요하지만, 관료들은 기존의 씨스템을 변경하는 데 익숙하지 않다. 새로운 적응이 이루어지려면 적절한 변화방향의 설정과 관료제 밖의 정치세력과 정책집단의 투입이 있어야 한다.

　노무현정부가 내세웠던 "인위적인 경기부양은 없다"는 방향은 일면 타당성을 가지고 있었지만, 절대적인 원칙으로 삼기는 어려운 것이었고 실제로 제대로 실현되지도 못했다. 거시경제 운용에서 특별한 정책 비전이나 방향을 내세우면, 자칫 현실과 유리된 고집이 될 수 있다. 굳이 원칙을 말한다면, 거시경제의 위험과 변동성을 적절한 수준에서 안정화해야 한다는 것이다. 정부가 그 역할을 하지 못하면, 모든 경제구성원이 패자가 되고 만다. 그리고 변화와 이행의 시기에는 구조조정이 진행되며, 여기에는 특히 고통이 집중되는 계층이 존재하기 마련이다. 그래서 진보개혁세력에게는 서민대중의 삶의 안정성을 보장하는 미세조정의 '능력'이 또한 중요하다.

3. 조직

1) 기업경제

　노무현정부의 조직문제에 관한 어젠다는 '혁신'이라고 할 수 있다. 여기에서 혁신의 대상이 되었던 것은 '지역'이었고, 중요한 조직형태라고 할 수 있는 기업과 공적부문은 오히려 '혁신'의 공백상태에 있었다. 특히 "권력이 시장을 이길 수 없다"며 기업지배구조의 개선을 회피하는 태도를 취함으로써,

'혁신'이라는 용어는 허울만 남고 말았다.

노무현정부는 기업체제 개혁에 대해 뚜렷한 원칙을 갖지 못하고 타협적 태도를 보일 뿐이었다. 분식회계로 천문학적 부실을 숨긴 SK글로벌을 계열사들을 동원하여 회생시키기로 결정했고 카드채 문제도 관치금융을 동원하여 유동성 위기를 넘기기에 급급했다. 삼성카드와 삼성생명을 포함한 총 10개 금융계열사들이 금산법 24조를 위반한 사실이 적발되었다. 다른 기업들은 법위반 상태를 해결했으나, 유독 삼성만은 이를 거부했다. 그래서 정부가 2004년말 시정명령권과 벌칙조항 등을 집어넣은 금산법(금융산업의 구조개선에 관한 법률) 개정안의 입법을 예고했으나 막상 2005년 정부가 내놓은 개정안은 삼성의 과거 법위반을 면책하는 것이었다(유종일 2006).

경제이론상으로, 현실에서는 통합(integration)을 통하여 기업의 범위를 확장함으로써 거래비용을 줄이려는 노력이 존재할 수 있다. 그러나 재벌체제는 총수가 자신의 지분 이상으로 재산권을 행사하며 경영감독이 이루어지지 않는다는 원천적인 문제점을 가지고 있다. 재벌총수가 작은 지분으로 기업집단 전체에서 주인 역할을 하며 그 권한을 세습하는 것은, 거래비용 감소를 통한 교환의 순이익을 극대화하는 정상적인 협약이라고 볼 수 없다. 재산권을 재화와 써비스에 대한 선택을 자유로이 실행할 수 있는 능력으로 정의한다면, 재산권이 잘 정립되어 있고 그 거래가 원활히 이루어질 때 재화와 써비스는 효과적으로 이용되게 된다. 원론적으로, 재벌체제는 잘 정립된 재산권체계가 아니다.

피라미드형 출자 등을 통한 '가공자본'의 창조는 기업들이 적극적인 투자를 할 수 있도록 했기 때문에 나쁘게만 볼 수 없다며 재벌체제의 순기능을 말하는 논의도 있다. 그러나 이러한 주장은 적절한 자원배분에서 벗어난 과잉투자의 메커니즘을 옹호하는 것과 다름없다. 재벌기업이 한국경제에서 차지하는 비중이 너무 커서 급격하게 개혁을 추진하기가 쉽지 않다는 지적은 참작할 여지가 있다. 그렇다고 개혁을 회피하거나 개혁의 필요성을 부정하는 식의 논리를 주장해서는 안된다. 재벌기업을 더 많이 이해하고 관용하는 것은, 오히려 그들이 개선과 발전의 길에 나서는 유인을 삭감하는 일이 될 수 있다.

재벌기업을 정상적인 발전의 길에 들어서도록 하는 것은 한국경제에서 매우 중요한 과제이다. 그러나 재벌개혁이 모든 문제의 알파요 오메가인 것은 아니다. 재벌기업의 지배구조가 정상화된다고 하더라도, 재벌기업이 꼭 한반도경제의 영역에서 활동하고 그 구성원들과 이해관계를 함께하는 것은 아니다. 기업 규모가 커지고 글로벌한 기업으로 발전할수록, 국내산업과의 연관효과와 고용효과도 약화될 가능성도 적지 않다. 그러므로 한반도경제에서는 대다수 민중의 삶과 관련된 중소기업이나 혼합형 조직의 혁신적 발전이 중요한 의미를 지니게 된다. 따라서 국내자본이든 국외자본이든 대기업이 중소형 경영체의 발전을 부당하게 억압하지 않도록 하는, '공정'한 경쟁과 협력의 규칙을 운영하는 것이 필요하다.

2) 공공부문

노무현정부에서 의제화되지 않았던 공기업 문제는 이명박정부에서 핵심적인 정책사항이 되었다. 즉 공기업 개혁의 방안으로 매각과 통폐합을 추진한다는 것이 기본방침이라고 하는데, 거버넌스 재구조화를 위해서는 정교한 준비가 필요하다. 치밀한 준비없이 공기업의 민영화를 졸속으로 처리할 경우, 사회적 효율성의 증대가 이루어지지지 않고 공유자산의 사적 침탈만으로 귀결되고 만다. 불확실성이 커지고 있는 거시경제 여건 속에서, 공기업 자회사와 공적자금이 투입된 기업의 정부 보유지분을 무리하게 시장에 매각할 경우, 주식시장에 충격을 주고 시장 인프라를 약화할 수도 있다.

여기에서 또 유의할 점은, 공기업 민영화의 본질을 신자유주의 또는 시장 만능주의로 규정해서는 안된다는 것이다. 다시 말해 민영화 반대——이 말을 '사유화 반대'로 바꾸어도 마찬가지이다——가 진보개혁운동이 지향하는 절대적인 목표가 될 수는 없다는 것이다. 공기업이냐 사기업이냐 하는 것은 특정 재화와 써비스를 다루는 데 어떤 조직형태가 효과적인 경제조직인가 하는 시각에서 접근해야 한다.

거버넌스 구조로서의 기업의 장점은 팀작업에서 생길 수 있는 태만을 감독하는 메커니즘이 설치되어 있다는 점이다. 기업이라는 조직형태는 정밀한 감독을 위해 장기에 걸쳐 거래를 안정시키는 계약의 일종이다. 이 때문에 일회적인 시장거래에 비하여 인쎈티브의 집중성은 상대적으로 감소하고, 조직을 운영하는 관료제의 비용 부담이 생긴다. 이러한 기업 거버넌스의 단점은 공적 관료의 형태에서는 더욱 커지므로, 기본적으로 공적 관료제는 최종적으로 선택할 수 있는 조직형태이다. 물론 어떤 거래의 경우에는 공적 관료제가 이를 조정하는 데 더 적당한 경우가 있으나, 이것이 '과다사용'되지 않도록 주의를 기울여야 한다.[6]

북한의 경우 관료제에 의한 자원배분이 적절하지 않은 경우가 많기 때문에, 일정정도 민영화를 통해 조직형태를 재배열하는 것은 피할 수 없다. 다만 민영화를 한다고 해서 효과적인 지배구조가 즉각 만들어지는 것은 아니라는 점에도 유의해야 한다. 민영화가 모든 문제를 해결할 수 없는데, 한반도 차원에서는 민영화가 훨씬 더 복잡한 문제이다. 무리하고 졸속적인 정책 집행은 이익이 분명하지 않을 수도 있고 오히려 막대한 위험만을 초래할 수 있다는 점을 인식해야 한다. 따라서 개혁은 좀더 조심스럽고 완만하고 미시

---

6) 꼭 '국가'만이 '계획' 기능을 수행하는 것은 아니다. '국가'사회주의의 경우는 계획을 효과적으로 수행할 수 있는 체제가 아니었으며 관료제의 비용이 막대한 조직형태였다고 할 수 있다. 또한 복지'국가'들도 각각의 구체적인 사정에 기초해서 체제의 효율성을 따져야 한다. 재정정책의 효과가 상당히 제한적이라는 합의가 이루어지고 있는 시점에서 '큰정부' '증세' 담론이 꼭 진보적인 주장이라고 할 수는 없다. 경제안정성을 더 중시하고, '적절한 규모의 정부' '꼭 필요한 정도의 세금'을 운영한다는 것을 기본방향으로 삼아야 한다.

적이며 신중하게 진행되도록 해야 한다. 변화와 이행의 시기에 우리가 꼭
염두에 두어야 할 점은 "서두르지 말고 신중해야 한다"는 것이다.

3) 혼합형 조직의 발전

고전적 기업이나 주식회사 같은 투자자 소유 기업은, 협업과 분업을 수행
하기 위해 인류가 발견한 매우 우수한 조직형태로 평가된다.[7] 그러나 투자
자 소유 기업만이 존재할 수 있는 유일한 조직형태는 아니고, 현실에서는
시장과 기업 사이에 여러 형태의 혼합형 조직(hybrid organization)도 다양하
게 존재한다. 오히려 현실의 추세는 사회가 복잡해짐에 따라서 계약형태가
다양해지고 일원화된 소유제 구조에서 탈피하는 경향이 뚜렷하다. 예를 들
면, 하청계약, 써플라이체인·유통채널 등 기업 네트워크, 프랜차이징, 집단
상표, 파트너십, 협동조합, 기업동맹 등 같은 혼합형 조직이 확대되고 있다.
그중에서도 기업에 대한 사회적 요구를 충족시킬 수 있는 조직형태로 협
동조합에 주목할 필요가 있다. 협동조합은 투자자가 아닌 생산자-소비자가
소유자인 조직형태이다. 여기서 생산자-소유자는 지분 투자를 행하지만, 잔
여소득의 분배는 후원의 원리 또는 조합활동에 기초해서 이루어진다. 협동
조합은 '모호하게 정의된 재산권' 때문에 인쎈티브 문제를 발생시키며 이는
협동조합 조직의 운영비용을 크게 증대시키기도 한다. 그러나 생산자와 조
직 사이의 '정보의 비대칭성' '신뢰'의 면에서는 협동조합이 투자자 소유 기

---

7) 주식회사 모델이 주주의 이익만을 추구하는 것으로 비판받기도 하지만, 이는 적절한 비판
　이 아니다. 주주는 자신의 이익을 극대화하려는 목표하에서 다른 이해당사자들과 계약을 체
　결하여 그들에게 수익을 제공한다. 주주를 포함하여 노동자, 하청업체, 소비자, 지역사회 등
　여러 이해관계자들의 이익과 욕구를 충족시키는 것을 목표로 하는 이해관계자 모델이 제안
　되기도 하지만, 문제는 여러 관계자들의 이해관계가 조정되는 메커니즘을 이론화하기 어렵
　다는 점이다.

업에 비해 우수할 수 있다.

협동조합 등 혼합형 조직은, 일반적인 기업에 비하면 통제의 정도는 낮고 자립의 정도는 높다. 소비자의 요구는 기업이나 농장으로 하여금 식품 안전성에 더욱 많은 자원을 배분하도록 하는 인센티브가 된다. 이 때문에 미국과 유럽에서는 장기계약과 인증된 안전씨스템이 폭넓게 도입될 수 있었다.

한반도의 경우, 소비자의 품질과 안전에 대한 요구가 커지는 상황에서, 경제통합의 추세에 따른 경제조직 차원의 준비와 대응이 필요하다. 이러한 환경 변화는 협동조합이 지닌 '신뢰'의 강점이 발휘될 조건이라고 할 수 있다. 물론 협동조합 내부적으로는 감독을 강화할 수 있는 더욱 집중화된 조정 형태를 발전시킴으로써 조직의 거래비용을 감소시켜야 할 과제가 주어져 있다.

고양된 소비자의 영향력은 투자자 소유 기업의 운영방식을 일정하게 변화시킬 수 있다. 촛불집회의 진행과정에서 쇠고기 문제를 넘어 좀더 보편적인 소비자운동으로 발전될 가능성이 나타난 것은 의미심장하다. 소비자운동이 활성화되고 제도화되면 '기업의 사회적 책임'(CSR: Corporate Social Responsibility)에 대한 압력이 될 수 있다. 이는 각 경제주체들간의 견제와 균형을 통해 정부가 효율적으로 수행하기 어려운 각종 규제의 권장 또는 금지사항들을 기업들이 자발적으로 수행하도록 하는 것이다.[8]

소비자운동은 투자자 소유 기업이 제대로 작동할 수 있는 법치의 제도환경을 만드는 데 기여하는 한편, 좀더 사회적이고 진보적인 경제형태를 조직할 수 있는 각성된 시민을 형성하는 동력이 될 수 있다.[9] 소비자운동은 또

---

8) 예컨대 영국의 잡지 『Ethical Consumer』는 아디다스, 로레알, 월마트 등을 불매운동(boycott) 목록에 올렸다. 그 이유는 다양한데, 아디다스는 일부 축구화 제조에 캥거루 가죽을 쓴다고 해서, 로레알은 화장품 제조에 동물 실험을 한다고 해서, 월마트는 기후변화협약에 반대하는 미국 공화당에 기부를 많이 한다고 해서 불매운동의 대상이 되었다(임항 2007).
9) 카라따니 코오진(2008)은 독특한 논법으로 소비자의 의미를 강조하고 있다. 소비자운동의

한 사회적 기업(social business)의 형태로 발전하여 조직될 수도 있다. 사회적 기업은 기존의 투자자 소유 기업과 조직구조는 동일하지만 이윤극대화 대신 사회적 혜택을 우선한다는 원칙으로 운영되는 기업이다.

한반도경제에 주어진 과제는 경제의 통합과정에서 효율화와 격차해소를 동시에 진행하는 것이다. 이를 위해서는 남북한 경제조직들에서 역동적인 상호변화가 이루어져야 하고 여러 조직형태가 창의적인 역할을 수행해야 한다. 투자자 소유 기업과 국가가 빈곤과 환경문제를 해결하는 데 한계가 있을 수 있다. 이러한 문제에 대응하기 위한 조직형태로 협동조합, 기업의 사회적 책임, 사회적 기업 등 다양한 실험들이 이루어지고 이를 발전시킬 필요가 있다.

4. 제도환경

1) '지역주의'의 실험

김대중정부는 위기극복의 과정에서 영미형 모델의 요소를 상당부분 도입했으나 복지제도의 기본 골격을 수립하는 데에는 유럽형 모델도 참조했다고 할 수 있다. 노무현정부도 이러한 '혼합형' 모델의 추진을 기본적으로 계승했다고 볼 수 있지만, 그것이 통합적이고 일관된 비전과 정책체계를 가진

현실적 능력을 과대평가하고 있지만, 그 중요성에 대한 문제의식은 의미가 있다. 그에 의하면, 생산영역에서 노동자는 경영자 같은 의식을 가지며 특수한 이해의식에서 벗어나기 어렵다. 생산과정에서 노동자는 자본에 종속적일 수밖에 없어 보편적일 수 없다는 것이다. 그러나 노동자가 유통의 장에 나타났을 때는 소비자가 되는데, 여기에서는 자본에 우월한 입장에 서게 된다. 생산과정에서의 프롤레타리아 투쟁은 자본에 대해 우위에 설 수 없지만, 유통과정에서의 프롤레타리아 투쟁, 즉 보이콧 같은 비폭력적이고 합법적인 투쟁에 대해 자본은 대항할 수 없다는 것이다(158~62면).

것은 아니었다.

노무현정부 스스로 규정하고 있는 자신들의 비전과 전략은 '동반성장론'인데, 그 기본요소는 혁신주도형 경제, 일자리 낳는 성장, 양극화 해소를 위한 복지확장과 선제적 복지투자 등이다(국정브리핑 특별기획팀 2008). 그러나 이러한 담론이 형성되기 시작한 것은 빨리 잡아도 2006년경이므로, 이러한 논의가 실제 정책집행에 체계적으로 영향을 미쳤다고 보기는 어렵다.[10]

이러한 점에서 노무현정부의 정책전략으로 좀더 의미있는 것은 집권초 주요 정책의제로 내세운 '동북아시대'와 '국가균형발전'의 구상이다. 이는 글로벌화된 국제환경에서 일국 정부에만 의존하지 않는 새로운 모델 형성의 가능성을 탐색할 수 있는 정책들이었다.

그러나 노무현정부의 동북아구상은, 평화와 번영의 공동체를 목표로 한다는 지향만을 제시했을 뿐, 정책과제나 추진체계는 국민의 정부의 '동북아비즈니스중심국가'의 틀을 벗어나지 못하였다. 즉 집권초에는 동북아구상을 남북한 평화·번영 정책의 기조 위에서 전개했으나, 구체적인 정책추진 단계에 들어가면서부터는 경제와 외교·군사·안보 분야로 구분하고, 다시 국내정책과 대외정책으로 구분했다.[11] 결국 새로운 지역주의 정책모델은 실험되지도 못했다고 할 수 있다. 노무현정부는 현실에 적용 가능한 지역주의의 이념과 전략을 가지고 있지 못했기 때문에, 결국은 관료제가 주도하는 정책체계로 흡수되고 말았다.

이는 꼭 노무현정부의 탓만은 아닌데, 진보개혁진영 스스로가 새로운 정

---

10) 국민경제자문회의는 2006년에야 『동반성장을 위한 새로운 비전과 전략』을 내놓았고, 이는 2007년의 증보판으로 이어졌다. 국가의 장기전략으로 마련한 '비전2030'은 정권 말기에야 국민들에게 토론거리로 제출됐다.

11) 노무현정부의 청와대 내 정책추진체계는, 외교·군사·안보 정책을 담당하는 NSC와 혁신·국토개발 정책을 담당하는 균형발전위원회가 기축이 되었으며, 동북아시대위원회는 시종일관 동요하고 표류하였다.

책체계에 대한 인식을 체계화하지 못하고 있었기 때문이다. 종래의 발전국가 모델을 수정·보완하기 위해서는 새로운 혁신을 담당하는 미시적 요소를 발견하는 것이 필수적이다. 국민국가를 중심으로 하는 경쟁 일변도의 구도를 혁신하는 유력한 방안 중 하나가, 협력과 경쟁이 공존하고 기업과 혼합형 조직이 함께하는 '지역'을 새롭게 창출하는 것이다. 즉 종래의 발전모델에 더하여, 한편으로는 '넓은 지역(region)'의 연대와 지역통합이, 다른 한편으로는 '좁은 지역(community)', 즉 지역사회와 주민조직이 생활기반을 분담하는 기초를 마련해야 하는 것이다.

2) 동아시아 모델의 '개선'

동아시아 모델은 일본, 한국 등의 발전과정을 유형화한 것이다. 그 에쎈스는, 급성장과 불평등도의 저하라는 두가지 결과와, 농업의 역동성, 수출확대, 인구구조 변화, 높은 저축·투자율, 인적자본 구축, 높은 생산성의 여섯가지를 특징으로 한다.[12] 그러나 국내적으로 높은 저축·투자율을 가능케 했던 금융억압적 상황이 금융세계화로 더이상 잘 기능하기 어렵고, 각국 단위의 수출확대 정책이 자유무역을 지향하는 국제규범과 충돌한다. 기술의 형성과정에서 이제는 모방을 통한 '추격'의 경로보다는 비약의 경로가 많아지고 있다. 또 가혹한 경쟁으로 성장의 성과에 비해 삶의 질이 그다지 높지 않다는 것도 문제이다.

그러나 동아시아 모델에서 돌연히 이탈하는 것은 현실적으로 쉽지 않다. 어쨌든 과거로부터 계승된 규칙은 현재와 미래의 제도 형성에 상당한 제약이 되며 이 경로를 너무 급진적으로 수정할 경우 많은 비용과 고통을 발생

---

12) 그리고 이러한 성공의 원인으로 기본적으로 건전한 개발정책, 즉 복수채널을 통해 개발에 개입하는 선택적 진흥전략을 들고 있다(World Bank 1993).

시킨다. 한반도 분단체제는 내부에 심각한 모순을 안고 있는데, 경로의존
(path dependence)은 현재와 미래의 제도 구축에 상당한 제약이 될 것이
다.[13] 진보개혁진영 일각에서 유럽형 사회민주주의 모델이 한국경제에 가장
적합하다는 주장도 나오고 있지만, 이러한 논의에는 기존 네트워크의 외부
성을 과소평가하는 오류가 있다. 순이익을 계산해야 하는 현실 속에서는 비용
이 들지 않는 절대적이고 우월적 대안이 존재하지는 않는다. 그러므로 경로
의존을 고려하여 집행(implement)의 비용과 그에 따른 순이익을 정밀하게 계
산해야 한다.

새로운 환경 변화 속에서 동아시아 모델은 여러가지 한계에 봉착해 있지
만, 경로의존의 제약을 고려할 때, 기존의 동아시아 모델을 전면 부정하기도
어렵다. 그렇다면 유일한 방책은 동아시아 모델의 '개선'(improvement), 즉 '더
좋아진 동아시아 모델'(An Improved East Asian Model)을 모색하는 것이다.

여기서 '개선'의 핵심요소는 개방적 국제환경에 적응하고 사회적 연대성
을 실현하는 제도환경을 구축하는 것이다. 이는 남북 분단체제의 경로의존
의 제약을 완화하면서 기존 동아시아 모델의 압축적 성격을 완화하고 공평
성과 생태적 가치를 발전시키는 과제를 포함한다. 그러면서 남북한 내부에
서 정치적 안정과 잠재적 경제이익을 확보하는 데 필수적인 비인격적 교환
을 보장하는 방향으로 제도를 진화해나가는 것이 관건이다.

동아시아는 인구압이 세계 어느 곳보다도 강하기 때문에 일정 수준의 고
용과 농업 규모를 확보하고 필요한 사회정책체계를 갖추어야 한다. 고도성

---

13) 경로의존은 어제의 제도적 틀이 오늘의 조직과 개인에게 기회 집합을 제공하는 제도적
   진화의 점진적 과정이다. 제도의 '매트릭스'는 제도의 상호의존적 그물망과 그에 따르는 정
   치-경제 조직으로 구성되는데, 조직은 제도 틀에 의해 주어지는 기회로 인하여 존재하게
   된다. 여기에는 네트워크의 외부성이 발생하는데, 이는 제도 수립의 초기비용, 학습효과, 다
   른 조직과의 계약을 통한 조정효과, 기존 제도에 기초한 계약의 확산에 따른 적응적 기대의
   형성 등으로부터 나오는 것이다(North 1991, 109면).

장보다는 경제의 안정성과 생산성 제고의 목표에 더욱 많은 가치를 배분해야 한다. 거시적 안정성과 적정한 성장 기조를 유지하기 위해서, 동아시아역내의 교환관계, 동아시아과 미국 간 교환관계를 조화롭게 발전시키는 방안을 찾아야 한다.

종래의 동아시아 모델의 핵심요소는 특정 제조업을 보호·육성하는 산업정책이었지만, 이제 더이상 산업을 특정해서 지원하는 방식이 통용되기 어렵다. 이에 따라 점진적 개방전략의 전제하에서 기술개발과 생산성 향상을 지원하는 사회적 투자를 주요 수단으로 하는 새로운 산업발전 방안을 모색할 필요가 있다. 상대적으로 낙후된 써비스업과 농업을 지원하는 인프라를만드는 데에도 관심을 두어야 한다. 써비스산업은 추격발전이 쉽지 않고 시장실패 가능성이 높기 때문에 급진적인 써비스경제로의 이행보다는 제조업에 기반한 점진적인 써비스산업 발전을 추진하는 것이 합리적이다. 농업은시장수요에 탄력적으로 반응할 수 있는 경영체제를 확립하는 것을 기본방향으로 잡으면서 다양한 협동조합의 발전과 친환경적 방향으로의 생산구조의변화를 시도해야 한다.[14]

3) '87년체제'의 심화와 남북 경제통합

'한반도경제' 형성의 핵심과제는 한반도 차원에서 경제적 거래비용을 줄이는 제도가 출현하는 것이다. 즉 남북한 내부에서 제도개혁이 진행되면서남북한 경제통합과 연계되는, 통합과 개혁의 동시진행과 연계인 것이다. 이를 좀더 보편적인 용어로 표현하면, '민주적 입헌체제'의 공고화 과정이라고말할 수 있다. 한국은 1987년 6월항쟁을 계기로 비로소 입헌체제로 진입하게 되었지만, 한국의 '87년체제'는 아직 불안정해서 공공선택을 규율하는 제

---

14) 새로운 산업정책의 기본골격에 대한 좀더 구체적인 논의는 이일영·정준호(2007)를 참조.

도적 진화를 가져오는 역사적 통과점이 될지는 아직 불분명하다.

'87년체제'가 불안정하고 '한반도경제'의 전망이 불투명한 것은, 이들 체제를 구성하는 세력이 제대로 정렬되어 있지 않고, 따라서 그 세력들간에 계약 또는 협약이 만들어지지 못하고 있기 때문이다.[15] 안정적인 제도적 질서가 마련되려면 이를 뒷받침하는 세력이 존재해야 하는데, '87년체제'는 조직화된 세력들에 뒷받침되는 안정적 체제는 아니었다. 재벌체제는 변화하고 있지만 여전히 지배력을 지니고 있고 정상적인 기업조직의 활동공간도 여전히 제약되어 있다. 노동운동, 농민운동이 기존의 조직력을 보존하고자 노력하는 동안, 혼합형 조직의 발전은 상대적으로 부진했다.

'87년체제'가 안정적으로 발전하고 경제사적으로 의미있는 역할을 수행하기 위해서는, 비인격적 교환을 보장하고 엘리뜨들에게도 공정하게 적용되는 법체계를 수립해야 한다. 이를 위해 기업조직과 혼합형 조직을 기반으로 하는 세력 사이의 제도적 협약을 이루는 것이 당면 과제이다.[16] 그리고 남북경제통합은 '87년체제'가 민주적으로 확대되고 공고화되는 가운데 점진적으로 이루어지는 과정이 되어야 한다. 이는 대체로 '혼합적'인 제도의 발전단계를 거쳐 점진적으로 진행하여야 경제적 거래비용과 통합과정에서의 실패자를 줄일 수 있다.[17]

----

15) 영국 명예혁명은 세력간 계약에 의해 안정적 제도를 창출함으로써 산업혁명의 번영을 가능하게 한 역사적 분기점으로 평가된다. 1670년대 중반까지 토리(Tory)당은 국왕을 지지했는데, 국왕은 그에 기초해서 휘그(Whig)당의 대표권을 자의적으로 침해했다. 1680대 중반부터 토리당은 휘그당과 협력하여 국왕에 대항하는 정치적 국가를 형성했다. 즉 명예혁명의 핵심요소는 토리당과 휘그당이 제도 변화의 틀에 타협했다는 점이다. 이 협약에 기초해서 국가는 자기강제력(self enforcement)을 지니게 되었다(Weingast 1997, 252~53면).
16) 북한의 경우 아직 미약하고 발전속도도 느리지만 시장화·기업화 세력도 계속 확대되어 갈 것인데, 이들은 주로 농촌과 기업에서의 분권화·시장화 개혁의 과정에서 충원될 것이다.
17) 제1단계는 남북한의 조절된 대외개방과 그에 조응한 국내제도의 정비를 이룬다. 북한에서는 특별지역을 정하여 확대하고 이를 남북한간 자유로운 거래로 발전시키되, 인력이동 등에서는 특별한 예외조치를 허용한다. 북한에서는 외국인투자를 보호하고 유인하는 법제를

5. 결론——'새로운 진보'의 경제체제

최근 경제체제의 저변에서는 불확실성의 증대, 정보경제의 확대, 소비자의 진출 등 의미심장한 변화가 진행되고 있다. 이는 새로운 '질서', 즉 새로운 경제조직과 제도환경을 형성하는 영향력이 축적되고 있음을 시사한다. 소비자들 사이에서 이루어지는 커뮤니케이션은 조직내에서의 분권화 수준을 좀더 높이는 것이 유리한 쪽으로 힘을 축적하고 있다. 소비자의 안전에 대한 요구의 증가는 조직 내외의 정보 소통, 즉 '신뢰'를 증대하는 데 용이한 조직 형태를 선호하도록 자원배분을 변화시키고 있다. 자원배분상의 변화는, 경제조직과 제도환경에서 새로운 '질서'를 형성할——꼭 충분조건이 되는 것은 아니지만——필요조건을 만들어가고 있다고 할 수 있다.

그러면 새로운 질서는 구체적으로 어떤 모습을 보일까? 필자는 그것이 시장, 기업 그리고 그 사이에 있는 혼합형 조직들이 함께 공존하는 것이라고 생각한다. 북한에서는 시장과 기업의 조직형태가 지금보다는 더 발전해야 하고, 남한에서는 지금보다는 훨씬 더 혼합형 조직 형태의 비중을 높이고 그 안에서 협동조합, 기업의 사회적 책임, 사회적 기업이 뚜렷한 역할을 행하도록 해야 한다. 이는 시장이나 기업, 어느 한 형태가 극단적으로 지배하는 일원화된 상태가 아니라, 다양한 조건에서 다양한 조직형태가 공존하는 다원적 상태를 의미한다. 필자는 이를 '중도(中道)'의 경제라고 말하고 싶다.

정비하고 남한은 '법의 지배'를 공고히한다. 제2단계에는 북한의 제도개혁을 집중적으로 진행시킨다. 특별지역에 유치한 외자기업에 기업활동의 자유를 확대하고, 이에 경쟁할 수 있도록 기존 기업의 분권화와 인센티브 개혁을 추진한다. 제3단계에는 제도개혁의 심화가 이루어져야 한다. 기업과 농업 부문에서는 사적 소유권을 창출하는 소유권 개혁에 들어감으로써 남북한간 소유제 조화를 위한 노력을 기울인다. 남한은 남북한 연대를 위한 사회적 제도를 심화시켜 통합된 시장이 안정화될 수 있도록 해야 한다. 마지막으로 제4단계는 정치적·법적 통합단계이다. 남북한 정부 차원에서 대표성을 위임한 경제공동체를 구성하며 이의 권능을 보장하는 국내법을 각각 제정해야 한다. 자세한 내용은 이일영(2006)을 참조.

새로운 질서는 어떤 방식으로 만들어질 수 있을 것인가? 역사상에서 보면, 극히 예외적인 경우를 제외한, 대부분의 변화는 점진적이고 누적적으로 이루어지며 과거에 제약되어 있다. 그리고 그러한 변화의 방향은 유일한 균형점을 향하는 것이 아니고 항상 복수의 경로가 있게 마련이다. 따라서 '진보'를 사전적으로 정해진 유일한 경로를 목적론적으로 지향하는 것으로 간주해서는 안된다. 인간과 사회는, 끊임없이 새롭게 변화는 세계 속에서 시행착오를 겪는 실험, 작용과 반작용을 포함하는 적응을 통해 냉혹하고 무자비한 경로에서 벗어날 수 있다. 이러한 점에서 우리는 '진보'를 '진화'의 의미로 이해할 수 있다.[18]

체제를 구성하는 행위자들은 때로는 이타적이기도 하지만 많은 경우 이기적이기 때문에, 새로운 체제로 가는 별다른 지름길을 찾기는 어려울 것이다. '새로운 진보'는 적응에 작용하는 두개의 힘을 직시해야 한다. 즉 환경에 적응하려는 힘과 환경을 변화시키려는 힘에 기반하여 한반도경제를 만들어가야 하는 것이다. 필자는 한반도경제의 미시적 기초가 '중도적＝혼합적' 경제조직·제도이며, 이는 경제주체들의 '진보＝진화'의 과정을 통하여 형성된다고 본다. 따라서 필자는 "남북한 경제통합과 총체적 개혁을 수행하는 조직·제도를 점진적이고 지속적으로 형성하는 경향성", 그것을 '새로운 진보'의 경제체제라고 부르고 싶다.[19]

| 이일영 |

---

18) 다윈의 진화론은 종종 무한경쟁 논리를 정당화하는 것으로 이해되어왔지만, 진화론이 꼭 이타주의의 한계를 설정하는 것은 아니다. 오히려 진화론을 새롭게 구성할 경우 좌파가 일찍이 가졌던 유토피아를 냉철한 현실적 비전으로 대체해줄 수 있게 한다(씽어 2007).
19) 백낙청(2006; 2008)은 '남북의 점진적 통합과정과 연계된 총체적 개혁의 시대'에 있어서의 '진보'를 '변혁적 중도주의'로 규정한 바 있다. 그의 용어에서, '변혁적'이라는 것은 분단체제의 극복을 겨냥한 것이라는 의미이며, '중도주의'는 광범위한 대중이 참여하는 점진적 과정이어야 한다는 점에서 불가피한 것이다.

【참고문헌】

제1장 노무현정부 평가: 예견된 실패?

구갑우 (2008) 「노무현정부의 대북정책과 남북관계」, 미발표.
김석현 (2007) 「노무현정권 평가——시대적 과제의 인식과 대응이라는 관점에서」,
　　　미발표
대통령직인수위원회 (2003) 『노무현정부 국정비전과 국정과제』.
손호철 (2005) 「두 개의 개혁, 두 개의 전선」, 한국일보 2월21일자.
양재진 (2007) 「유능한 민주정부의 창출을 위한 제도개혁과제」, 『한반도경제론』.
　　　 (2008) 「노무현정부의 복지정책과 지지동원 실패에 대하여」, 미발표.
이병완 (2007) 「한나라당이 잃은 것은 권력뿐」, 한겨레신문 6월6일자.
정석구·황예랑 (2008) 「진보 외치며 정책은 보수 '정체성 혼란'」, 한겨레신문 2월
　　　14일자.
한반도경제사회연구회 (2007) 『한반도경제론——새로운 발전모델을 찾아서』, 창비.
카, E. H. (1996) 『역사란 무엇인가』, 김승일 옮김, 범우사.
폴란차스, 니코스 (1973) 『정치권력과 사회계급』, 풀빛.

제2장 잘못된 정치전략과 지지기반의 와해

강원택 (2008) 「방향감각의 상실과 표류-노무현 정권의 정책기조와 권력기반의
　　　약화」, 『황해문화』 봄호
김대호 (2008) 「17대 대통령선거의 교훈과 민주·개혁·진보·미래 세력의 진로」,
　　　성찰과 모색을 위한 토론 모임의 1월11일자 발표문.
박상훈 (2007) 「1단계 민주화의 종결」, 『민주사회와 정책연구』 2007년 상반기호.

한귀영·박상훈·조승수 (2008) 「김대중—노무현 집권 10년을 어떻게 볼 것인가?」, 『미래공방』 신년호.

백낙청 (2007) 「백낙청——최근 진보논쟁서 정치민생 문제와 직결된 남북문제 누락」, 한겨레신문 3월6일자.

이남주 (2006) 「지속가능한 개방전략을 모색하자」, 창비주간논평 5월23일자.

임원혁 (2005) 「영남민주세력의 고민」, 한겨레신문 8월30일자.

정대화 (2007) 「민주화과정에서 민간권력의 형성과 역할」, 『민주사회와 정책연구』, 상반기호.

최장집 (2005) 「개정판 후기」, 『민주화 이후의 민주주의』, 후마니타스.

기든스, 앤서니 (1998) 『제3의 길』, 한상진·박찬욱 옮김, 생각의나무.

Worcester, Robert M. (2004) "Two Triangulation Models in Political Marketing: The market Positioning Analogy," Elections on Horizon Conference, March 15th, British Library, London(http://sherpa.bl.uk/9/01blpaperm arch2004final.pdf)

제3장 동북아정책, 정세의 과소평가와 역량의 과대평가

국정홍보처 국정브리핑 (2008) 「실록 경제정책 11——한미FTA의 시작과 고민, 그리고 남은 과제」, 2월14일, 현 대한민국정책포털 웹싸이트 http://www. korea.kr 참조.

김양희 (2005) 「한국경제의 미래와 동북아구상——FTA전략의 재조명」, 씸포지엄 '참여정부 2년 평가와 3년 전망'의 발표문.

______ (2007) 「FTA의 다양성과 우리의 선택」, 『대안적 개방전략을 찾아서—— 한미 FTA와 한국형 발전모델』, 창비.

______ (2008a) 「일본의 기체결 FTA의 특징에 대한 고찰——FTA정책의 사후적 검증」, 『아태연구』15권 1호.

______ (2008b) 「노무현정부의 동북아시대구상에 대한 비판적 고찰」, 『동향과 전망』 가을·겨울호, 박영률출판사.

김양희·정준호 (2006) 「한국의 FTA정책의 비판적 검토와 대안 모색」, 『동향과 전망』여름호, 박영률출판사.

대통령직인수위원회 (2003) 『참여정부 국정비전과 과제』.

동북아경제중심추진위원회 (2004) '국정과제로드맵추진실적' (내부자료).

동북아시대위원회 (2003a) 「동북아대외협력구상(안)——공동번영을 위한 이니셔티브」.

__________ (2003b) 「동북아 협력구도하 남북·대륙철도 연계방안」.

__________ (2004a) 「평화와 번영의 동북아시대 구상——비전과 전략」.

__________ (2004b) 『평화와 번영의 동북아시대 구상』.

__________ (2005a) 「동북아경제공동체구상의 정립과 중단기 중점과제」.

__________ (2005b) 『평화와 번영의 동북아시대』.

__________ (2005c) 「동북아공동체 형성에 주는 유럽통합사례의 시사점」.

__________ (2006) 『참여정부의 동북아시대 구상』.

박종철 외 (2005) 『동북아협력의 인프라 실태——국가 및 지역차원』, 통일연구원.

송기호 (2007) 『한미FTA 핸드북——공무원을 위한 한미FTA 협정문 해설』, 녹색평론사.

코오진, 카라따니(柄谷善男) (2008) 『역사와 반복』, 조영일 옮김, 도서출판b.

    국가기록원 역대 대통령 웹기록써비스의 동북아시대위원회(http://nabh. pa.go.kr/)를 참조

mbn 텔레비전 (2007) 「USTR, 한미FTA 변경가능성 없어」, 7월25일자 방송.

Richard L. Armitage and Joseph S. Nye (2007) 'The US-Japan Alliance: Getting Asia Right through 2020," CSIS.

Baldwin, Richard (1993) "A Domino Theory of Regionalism," NBER Working Paper Series no. 4465, National Bureau of Economic Research.

ITAC 10(2007) "The United States-Korea Free Trade Agreement: Report of the ITAC on Service and Finance Industry," 4월.

USITC(United States International Trade Commission, 미국국제무역위원회) (2007) "US-Korea Free Trade Agreement: potential Economy-wide and Selected Sectoral Effects," USITC publication 3949, September.

제4장 모순덩어리, '통일·외교·안보정책'

구갑우 (2008) 『국제관계학 비판——국제관계의 민주화와 평화』. 후마니타스.
김기정 (2008) 「전환기의 한미동맹——이론과 현상」, 『한국과 국제정치』, 제24권
　　　1호.
이혜정 (2000) 「단극시대 미국패권전략의 이해」, 『한국과 국제정치』, 제16권 2
　　　호.
임동원 (2008a) 『피스 메이커——남북관계와 북핵문제 20년』, 중앙북스.
＿＿＿ (2008b) 「'남북연합' 구상의 역사와 전망」, 2008년 세교연구소 주최로 열
　　　린 '기울어진 분단체제, 대안을 만들 때다'의 씸포지엄 자료집.
Held, D. and D. Mepham eds. (2007) *Progressive Foreign Policy: New Directions
　　　for the UK*, Cambridge: Polity.

제5장 성장전략의 부재와 미숙한 분배전략

강인수·유재원 (2008) 「서비스산업의 개방과 경쟁력」, 『세계화시대 한국경제의
　　　진로』, 한울.
고원 (2007) 「한국사회 정치지형 변화와 신진보주의 국가전략노선 구상」, 『동향
　　　과 전망』 68호.
국민경제자문회의 (2006) 『동반성장을 위한 새로운 비전과 전략』, 교보문고.
국정브리핑 특별기획팀 (2008) 『참여정부경제 5년——한국 경제 재도약의 비전과
　　　고투』, 한스미디어.
김광수 (2006) 『현실과 이론의 한국경제 III——성장패러다임의 변화와 개혁을
　　　중심으로』, 김광수경제연구소.
김기원 (2008) 「노무현정권 경제정책의 평가와 반성」, 서울사회경제연구소, SIES
　　　WP, No. 233.
김대호 (2007) 『희망한국프로젝트』, 백산서당.
유철규 (2008) 「세계화시대 한국 산업구조의 방향」, 『세계화시대 한국경제의 진

로』, 한울.

장세진 (2008) 「동반성장의 사회적 디자인——메커니즘 이론적 접근」, 『한국의 경제개혁정책——성공인가 실패인가?』, 한울.

전창환 (2005) 「노무현정부의 한국경제——현황과 과제」, 『동향과전망』 제64호.

제6장 적극적 복지정책, 그러나 실패한 지지동원

기획예산처 (2007) 「2008년도 예산안 편성 및 기금운용계획안 작성 지침」.

김대호 (2008) 「17대 대통령 선거의 교훈과 민주·개혁·진보·미래 세력의 진로」, 성찰과 모색을 위한 토론모임 발표자료.

대통령자문양극화·민생대책위원회 (2007) 「국민과 함께 보는 참여정부 사회정책 돋보기」.

양재진 (2003) 「노동시장유연화와 한국복지국가의 선택——노동시장과 복지제도의 비정합성 극복을 위하여」, 『한국정치학회보』 37권 3호.

______ (2005) 「발전이후 발전주의론——한국 발전국가의 성장, 위기, 그리고 미래」, 『한국행정학보』 39권 1호.

______ (2007) 「사회투자국가가 우리의 대안이다——사회투자국가 비판론에 대한 반비판」, 『경제와사회』 75호.

양재진·정형선·김혜원·이종대 (2008) 「사회정책의 제3의길——한국형 사회투자정책의 모색」, 백산서당.

Amable (2003) *The Diversity of Modern Capitalism*, Oxford University Press.

Huber, Evelyne and John D. Stephens (2001) *Development and Crisis of the Welfare State*, The University of Chicago Press.

제7장 노동정책, 사회통합을 위한 노동개혁의 실종

김면회 (2004) 「독일모델의 생명력——'독일병' 논의에 대한 비판적 접근」, 『국제정치논총』제44집 1호.

대통령직 인수위원회 (2003) 「국정과제 태스크포스 보고서(안)」.

윤진호 (2008) 「한국의 저임금 실태 및 정책과제」, '저임금 일소와 실노동시간 단축을 위한 토론회' 발제문, 한국노총 중앙연구원.

장지연·양수경·이택면·은수미 (2008) 『고용유연화와 비정규 고용』, 한국노동연구원.

최장집 (2006) 『민주주의의 민주화』, 후마니타스.

벡, 울리히 (2006) 『위험사회——새로운 근대성을 향하여』, 홍성태 옮김, 새물결.

Piachaud, D. (1997) "A Price worth paying? The costs of unemployment," Philpott, J. ed., *Working for Full Employment*, London: Routledge.

Rhodes, M. (2001) "The political economy of social pacts: 'competitive corporatism' and European welfare reform," Pierson, P. ed., *The New Politics of the Welfare*, Oxford: Oxford University.

제8장 비정규직정책, 안일한 인식과 무력한 대응

은수미 외 (2008) 『비정규직과 한국 노사관계 시스템 변화 II』, 한국노동연구원.

전병유 외 (2005) 『고용없는 성장에 대한 대응전략 연구』, 한국노동연구원.

Bell, Daniel (1976, 2nd edition) *The Coming of Post-industrial Society*, Basic Books.

Boyer, R. et al. eds. (1988) *The Search of Lauour Market Flexibility*, Clarendon Press.

Bravermann, Harry (1974) *Labor and Monopoly Capital*, Monthly Review Press.

Lipietz, A (1988) "From Althusserianism to Regulation Theory," E. Kaplan and M. Sprinker eds., *The Althusserian Legacy*, Verso.

Lipietz, A (1992) "The Regulation Approach and Capitalist Crisis: an Alternative Compromisre for the 1990s," M. Dunford and G.Kafkalas eds., *Cities and Regions in the New Europe*, Belhaven Press.

Murray, Robin (1989) "Fordism and Post-Fordism," Stuart, H. and Jacques, M. eds., *New Times: The Changing Face of Politics in the 1990s*, Lawrence and Wishart. 38~53면.

Piore, Michael and Sable, Charles (1984) *The Second Industrial Divide-Possibility for Prosperity*, Basic Books.

제9장 주택정책, 집값 안정은 시시포스 신화인가

강희돈 (2006) 「부동산가격 변동과 통화정책적 대응」, 『조사통계월보』, 6월호, 한국은행.

국정브리핑 특별기획팀 (2007) 『대한민국 부동산 40년』, 한스미디어.

김경환 (2003) 「부동산가격과 거시경제간의 상호관계」, 한국은행 조사국 2003년 10월30일 학술회의.

김경환·김홍균 (2007) 「참여정부 주택정책의 시장친화성」『응용경제』 9(2).

김경환·신혜경 (2008) 『주택정책의 방향전환을 위하여』, 한반도선진화재단.

김봉한 (2004) 「부동산가격 버블의 존재 검정──상태전환 회귀식의 활용」, 『주택연구』 12(1).

김상환 (2005) 「주택담보대출의 위험에 대한 재평가」, 『주간금융브리프』 14(43), 한국금융연구원.

김용창 (2008) 「한국 부동산문제의 쟁점과 정책」, 제12회 코리아연구원 한자모 발표문.

김정훈 (2003) 『지방자치단체 순재정편익과 지역간 균형발전에 관한 연구』, 한국조세연구원.

______ (2008) 「지역정책의 효과성 제고를 위한 균특회계의 개편방안」, 한국농촌경제연구원 편 『지역균형발전정책의 새로운 도전과 구상』, 41~61면.

김종철 (2008) 「참여정부는 이래서 집값을 못 잡았습니다」, 오마이뉴스 8월1일자.

박종현 (2003) 「외환위기 이후의 통화금융정책과 저금리 기조」, 『동향과전망』 58호.

박형근·이상진 (2006) 「부동산가격 변동과 은행 경영성과간 관계 분석」, 『조사 통계월보』 6월호, 한국은행.

변창흠 (2006) 「참여정부 부동산 정책의 이념과 형성과정 분석」, 한국행정학회 추계학술대회 10월14일 발표논문.

서승환 (2007) 「참여정부 부동산 정책의 비판적 검토」, 『응용경제』 9(2), 93~116면.

손재영 (2007) 「우리나라 부동산문제를 해결을 위한 정책과제」, 『응용경제』 9(2).

스티글리츠 (2002) 『세계화와 그 불만』, 송철복 옮김, 세종연구소.

신용상 (2007) 「초과유동성 및 자산가격 간 선후행성에 대한 분석과 시사점」, 『주택금융월보』 38호.

안재승·김회승 (2003) 「금리 논쟁 다시 고개」, 한겨레신문 9월8일자.

우형달 (2008) 『수도권 경매시장의 특성』, 강원대학교 대학원 박사학위논문.

윤종성 (2006) 「누가 부동산을 만신창이로 만들었나」, 『이코노믹리뷰』 11월27일자.

이병천 (2008) 「삼성과 한국 민주주의——'삼성 공화국'의 덧과 사회적 책임 기업으로 가는 길」, 조돈문·이병천·송원근 엮음, 『한국 사회, 삼성을 묻는다』, 후마니타스 569~608면.

이장영·박동순 (2007) 「한국의 부동산버블과 감독정책」, 한국재무학회 4월19일 발표논문.

이준희 (2006) 「주택가격의 거품 여부에 대한 평가」, 한국은행.

정준호 (2007) 「한국경제의 공간구조——그 현실과 쟁점」, 『시민과세계』11호, 98~125면.

조동철·성명기 (2003) 「저금리시대의 부동산가격과 통화·조세정책에 대한 시사점」, 『KDI 정책포럼』 제166호, 한국개발연구원.

Aalbers, M. B. (2008) "The Financialization of home and the mortgage market crisis," *Competition and Change* 12(2).

Martin, R. (2002) *Financialization of Daily Life*, Temple University Press.

OECD (2006) *Recent House Price Developments: the role of fundamentals*, Paris: OECD.

OECD (2007) *Economic Survey of Korea*, Paris: OECD.

제10장 지역정책, 창대한 시작과 초라한 결실

강현수 (2007) 「참여정부 균형발전 정책의 성과와 과제」, 참여사회연구소 씸포지
    엄인 한국의 발전모델과 공간경제 전략 자료집.
김도훈·문태훈·김동환 (1998) 「시스템 사고와 시스템 다이내믹스」, 참여사회
    연구소 씸포지엄인 한국의 발전모델과 공간경제 전략 자료집.
김순은 (2006) 「지방분권정책의 평가와 대안적 모색, 지역사회 발전의 과제와 전
    략」, 경기개발연구원 연구총서12.
배준구 (2006) 「균형발전 정책의 평가와 대안적 모색, 지역사회 발전의 과제와
    전략」, 경기개발연구원 연구총서12.
변창흠 (2007) 「대수도권론과 수도권 정책의 과제」, 참여사회연구소 씸포지엄인
    한국의 발전모델과 공간경제 전략 자료집.
이용숙 (2003) 「지역혁신체제론의 비판적 재검토──무엇을, 누구를 위한 지역혁
    신체제인가」, 『동향과전망』 제59호, 박영률출판사.
이우종 (2006) 「수도권 공간구조 개편과 성장관리 전략, 지역사회 발전의 과제와
    전략」, 경기개발연구원 연구총서12.
이재은 (2007) 「왜 자치재정인가──지방재정에서 자치재정으로의 전환」, 희망제
    작소 부설 자치재정연구소 창립기념 쎄미나 자료집.
정건화 (2003) 「동북아시대 참여정부 산업정책의 방향과 쟁점」, 『동향과전망』
    제59호, 박영률출판사.
______ (2007) 「지역발전의 딜레마와 해법」, 『민주사회와 정책연구』 제12호, 민
    주사회정책연구원.
______ (2008) 「지역혁신과 지역 거버넌스──산업도시 안산의 대안적 발전을
    위하여」, 『전환기의 안산──쟁점과 대안, 한국사회 지역연구 2』, 한울.
정준호 (2007) 「한국경제의 공간구조──그 현실과 함의」, 참여사회연구소 씸포
    지엄인 한국의 발전모델과 공간경제 전략 자료집.

조순제 (2006) 「지방자체제 10년의 평가와 개선방안, 지역사회 발전의 과제와 전략」, 경기개발연구원 연구총서12.

조형제 (2007) 「지역 거버넌스와 사회적 합의모델」, 『한반도경제론』, 창비.

박원순 (2007) 「박원순의 희망탐사」, 프레시안(http://www.pressian.com).

제11장 과학기술정책, 성장론에 포획된 국가혁신체제

국가과학기술위원회 (2007) 『2007년도 국가연구개발사업 조사분석 보고서』.

김민수 (2008) 「현장에서 바라본 출연연 과학기술정책의 문제점과 개선방향」, 『과학기술정책지』 2008년 7·8월호.

김석현 (2008) 『외환위기 이후 한국기업의 성장요인 분석』, 과학기술정책연구원.

_____ (2007) 「한국 국가혁신체제의 전환, 해석, 그리고 방향」, 『과학기술정책지』 7·8월호.

김선화 (2007) 「희망한국을 만들어가는 과학기술정책」, 과학기술정책연구원(www.stepi.re.kr) 홈페이지의 STEPI포럼 쎅션에 「참여정부의 과학기술정책 성과분석 및 향후 발전방향」의 제목으로 게재.

대통령자문 정책기획위원회 (2008) 『참여정부 국정리포트──미래를 향한 도전』, 아렌트

송재준 (2008) 「기초연구발전을 위한 담론들과 균형의 모색」, 『과학기술정책지』 7·8월호.

윤순봉 외 (2004) 『국민소득 2만불로 가는 길』, 삼성경제연구소 연구보고서.

이민형 (2008) 「지역혁신사업의 효율적 추진방안──지역혁신 자율책임운영시스템 중심으로」, 『과학기술정책지』 7·8월호.

장효성 (2008) 「산업기술정책의 공공성 문제와 정부 역할──산업기술사업을 중심으로」, 『과학기술정책지』 7·8월호.

교육개혁평가연구회 (1999) 『21세기의 새 지평 교육개혁』, 교육부 교육평가연구
　　회.
교육인적자원부 (2004) 「공교육 정상화를 통한 사교육비 경감대책」, 2월14일 발
　　표문.
　　　　　　　　 (2007) 「공교육 정상화를 통한 2.17 사교육비 경감대책 07년 상
　　반기 추진실적」, 8월 발표문.
교육혁신위원회 (2007) 「5.31 교육개혁의 성과와 과제」, 12월 발표문.
국정브리핑 특별기획팀 (2007) 『대한민국 교육 40년』, 한스미디어.
반상진 (2008) 『고등교육경제학』, 집문당.
신재철 (2004) 「대학종합평가와 대학발전——성과와 과제」, 『교육행정학연구』
　　22권.
이경숙 (2006) 『일제시대 시험의 사회사』, 경북대 박사학위 논문.
장수명 (2008) 「대학의 공공성과 대학재정」, 『이명박 정부의 교육정책——대안과
　　쟁점』 민주화를위한전국교수협의회 씸포지엄.
장수명·공은배·이한일 (2004) 『국가 및 산업경쟁력 제고를 위한 교육의 역할』,
　　한국교육개발원.
커어, 클라크 (1994) 『대학의 효용』, 이형행 옮김, 학지사.
Clark, Burton R. (1993) *The Research Foundations of Graduate Education:
　　Germany, Britain, France, United States, Japan*, University of California
　　Press.
Geiger, Roger L (1986) *To Advance Knowledge: The Growth of American
　　Research University: 1900~1940*, Oxford University Press.
Goldin, C. and Lawrence F. Katz (1999) "The Shaping of Higher Education:
　　The Formative Years in the United States, 1890 to 1940," *Journal of
　　Economic Perspective*, Vol. 13, No. 1. 37~62면.
Raines, J. Patrick and Charles G. Leathers (2003), *The Economic Institutions of
　　Higher Education: Economic Theories of University Behavior*, Edward

Elgar Publishing Limited.

Rhodes, Frank H. (2001) *The Creation of the Future: The Role of the American University*, Cornell University Press.

Rose-Ackerman (1996) "Altruism, Nonprofits, and Economic Theory," *Journal of Economic Literature*, Vol. 34, No. 2, 701~28면.

Scott, Frank, Jeff Anstine (2002) "Critical Mass in the Production of Ph.D.s: a multi-disciplinary Study," *Economics of Education Review*, Vol. 21, No. 1, 29~42면.

Winston, Gordon C. (1999) "Subsidies, Hierarchy and Peers: The Awkward Economics of Higher Education," *Journal of Economic Perspective*, Vol. 13, No. 1, 13~36면.

제13장 노무현시대를 넘어: '새로운 진보'의 제도 구상

국정브리핑 특별기획팀 (2008) 『참여정부 경제5년——한국경제 재도약의 비전과 고투』, 한스미디어.

백낙청 (2006) 『한반도식 통일, 현재진행형』, 창비.

______ (2008) 「근대 한국의 이중과제와 녹색담론」, 『창작과비평』 2008년 여름호.

유종일 (2006) 「참여정부의 '좌파 신자유주의' 경제정책」, 『창작과비평』 2006년 가을호.

이일영 (2006) 「'북한형' 경제개혁과 한반도 경제통합——개혁과 통합의 연계」 『동향과전망』 67호, 박영률출판사.

______ (2008a) 신제도주의 경제학의 제도환경 이론에 관한 연구 노트. 『동향과전망』 73호, 박영률출판사.

______ (2008b) 「촛불의 경제학——한반도경제의 미시적 기초」, 『창작과비평』 2008년 가을호.

______ (2008c) 「'한반도경제'의 경제제도 구상——노무현시대와 그 이후」, 『동향

과전망』 74호, 박영률출판사.

이일영·정준호 (2007) 「한국형 발전모델의 모색——점진적 개방—협력과 산업 혁신」, 최태욱 엮음 『한국형 개방전략——한미FTA와 대안적 발전모델』, 창비.

임항 (2007) 「지금 왜 '기업의 사회적 책임'인가」, 『기업의 사회적 책임과 노동』, 노동연구원.

정건화 (2007) 「재벌개혁과 한국경제」, 『한반도경제론——새로운 발전모델을 찾아서』, 창비.

한반도사회경제연구회 (2007) 『한반도경제론——새로운 발전모델을 찾아서』, 창비.

씽어, 피터 (2007) 『다윈의 대답 1——변하지 않는 인간의 본성은 있는가?』, 최정규 옮김, 이음.

코오진, 카라따니 (2008) 『세계공화국으로』, 조영일 옮김, 도서출판 b.

North, Douglass C. (1991) "Institutions," *Journal of Economic Perspective* 5(1), 겨울호.

Weingast, Barry R. (1997) "The Political Foundations of Democracy and the Rule of Law," *American Political Science Review* 91(2), 6월호.

Williamson, Oliver E. (2000) "The New Institutional Economics: Taking Stock, Looking Ahead," *Journal of Economic Literature* 38(3), 9월호.

World Bank (1993) *The East Asian Miracle*, Oxford University Press.